Bürgerliches Recht – graphisch dargestellt

5., aktualisierte und erweiterte Auflage

Stand: März 2021

5. AUFLAGE BEARBEITET VON:

Univ.-Ass. Mag. Clemens Nigsch
Univ.-Prof. Dr. Constanze Fischer-Czermak

1.–4. AUFLAGE BEARBEITET VON:

RA Dr. Helmut Ortner, LLM, LLM, MLE, Esq

LexisNexis®

Bibliografische Information der Deutschen Bibliothek
Die Deutsche Bibliothek verzeichnet diese Publikation in der Deutschen Nationalbibliografie; detaillierte bibliografische Daten sind im Internet über http://dnb.ddb.de abrufbar.

ISBN 978-3-7007-7195-1

LexisNexis Verlag ARD Orac GmbH & Co KG, Wien
www.lexisnexis.at
Wien 2021 • Best.-Nr. 84.010.005

Foto Nigsch: Fotostudio interfoto
Foto Fischer-Czermak: privat

Druckerei: MDH-Media GmbH, 1220 Wien

Inhaltsverzeichnis

Abkürzungsverzeichnis

§§ ohne Gesetzesangabe beziehen sich auf das ABGB

ABGB	Allgemeines bürgerliches Gesetzbuch
AG	Aktiengesellschaft
AGB	Allgemeine Geschäftsbedingungen
AHG	Amtshaftungsgesetz
allg	allgemein
AV	Außenverhältnis
B	Bruder/Bürger
C	Cousin
cic	culpa in contrahendo
dingl	dinglich
E	Erblasser/Enkel
EntgeltfortzahlungsG	Entgeltfortzahlungsgesetz
etc	et cetera
EV	Erwachsenenvertreter
ev	eventuell
EVB	Eigentumsvorbehalt
EVV	Eigentumsvorbehaltsverkäufer
FAGG	Fern- und Auswärtsgeschäfte-Gesetz
G	Gläubiger/Garant/(Ehe-)Gatte
GA	Garantieauftraggeber
GB	Garantiebegünstigter
GB	Grundbuch
gesch	geschützt
gesetzl	gesetzlich
GM	Großmutter
GmbH	Gesellschaft mit beschränkter Haftung
GO	Großonkel
GoA	Geschäftsführung ohne Auftrag
grds	grundsätzlich
GV	Großvater
GW	Gewährleistung
hA	herrschende Ansicht
HIKrG	Hypothekar- und Immobilienkreditgesetz
iHv	in Höhe von
IPR	internationales Privatrecht
iSd	im Sinne des
IV	Innenverhältnis
iZ	im Zweifel
jP	juristische Person

K	Käufer/Kind
KSchG	Konsumentenschutzgesetz
LeasingG	Leasinggeber
LeasingN	Leasingnehmer
LG	Lebensgemeinschaft/Lebensgefährten
M	Mutter
min	mindestens
Mio	Million
N	Nichte/Neffe
O	Onkel
obj	objektiv
PStG	Personenstandgesetz
PT	Pflichtteil
S	Schuldner/Schwester
schuldr	schuldrechtlich
SE	Schadenersatz
sog	sogenannter
T	Tante
TEG	Todeserklärungsgesetz
tlw	teilweise
überwieg	überwiegend
UG	Urgroßvater
uU	unter Umständen
V	Vater
Versch	Verschulden
Vert	Vertreter
VKrG	Verbraucherkreditgesetz
VmSzG3	Vertrag mit Schutzwirkung zugunsten Dritter
VO	Verordnung
WE	Willenserklärung
WEG	Wohnungseigentumsgesetz
Zd	Zedent
Zerrüttungsscheid	Zerrüttungsscheidung
Zs	Zessionar

Literaturverzeichnis

Dullinger, Schuldrecht Allgemeiner Teil[6] (2017)
Eccher/Umlauft, Erbrecht[7] (2020)
Hinteregger, Familienrecht[9] (2019)
Iro/Riss, Sachenrecht[7] (2019)
Kerschner/Sagerer-Forić/Schoditsch, Familienrecht[7] (2020)
P. Bydlinski, Allgemeiner Teil[8] (2018)
Perner/Spitzer/Kodek, Bürgerliches Recht[6] (2019)
Rabl/Riedler, Schuldrecht Besonderer Teil[6] (2017)
Welser, Erbrecht (2019)
Welser/Kletečka, Bürgerliches Recht I[15] (2018)
Welser/Zöchling-Jud, Bürgerliches Recht II[14] (2015)

A. Allgemeiner Teil

I. Grundlagen

1. Abgrenzung und Einteilung

Die Unterscheidung und eine sinnvolle Abgrenzung des öffentlichen Rechts vom Privatrecht ist nicht Selbstzweck. Für den Rechtsanwender ist dies vor allem für die Frage einer Haftung nach dem Amtshaftungsgesetz (AHG) relevant.

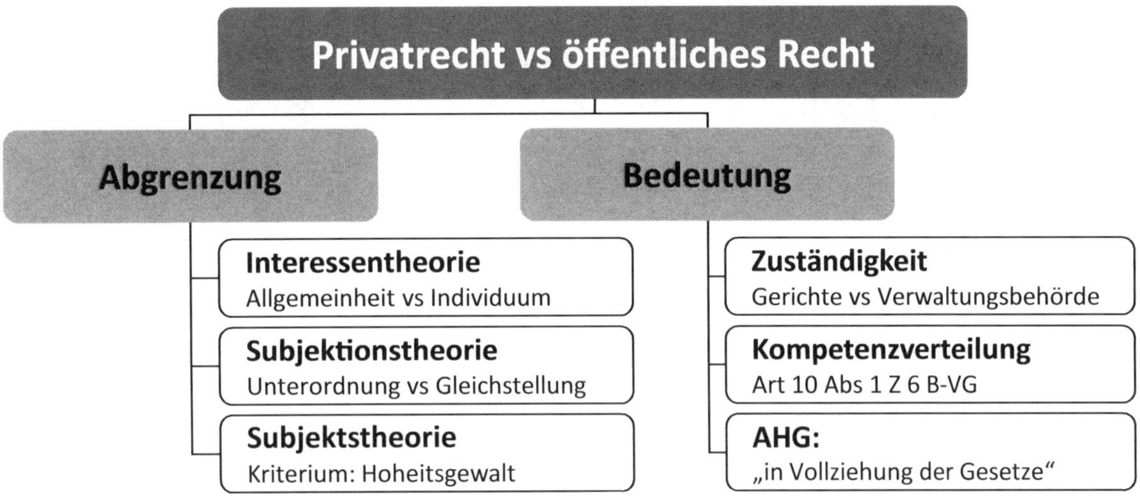

Das Privatrecht wird in das allgemeine Privatrecht und die Sonderprivatrechte unterteilt. Die Sonderprivatrechte regeln einen bestimmten Sach- oder Personenbereich, greifen aber für allgemeine Fragen auf das allgemeine Zivilrecht zurück.

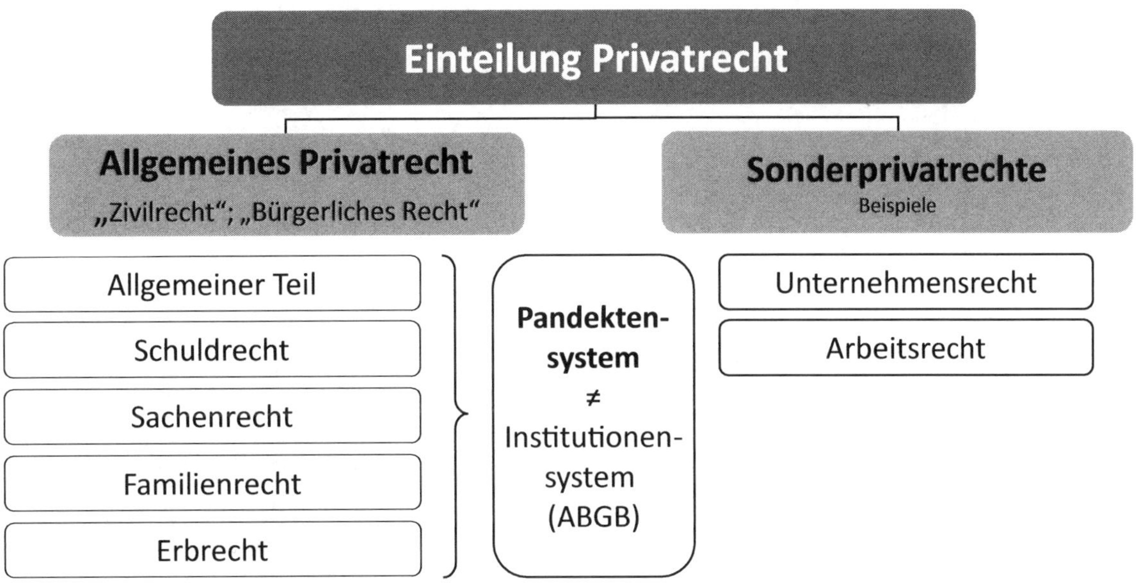

2. Rechtsquellen und Methodenlehre

Das Zivilrecht ist nicht umfassend in einem Gesetz kodifiziert. Stammgesetz ist das ABGB, das durch eine Reihe von Sondergesetzen ergänzt wird. Für das Zivilrecht sind aber auch Rechtsakte der EU bedeutsam. Viele Sondergesetze (KSchG, FAGG etc), aber auch Regelungen des ABGB (zB Gewährleistung) basieren auf EU-Richtlinien. Verordnungen spielen im IPR eine wichtige Rolle (ROM I-VO etc), haben im materiellen Recht aber eine untergeordnete Rolle.

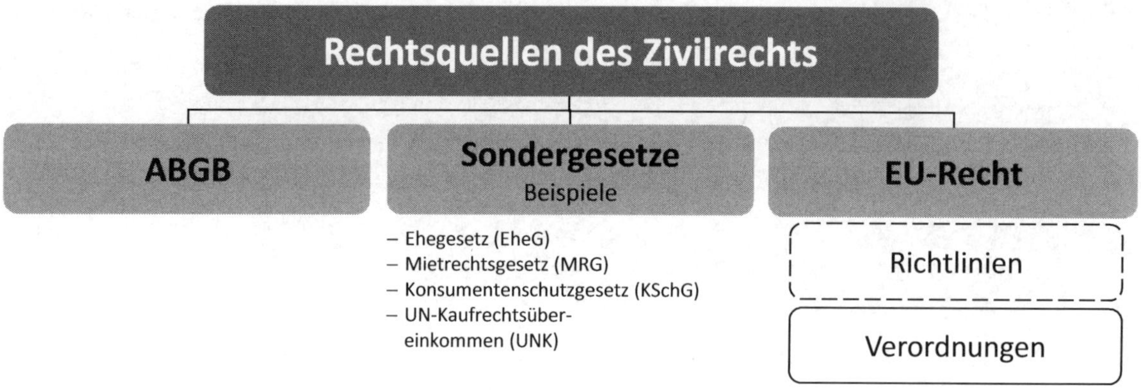

Normen auszulegen ist die Hauptaufgabe von Juristen und Juristinnen. Die Methodenlehre bietet mit den Interpretations- und Analogieregeln das „Handwerkszeug" dazu.

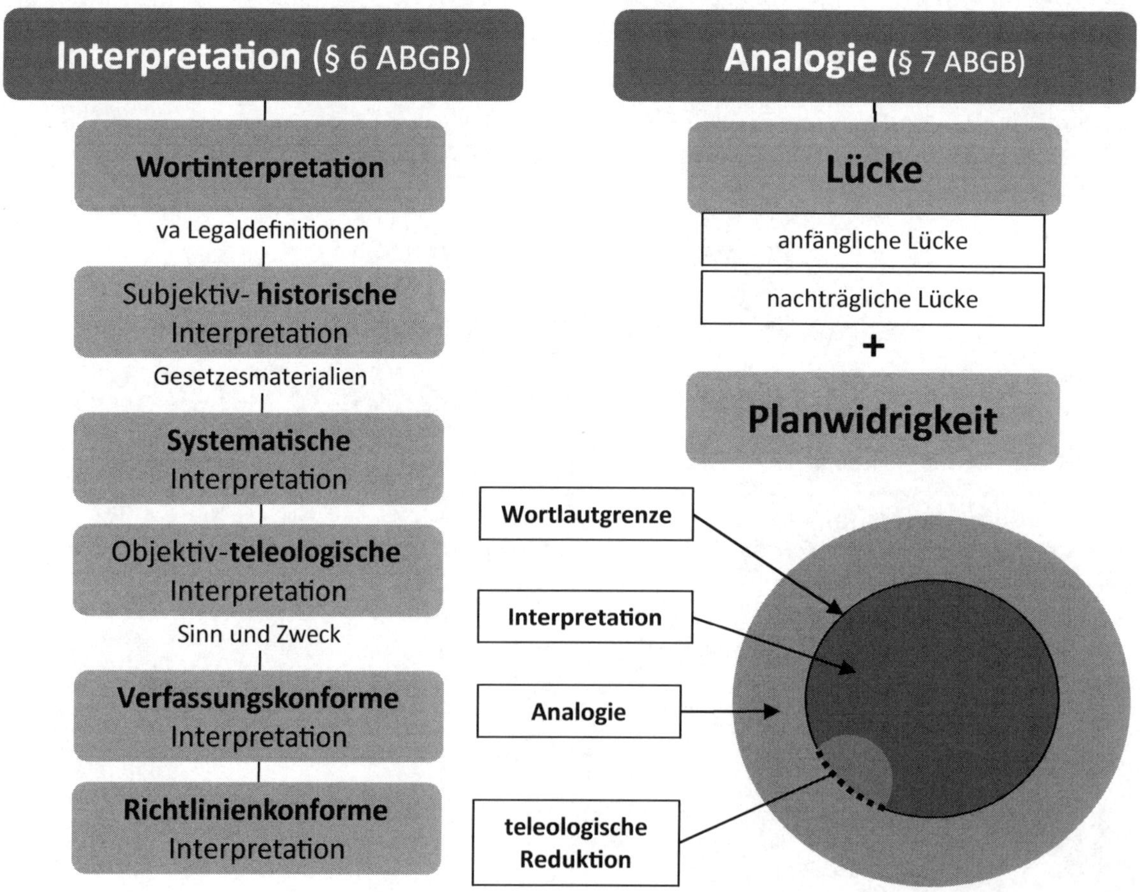

3. Rechts- und Handlungsfähigkeit

Das Privatrecht regelt die Rechte unter Privaten. Damit eine Person Träger von Rechten und Pflichten sein kann, muss sie rechtsfähig sein. Davon zu unterscheiden ist die Handlungsfähigkeit, Rechte und Pflichten herbeizuführen.

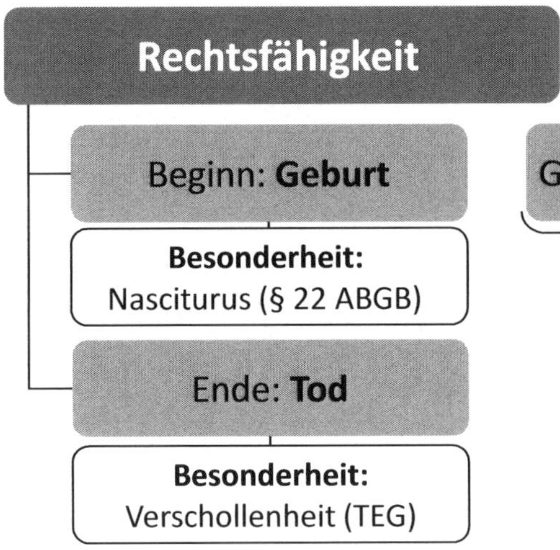

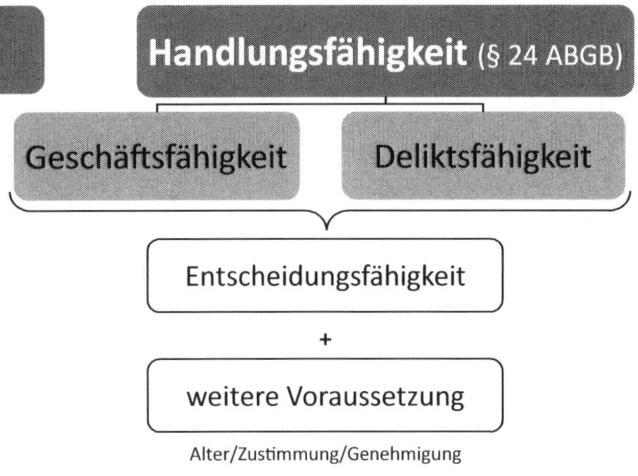

4. Juristische Personen

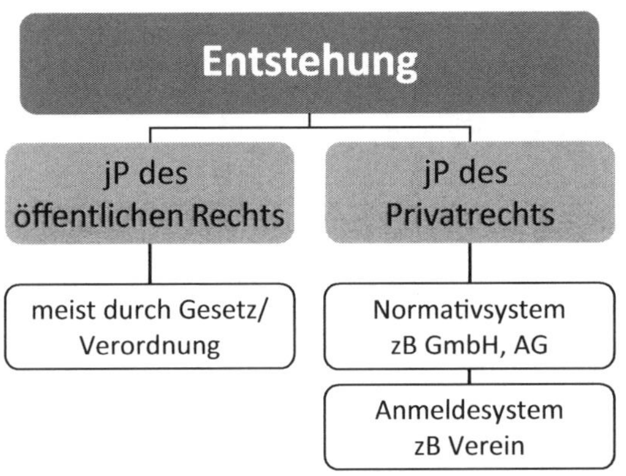

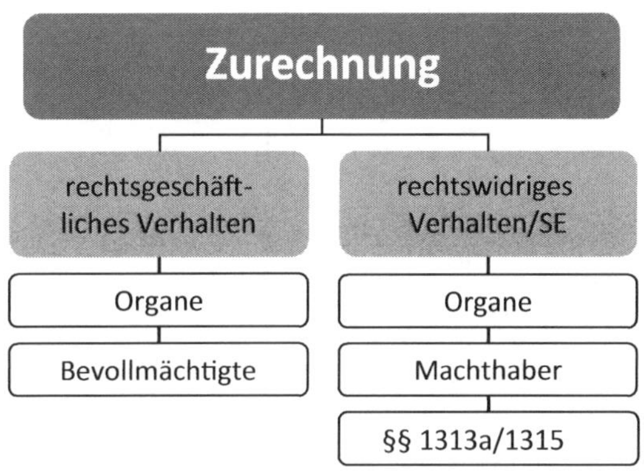

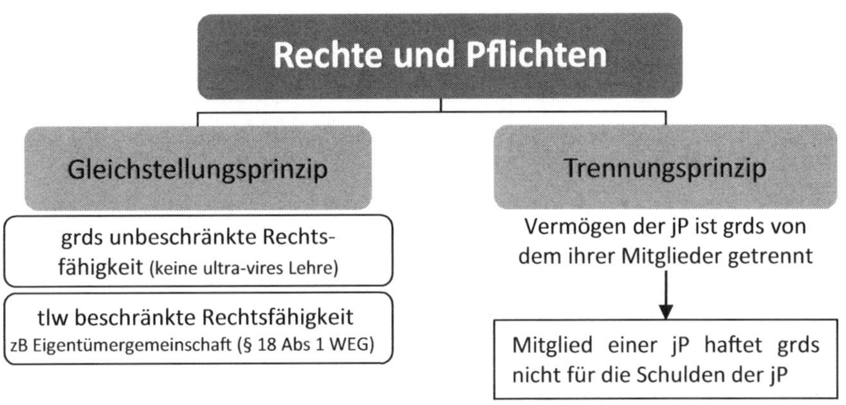

II. Rechtsgeschäft und Willenserklärung

1. Rechtsgeschäft

Im Privatrecht regeln die Parteien ihre Angelegenheiten meist selbst. Die Gestaltung privatrechtlicher Beziehungen untereinander erfolgt zum größten Teil durch das Rechtsgeschäft. Dabei handelt es sich um einen Tatbestand, der eine oder mehrere Willenserklärungen enthält, die auf Herbeiführung von Rechtsfolgen gerichtet sind. Die Rechtsfolgen sollen eintreten, weil sie gewollt sind. Die Ausführungen des Allgemeinen Teils (zB Irrtum, Geschäftsfähigkeit) gelten für alle Rechtsgeschäfte. Zum besseren Verständnis werden die Rechtsinstitute des allgemeinen Teils anhand des Vertrags dargestellt.

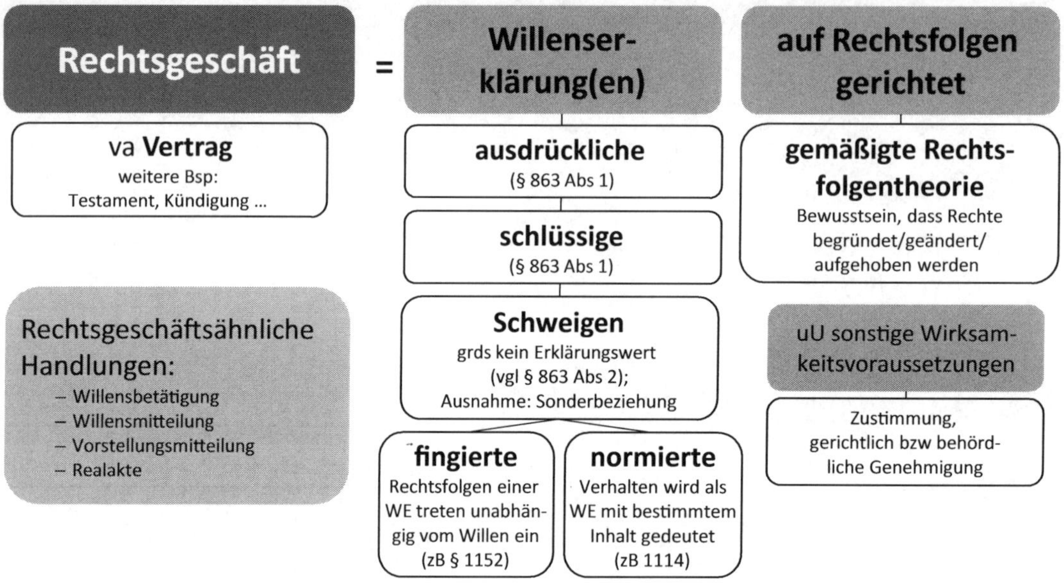

2. Objektiver Erklärungswert und Auslegung

Willenserklärungen sind nicht selten mehrdeutig. Erklärende und Empfänger verstehen die Willenserklärung anders. Wie ist die Willenserklärung aber nun zu deuten? Das ABGB geht einen Mittelweg und stellt darauf ab, wie die Willenserklärung objektiv von einem redlichen Dritten verstanden werden darf.

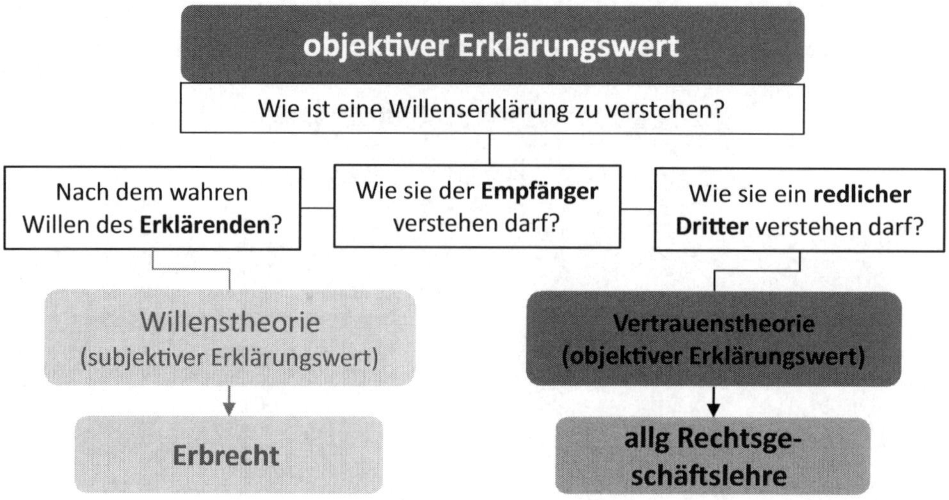

Willenserklärungen sind nicht nach den §§ 6, 7 auszulegen, sondern nach den §§ 914, 915. Ausgangspunkt ist der Wortsinn einer Erklärung, wobei der Parteiwille im Mittelpunkt steht.

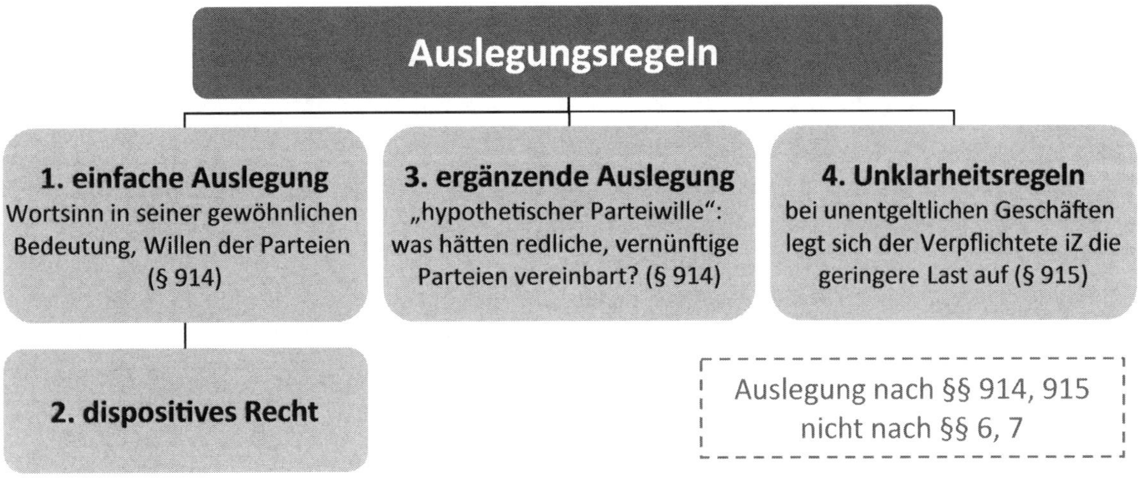

3. Geschäftsfähigkeit

Nur wer die geistigen Fähigkeit hat, selbstbestimmt zu handeln, kann Rechtsgeschäfte vornehmen. Das ABGB nennt dies Geschäftsfähigkeit. Als Teil der Handlungsfähigkeit (§ 24 ABGB; siehe dazu oben Seite 3) müssen Entscheidungsfähigkeit und weitere Voraussetzungen (va bestimmtes Alter) vorliegen. Für bestimmte Rechtsbereiche sieht das Gesetz eine eigene Geschäftsfähigkeit vor. Manchmal wird sogar auf die Entscheidungsfähigkeit verzichtet.

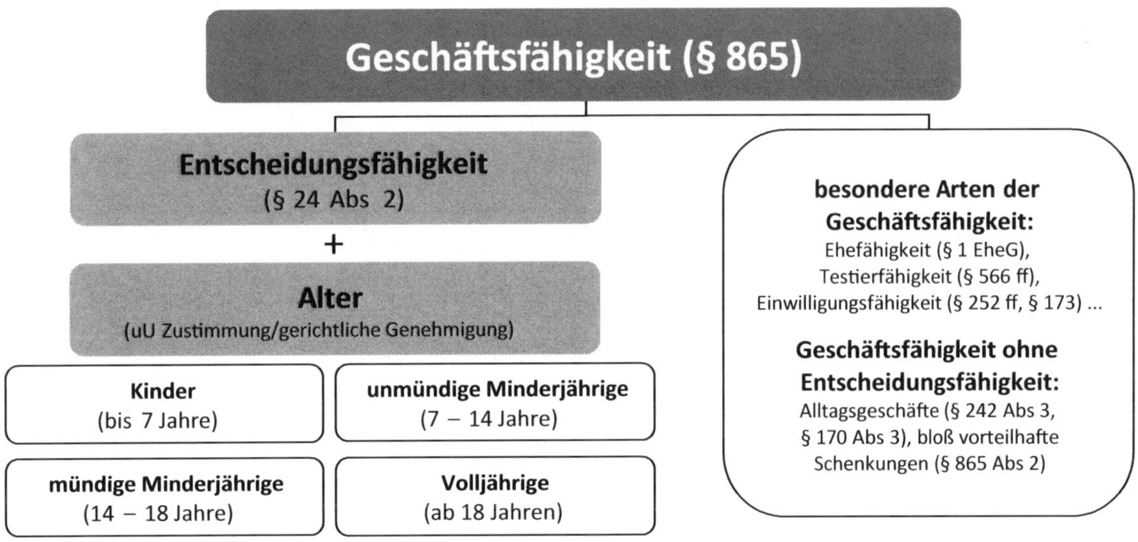

III. Vertragsabschluss

1. Angebot und Annahme

Ein Vertrag kommt durch übereinstimmende Willenserklärungen zwischen Angebotsteller und Annehmendem zustande. Die Annahme erfolgt in aller Regel durch eine Willenserklärung. In Ausnahmefällen durch Willensbetätigung, wenn nach den Umständen eine Annahme nicht zu erwarten ist und dem Angebot tatsächlich entsprochen wird, zB bei Bestellung im Internet (Angebot), wenn die Ware ohne Rückmeldung zugesandt wird (stille Annahme). Eine stille Annahme liegt nicht vor, wenn ohne Veranlassung Sachen zugesendet werden (Realangebot) und diese behalten werden.

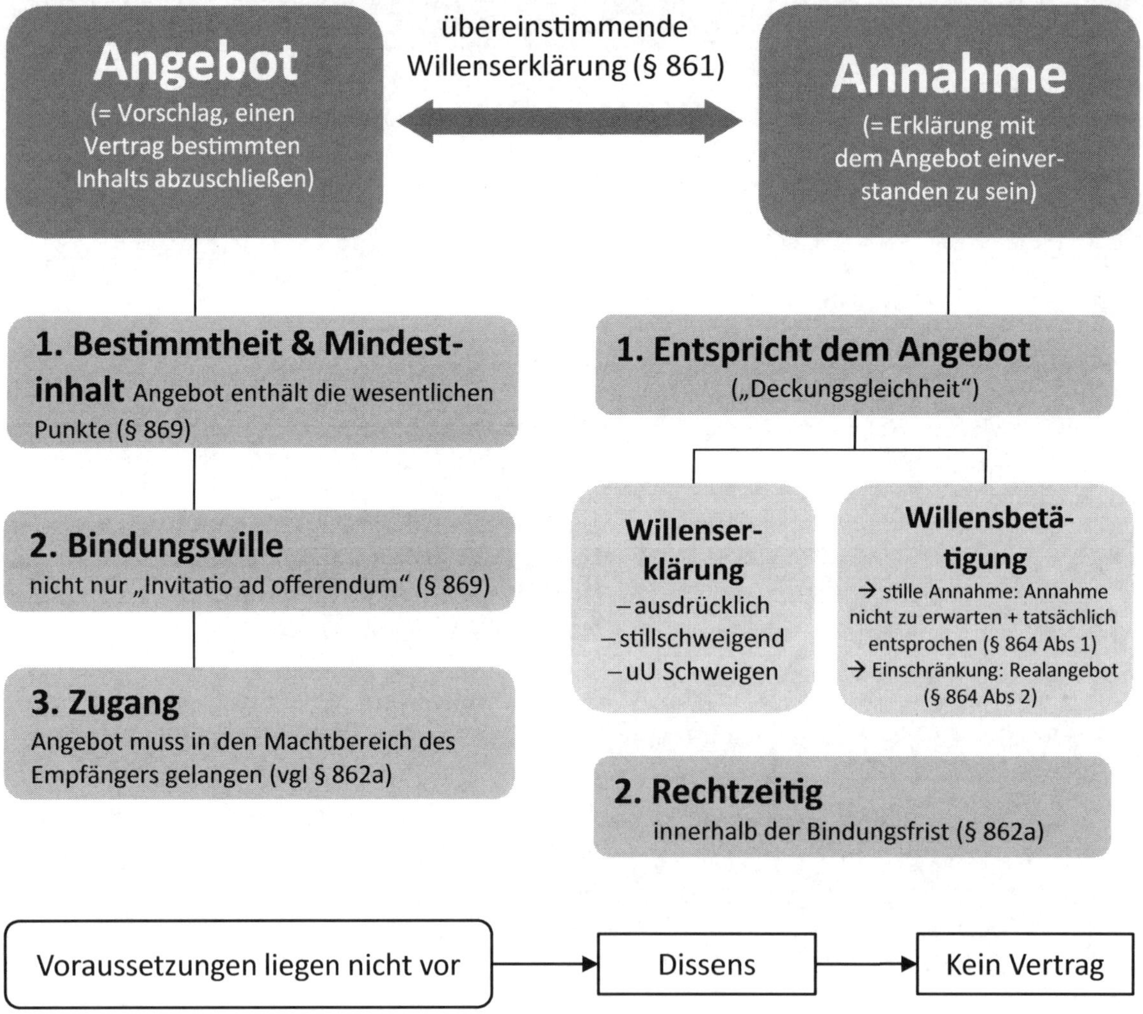

2. AGB-Kontrolle

Die Prüfung einer AGB-Klausel erfolgt in vier Schritten:

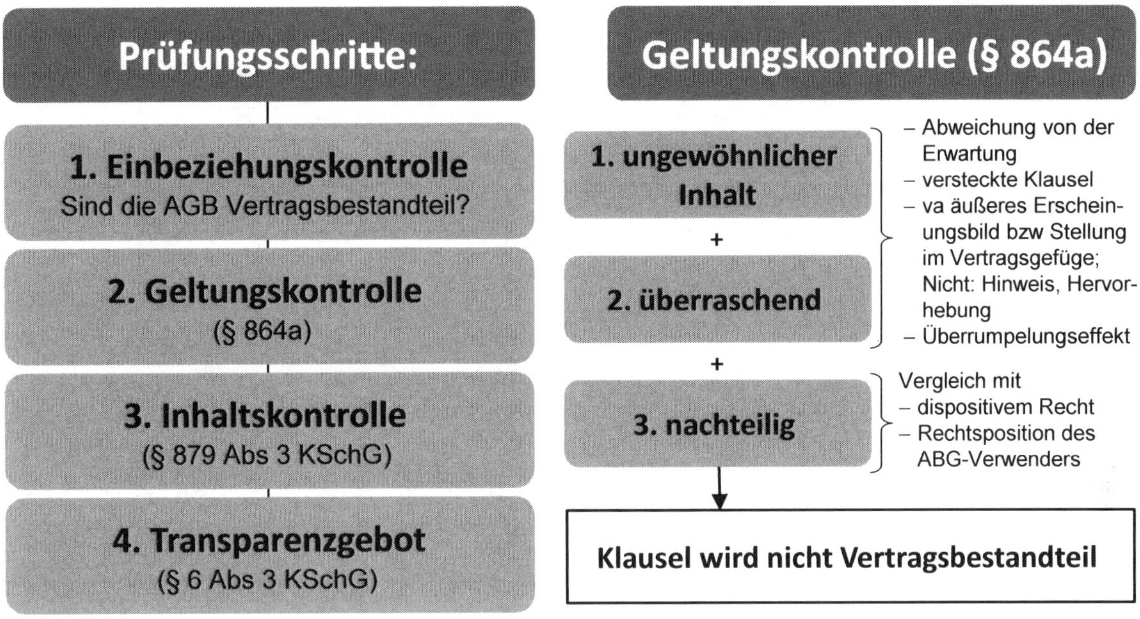

Ob die AGB Vertragsinhalt geworden sind, bestimmt sich nach den allgemeinen Regelung über das Zustandekommen eines Vertrags. Die Tatbestandselemente „ungewöhnlicher Inhalt" und „überraschend" bei der Geltungskontrolle sind schwer auseinander zu halten, weshalb sie gemeinsam umschrieben werden.

Während versteckte (§ 864a) und undeutliche (§ 6 Abs 3 KSchG) AGB-Klauseln einer strengen Kontrolle unterliegen, ist der Inhalt nur beschränkt überprüfbar. Nur gröblich benachteiligende Nebenbestimmungen unterliegen einer inhaltlichen Kontrolle gem § 879 Abs 3. Zugunsten von Verbrauchern bestehen besondere Vorschriften, va in den §§ 6 und 9 KSchG.

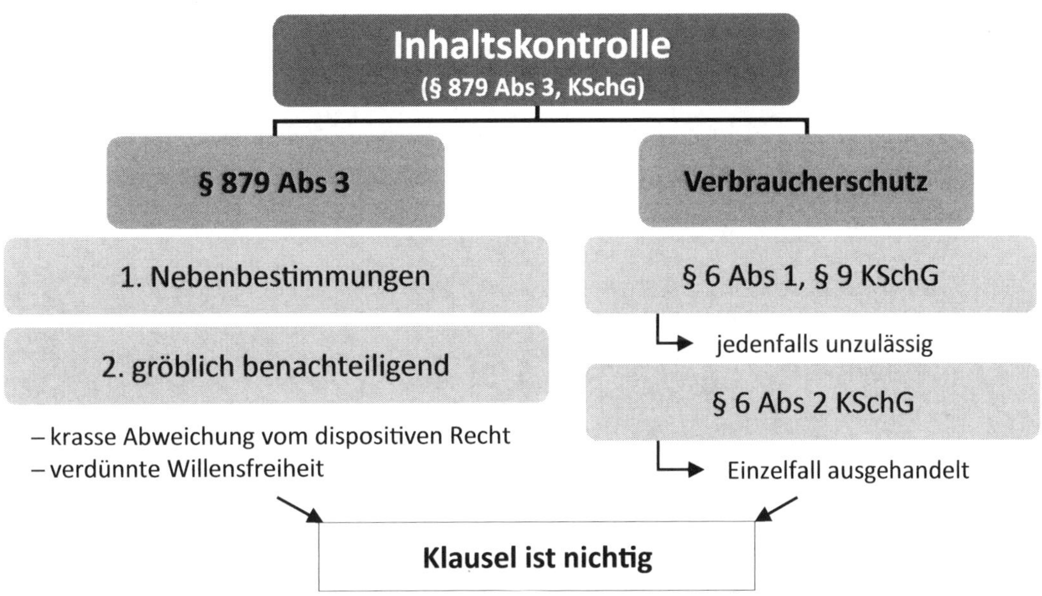

Der Verwender von AGB soll die Klauseln nicht nur vorhersehbar formulieren (§ 864a), sondern sich auch deutlich ausdrücken. Tut er dies nicht, ist die Klausel nichtig.

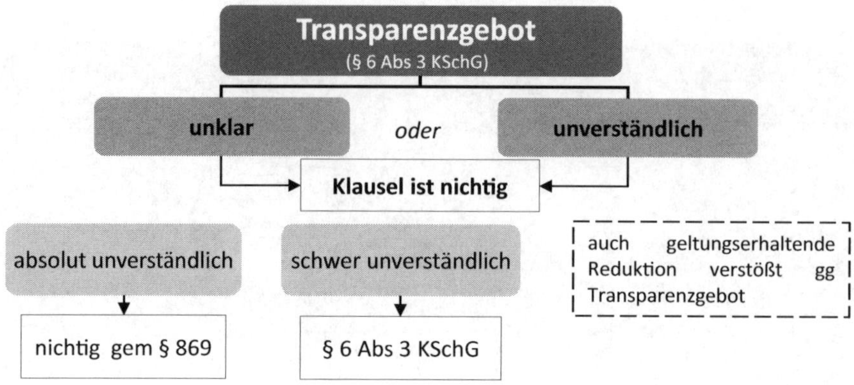

IV. Möglichkeit und Erlaubtheit

Auch wenn die Parteien ihre Rechte und Pflichten zueinander privatautonom regeln können, ist dies nur innerhalb des vorgegebenen rechtlichen Rahmens möglich. Was die Rechtsordnung nicht ermöglicht oder nicht erlaubt, kann nicht Gegenstand eines Rechtsgeschäfts sein.

1. Unmöglichkeit

Eine Leistung kann entweder schon bei Vertragsabschluss unmöglich sein (anfängliche Unmöglichkeit) oder erst nach diesem Zeitpunkt unmöglich werden (nachträgliche Unmöglichkeit). Die anfängliche Unmöglichkeit (auch ursprüngliche Unmöglichkeit) ist ein Wurzelmangel, die nachträgliche Unmöglichkeit eine Leistungsstörung (siehe zu dieser unten Seite 28 ff).

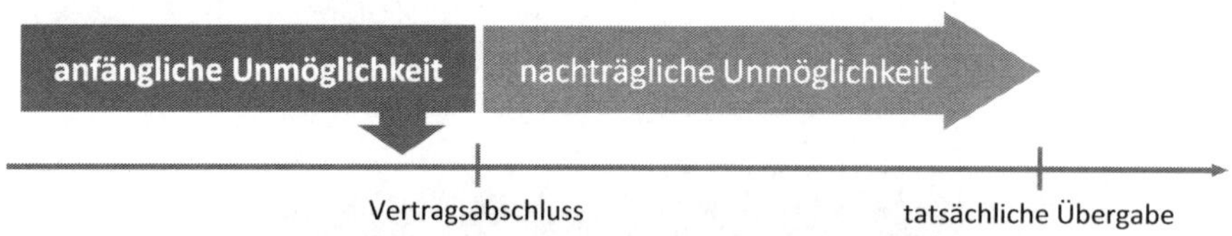

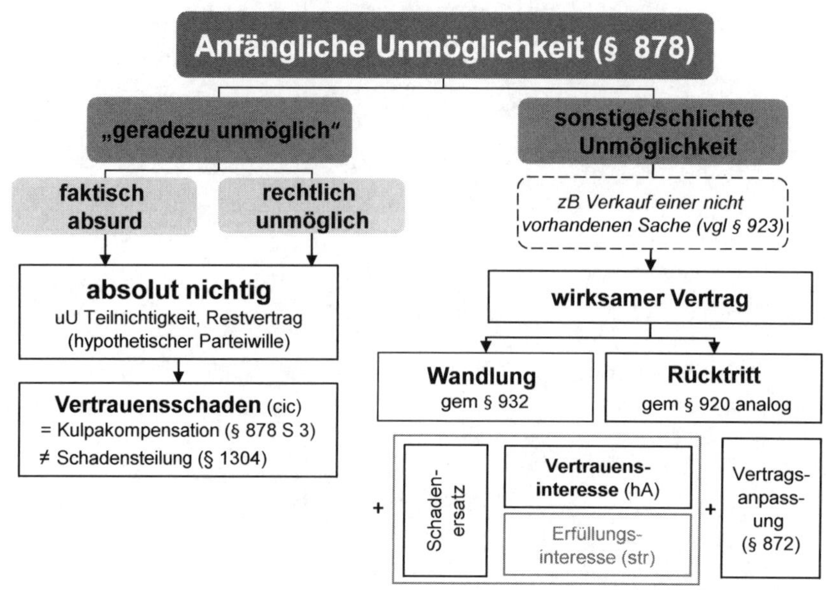

Bei der anfänglichen Unmöglichkeit bietet es sich an, zuerst zu prüfen, ob der Inhalt „geradezu Unmöglich" ist. In allen anderen Fällen einer unmöglichen Leistungserbringung (auch bei der subjektiven Unmöglichkeit) handelt es sich um eine sonstige/schlichte Unmöglichkeit. Diese führt zu dem paradoxen Ergebnis, dass der Vertrag zwar wirksam zustande kommt, aber nicht erfüllt werden kann. Welche Rechtsfolgen daran knüpfen ist strittig. Wurde die Sache bereits übergeben, kann der Vertrag jedenfalls gewandelt werden (siehe dazu unten Seite 32 ff). Wenn die Sache noch nicht übergeben wurde, wird von Manchen ein Rücktrittsrecht analog zu § 920 eingeräumt.

2. Erlaubtheit

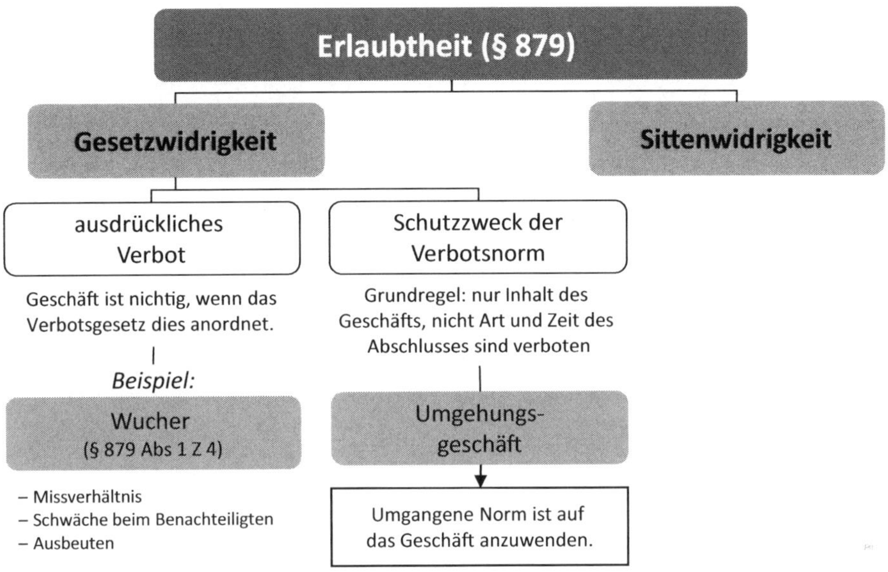

Steht ein Geschäft mit einer Norm des positiven Rechts in Widerspruch so ist es gesetzwidrig. Wollen die Vertragsparteien eine Norm umgehen, so liegt ein Umgehungsgeschäft vor, auf das aber die Vorschriften der umgangenen Norm anzuwenden sind. Das Umgehungsgeschäft grenzt sich vom Scheingeschäft (siehe unten Seite 10) dadurch ab, dass das vereinbarte tatsächlich gewollt ist.

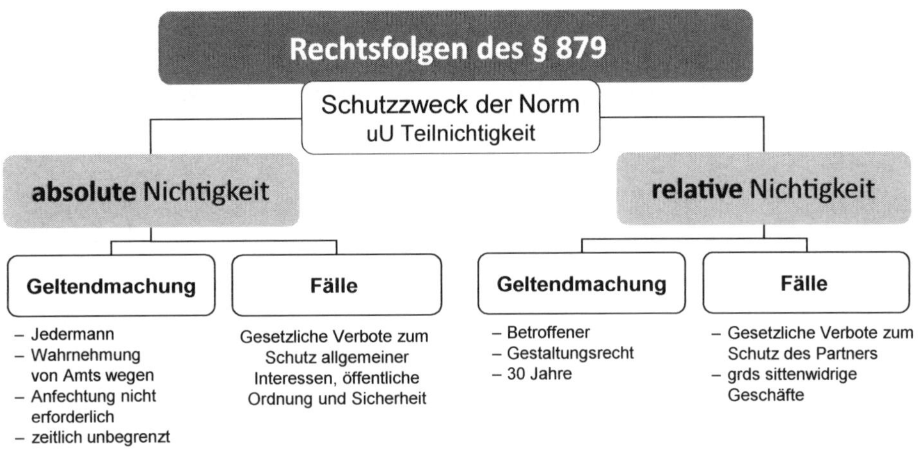

Verstößt ein Geschäft gegen ein Verbotsgesetz oder die guten Sitten, ist es nichtig. Absolut nichtige Erklärungen werden so behandelt, als hätte es sie nie gegeben. Relativ nichtige Erklärungen sind erst ungültig, wenn sich der Betroffene darauf beruft. Ob ein gesetz- oder sittenwidriges Geschäft absolut oder relativ nichtig ist, bestimmt sich nach dem Schutzzweck der Norm (teleologische Interpretation).

V. Fehlerhafte Willenserklärung

1. Scherzerklärung, Mentalreservation, Scheingeschäft

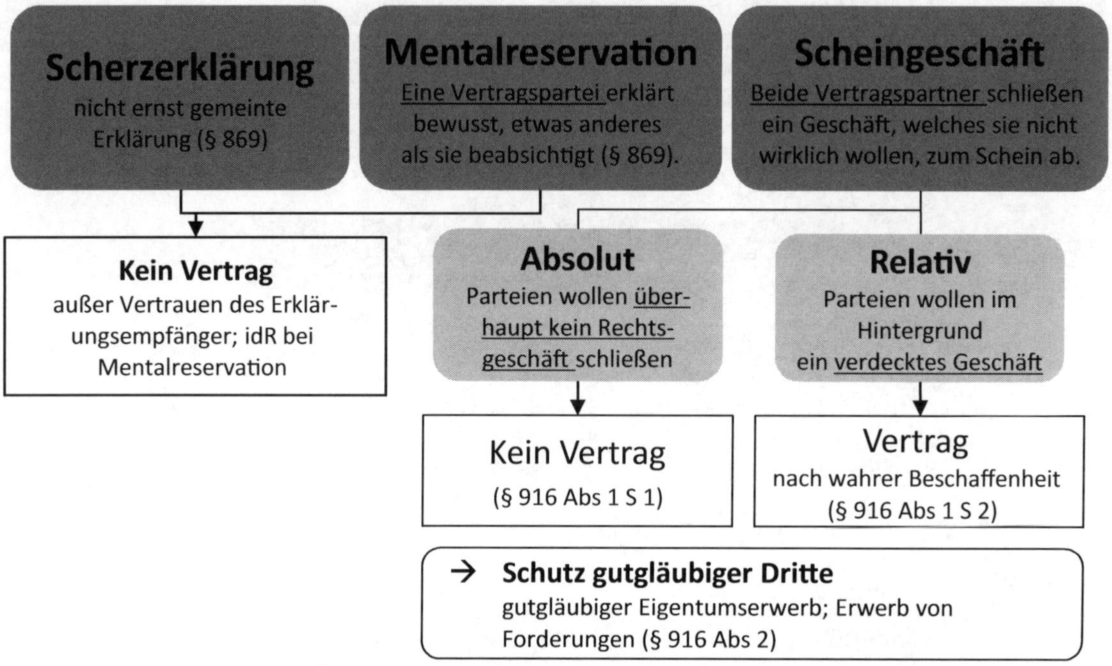

2. Irrtum

Ein Geschäft kommt nicht immer so zustande, wie sich das eine Partei vorgestellt hat. Die Gründe dafür sind vielfältig, zB wenn eine Erklärung objektiv anders zu verstehen ist, als sie subjektiv gemeint ist oder sich die Beweggründe für die Willenserklärung nachträglich ändern. Mit dem Irrtumsrecht soll daher eine wirksame Erklärung rückgängig gemacht werden, weil der Erklärende einer Fehlvorstellung unterlegen ist. Dies ist an eine Reihe von Voraussetzungen geknüpft:

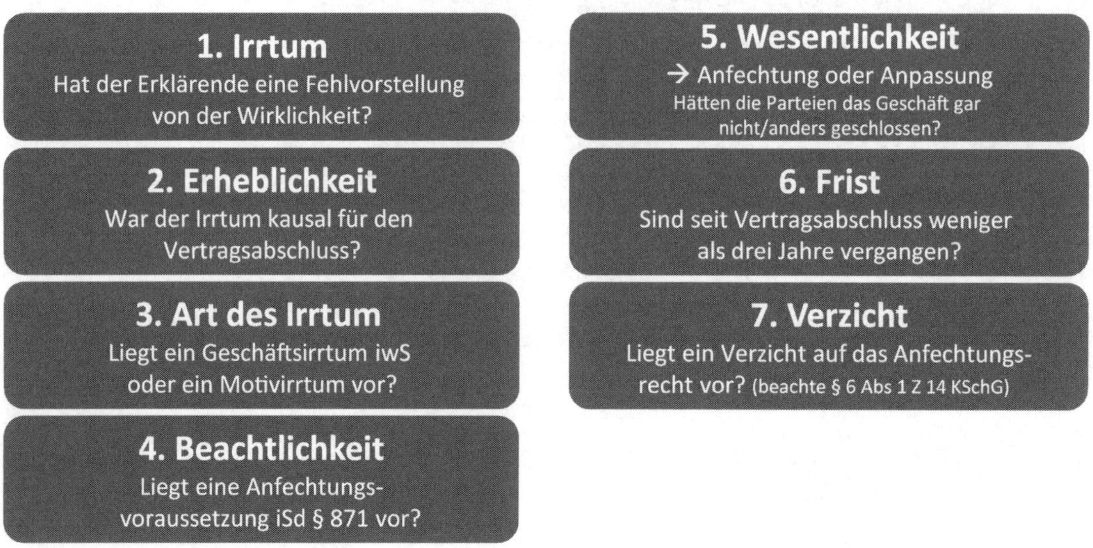

a) Irrtumsarten

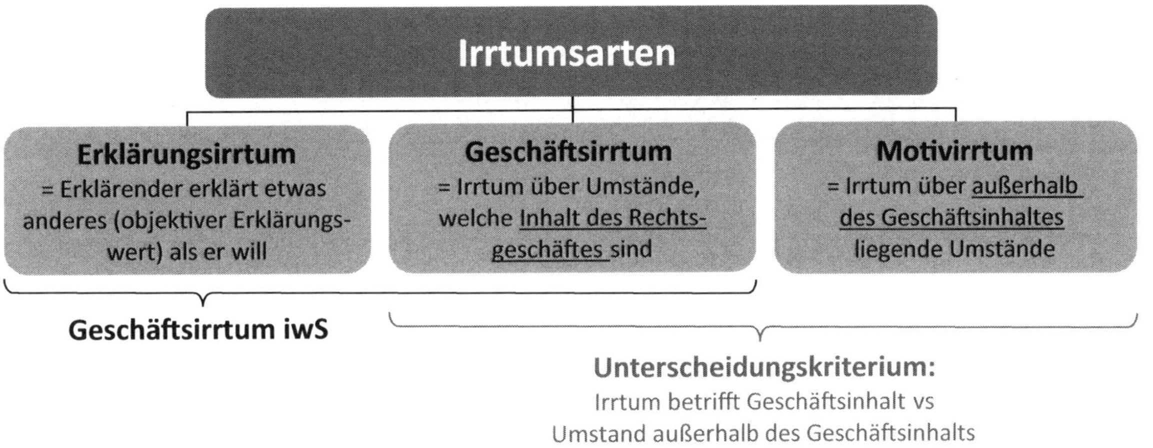

Ob ein Geschäfts- oder Motivirrtum vorliegt, ist nicht immer leicht zu bestimmen, jedoch relevant, weil Verträge wegen eines Motivirrtums nur schwer aufzuheben sind. Die in der Mitte angeführten Irrtümer können je nach Ausprägung entweder ein Geschäfts- oder Motivirrtum sein:

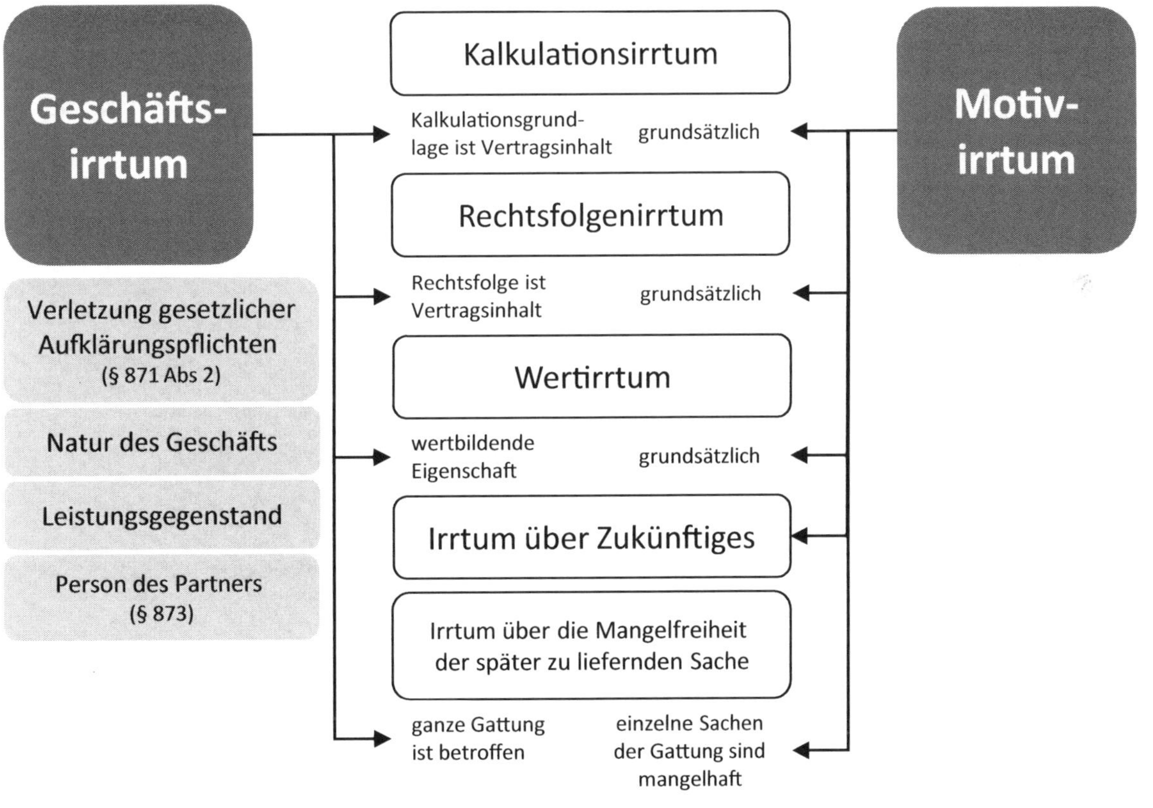

b) Beachtlichkeit und Wesentlichkeit

Ob ein Irrtum beachtlich ist, hängt wesentlich davon ab, ob ein Geschäfts- oder Motivirrtum vorliegt:

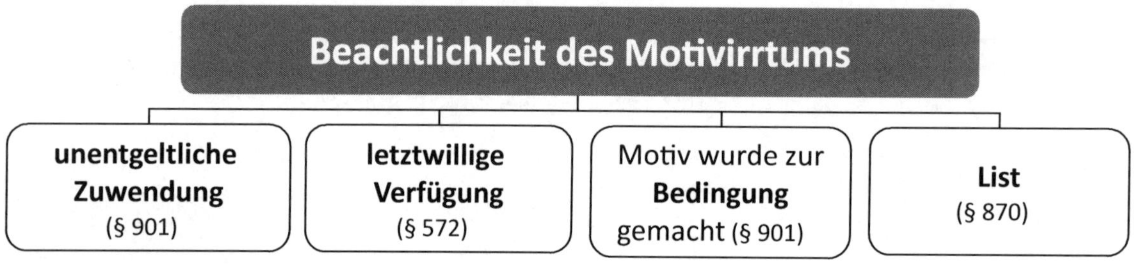

c) Anfechtung oder Anpassung

Selbst wenn eine Person einem Irrtum unterliegt, soll der Vertrag nur aufgehoben werden, wenn das Geschäft gar nicht geschlossen worden wäre. Wäre das Geschäft anders geschlossen worden, kommt es nur zur Vertragsanpassung. Ob ein wesentlicher Irrtum oder ein unwesentlicher vorliegt, ist nach dem hypothetischen Parteiwillen zu bestimmen. Hätte die Kenntnis der wahren Vorstellung überhaupt keinen Einfluss auf das Geschäft gehabt, ist der Irrtum nicht kausal (unerheblich).

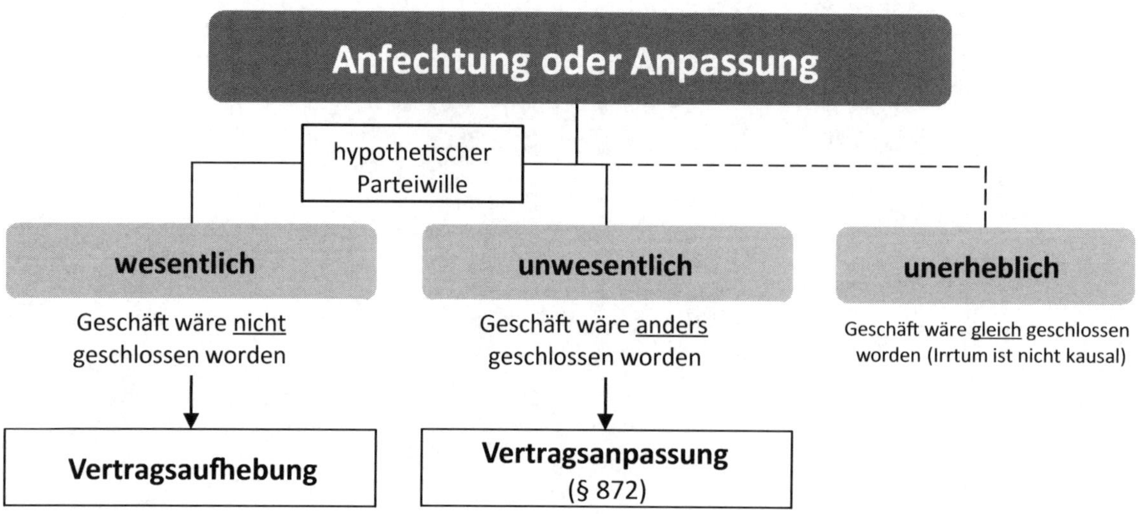

d) Herbeiführung durch Dritte

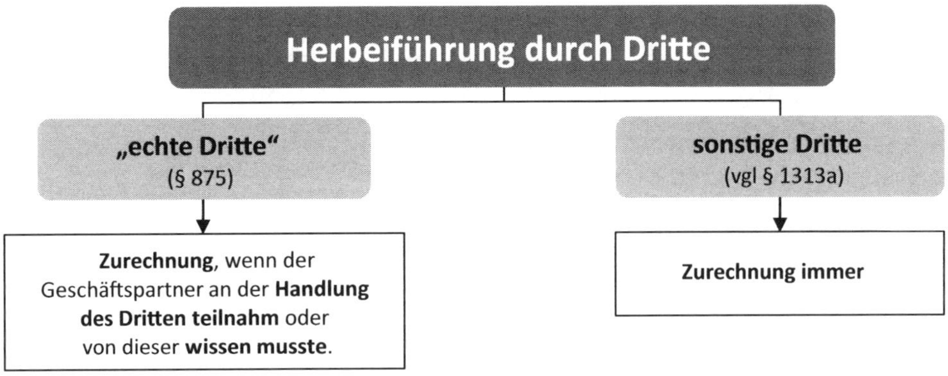

3. Arglist und Drohung

Durch List herbeigeführte Irrtümer sind besonders schwerwiegend. Auch ein durch List geschlossener Vertrag ist zunächst gültig, kann aber im Unterschied zum „einfachen“ Irrtum leichter wieder gelöst werden. Bei Drohung liegt zwar kein Irrtum vor, jedoch ist die Willensentscheidung stark beeinflusst. Auch hier ist eine vereinfachte Lösung vom Vertrag möglich:

4. Wegfall der Geschäftsgrundlage

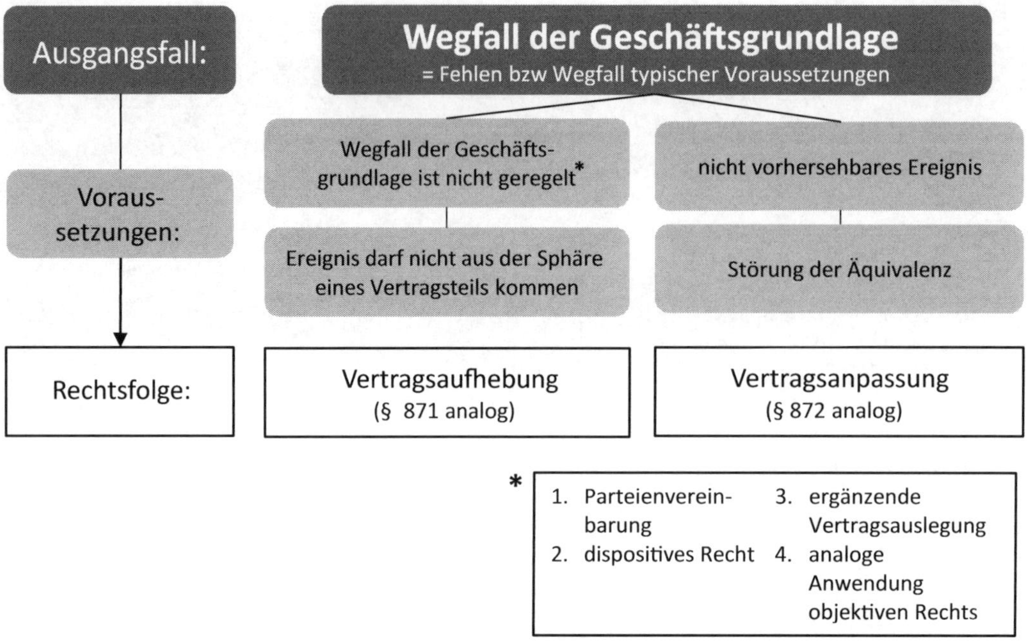

Eine Vertragsaufhebung (bzw Anpassung) wegen Wegfall der Geschäftsgrundlage kommt nur in Betracht, wenn geschäftstypische Voraussetzungen weggefallen sind. Es darf sich nicht um einen bloßen (Motiv-) Irrtum über Zukünftiges handeln. Wegfall der Geschäftsgrundlage kommt nur in Betracht, wenn keine andere Regel eingreift. Dies kann der Fall sein, wenn es eine Parteienvereinbarung gibt, dispositives Recht zur Anwendung kommt (zB Reiserecht) oder durch ergänzende Vertragsauslegung eine Lösung gefunden wird. Ist auch sonst keine analoge Anwendung von objektivem Recht möglich, ist auf das Institut der Geschäftsgrundlage zurückzugreifen.

VI. Formvorschriften

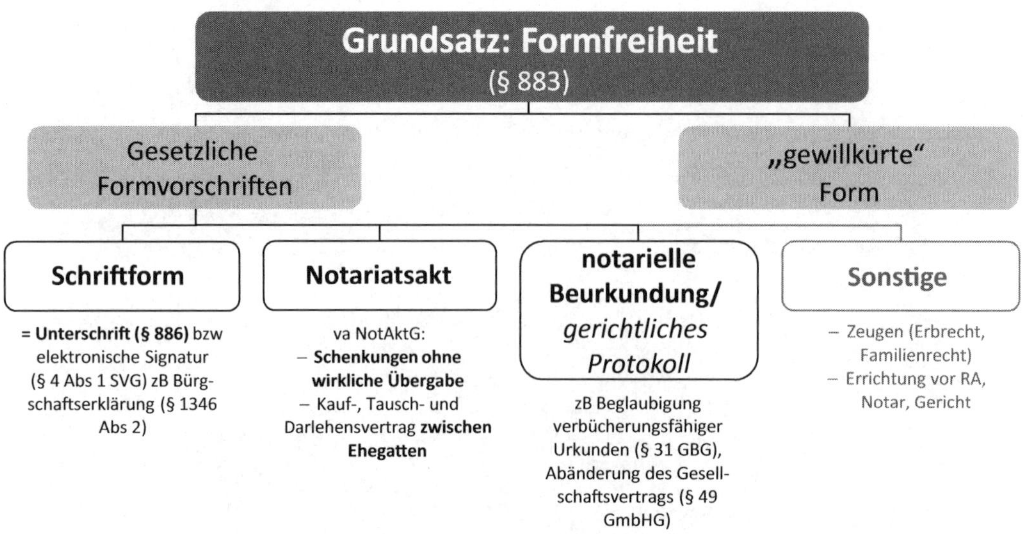

Grundsätzlich bedürfen Rechtsgeschäfte keiner bestimmten Form. Verträge können somit auch mündlich abgeschlossen werden. Für bestimmte Geschäfte sieht das Gesetz aber Formvorschriften vor. Erfordert ein Rechtsgeschäft die Schriftform, ist damit die Leistung einer Unterschrift gemeint.

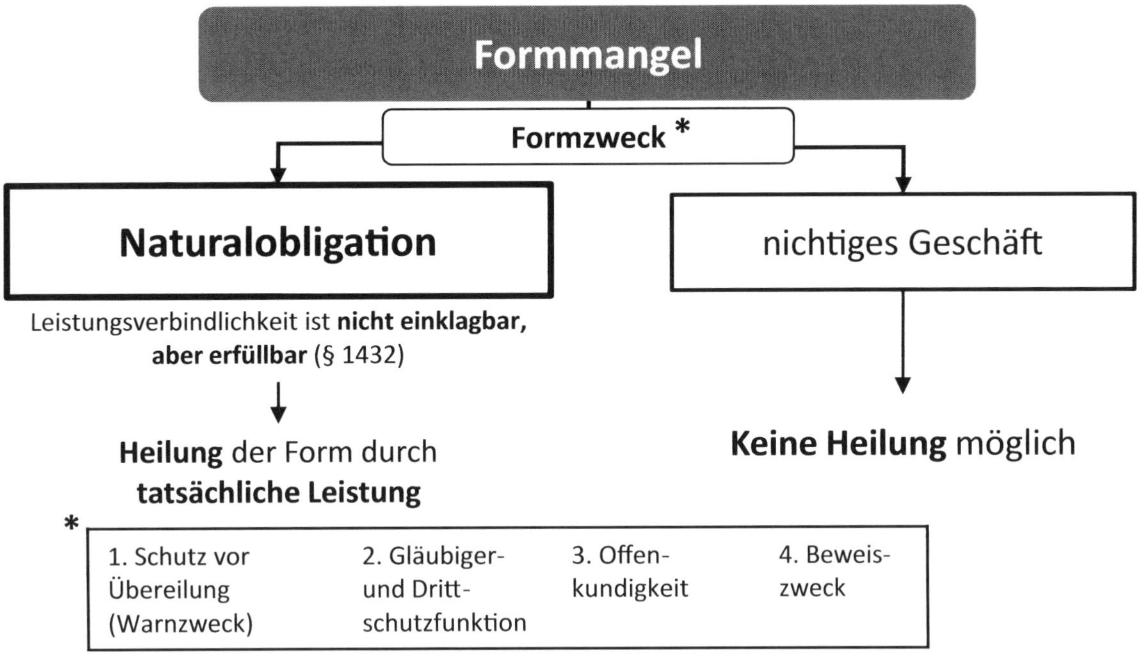

Ein Formmangel führt nicht automatisch zu einem nichtigen Geschäft, sondern meist zu einer Naturalobligation. Welche der beiden Rechtsfolgen vorliegt, ist aufgrund der Formzwecke zu beurteilen.

VII. Stellvertretung

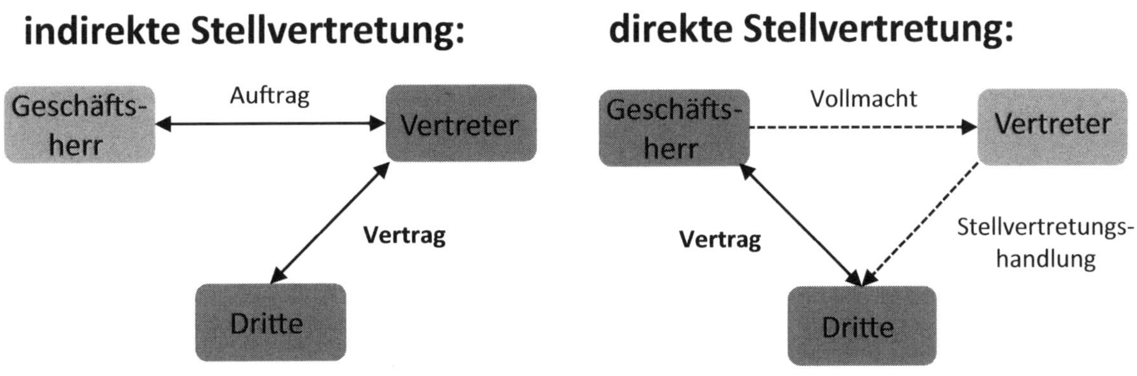

Wer für einen anderen rechtsgeschäftlich handelt, ist Stellvertreter. Bei der indirekten Stellvertretung treten Geschäftsherr und Dritte nicht miteinander in Kontakt. Der Vertreter ist dem Geschäftsherrn gegenüber verpflichtet (Auftrag), eine Sache beim Dritten zu erwerben und sie anschließend an ihn herauszugeben. Anders bei der direkten Stellvertretung, bei der der Geschäftsherr direkt dem Dritten durch die Handlung des Vertreters berechtigt und verpflichtet wird. Die folgenden Ausführungen beziehen sich weitgehend auf die direkte Stellvertretung.

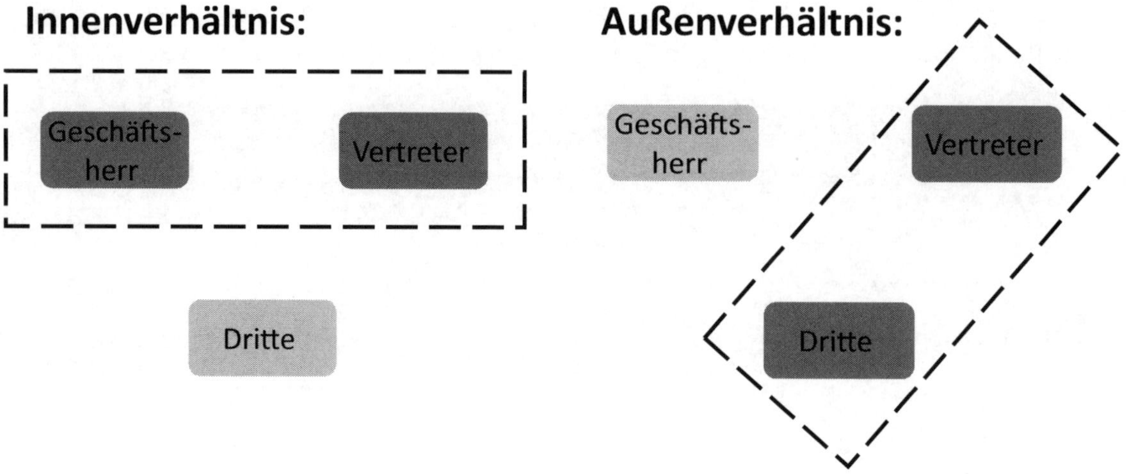

Innenverhältnis → Einräumung der Vertretungsmacht
= **Dürfen** des Vertreters mit unmittelbarer Wirkung für den Vertretenen Willenserklärungen abzugeben und entgegenzunehmen; zB Bevollmächtigung aufgrund eines Auftrags oder Dienstvertrags

Außenverhältnis → Vollmacht/Vertretungsmacht
= **Können** des Vertreters mit unmittelbarer Wirkung für den Vertretenen Willenserklärungen abzugeben und entgegenzunehmen;
= „abstrakt", dh losgelöst vom Innenverhältnis

Streng zu unterscheiden sind Innen- und Außenverhältnis. Das Innenverhältnis betrifft das Rechtsverhältnis Geschäftsherr – Vertreter und beschreibt, was der Vertreter darf. Das Außenverhältnis regelt die Sphäre Vertreter – Dritte. Es gibt Auskunft, was der Vertreter kann. Im Idealfall fallen Dürfen im Innenverhältnis und Können im Außenverhältnis zusammen. Auf die Rechtsfolgen bei Verstößen gegen das Innen- bzw Außenverhältnis wird weiter unter näher eingegangen.

1. Voraussetzungen

Die Stellvertretung hat vier Voraussetzungen, die kumulativ vorliegen müssen:

1. Offenlegung

2. vertretungstaugliches Rechtsgeschäft

3. zumindest beschränkte Geschäftsfähigkeit

4. Vertretungsmacht

a) Offenlegung und vertretungstaugliches Rechtsgeschäft

Soll eine Vertretungshandlung vorgenommen werden, muss der Dritte wissen, wer sein Vertragspartner wird. Der Vertreter muss daher offenlegen, dass er im fremden Namen („Im Namen des ... verkaufe ich dir ...") und nicht im eigenen Namen („ich verkaufe dir ...") handelt. Handelt eine Person in eigenem Namen, liegt ein Eigengeschäft vor. Eine besondere Konstellation liegt beim Handeln unter fremdem Namen vor. Mit wem ein Vertrag zustande kommt, hängt davon ab, welche Vorstellung beim Dritten hervorgerufen wird.

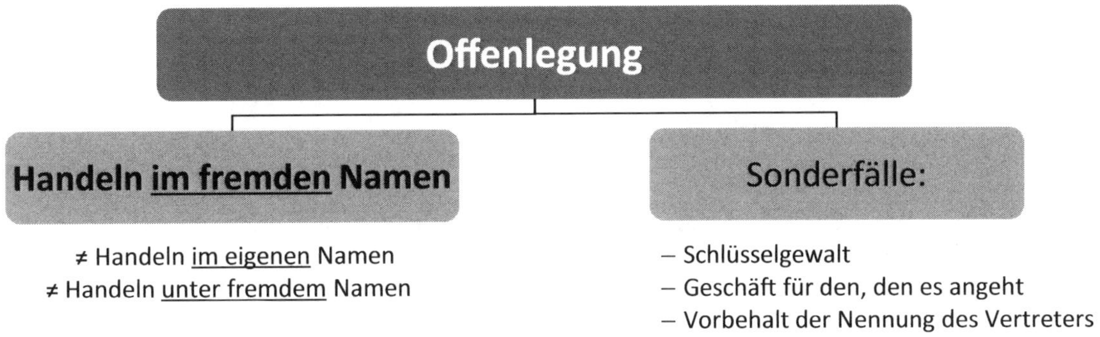

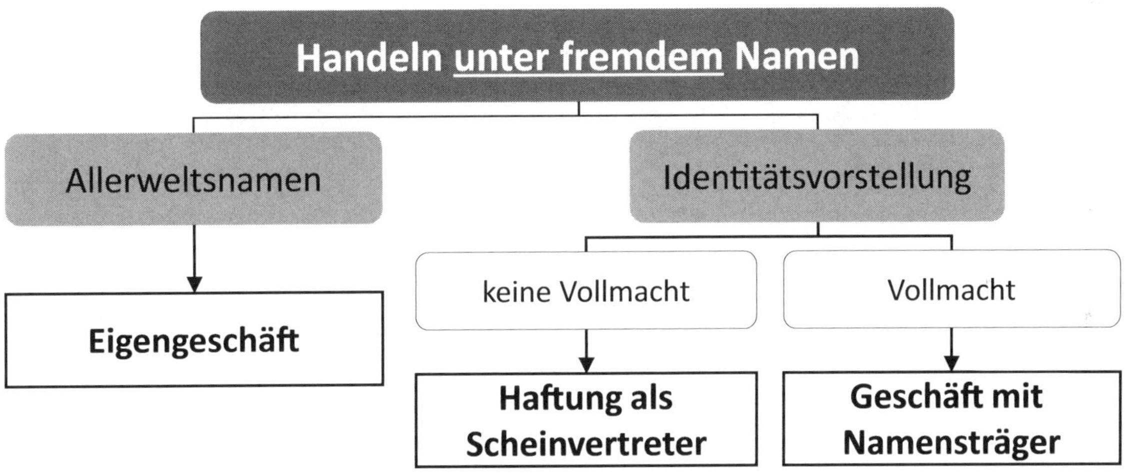

Nicht alle Rechtsgeschäfte sind einer Stellvertretung zugänglich. Während in absolut vertretungsfeindlichen Angelegenheiten nie eine Stellvertretung möglich ist, kommt in relativ vertretungsfeindlichen Angelegenheiten nur eine Vertretung bei fehlender Entscheidungsfähigkeit in Betracht. Vertretungsfeindliche Rechtsgeschäfte findet man vor allem im Familien- und Erbrecht.

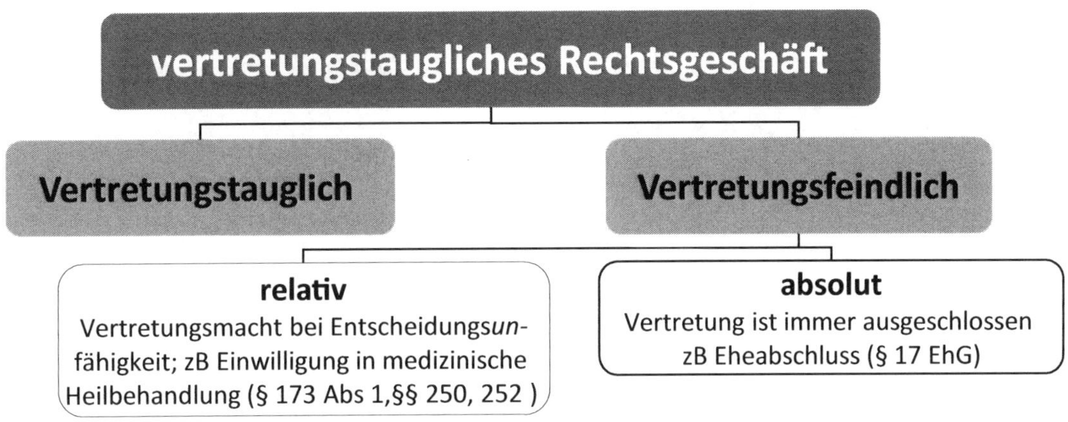

b) Vertretungsmacht

Eine Person kann durch eine Vertretungshandlung nur verpflichtet werden, wenn der Vertreter ausreichend Vertretungsmacht hat, er also im Außenverhältnis das Geschäft abschließen kann (siehe oben).

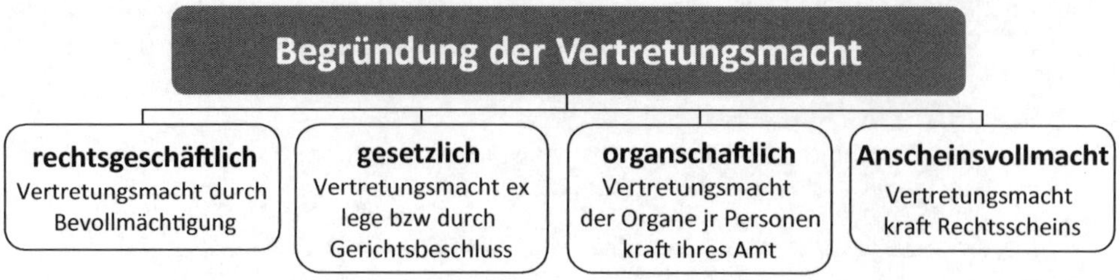

Vollmacht kann sich auch im Rahmen der sog Rechtscheinhaftung ergeben. Diese Art der Vollmacht wird Anscheinsvollmacht genannt. Sie ist im Gesetz nicht ausdrücklich normiert, ergibt sich aber aus einer Gesamtanalogie der §§ 1026 ff ABGB. Für besondere Konstellationen sieht das ABGB aber explizit Anscheinsvollmachten vor, wie zB Laden- und Verwaltervollmacht. Zu diesem Bereich gehört auch der Gutglaubensschutz nach § 1026. Mehrdeutig ist der Begriff der Duldungsvollmacht. Damit kann eine stillschweigende Bevollmächtigung oder eine Anscheinsvollmacht durch Duldung gemeint sein.

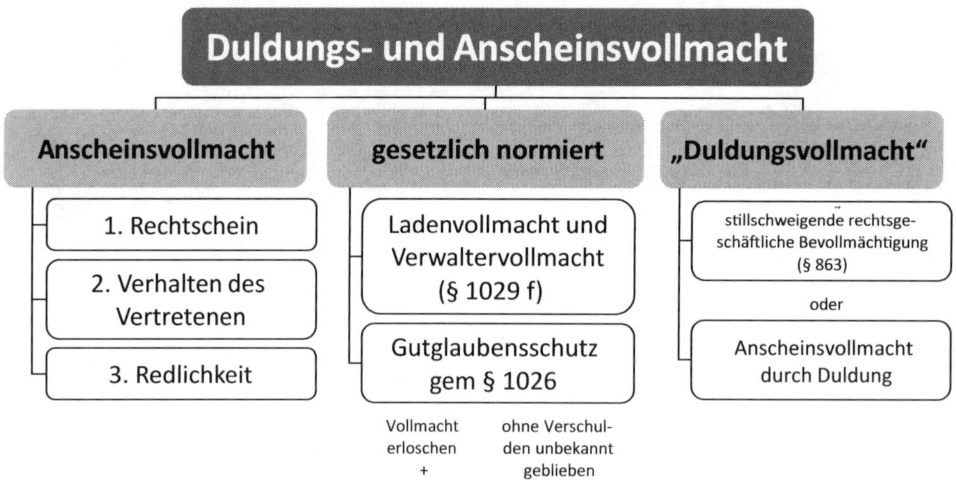

2. Rechtsfolgen, falsus procurator

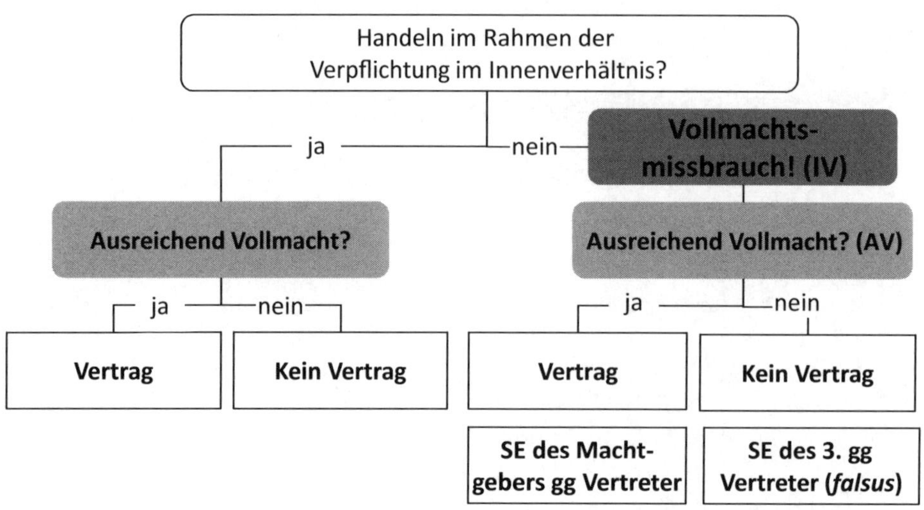

Vollmachtsmissbrauch

= Überschreiten des **Dürfens** im **Innenverhältnis**

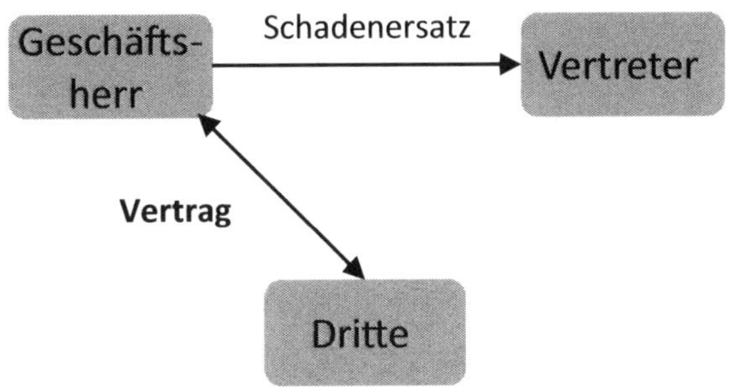

wirksamer Vertrag
(Geschäftsherr – Dritte)

- Ausnahme: Kollusion (§ 879)
- Kannte oder Kennen müssen

Haftung Vertreters
(SE Geschäftsherr gg Vertreter)

Scheinvertretung
(falsus procurator)

= Überschreiten des **Könnens** im **Außenverhältnis**

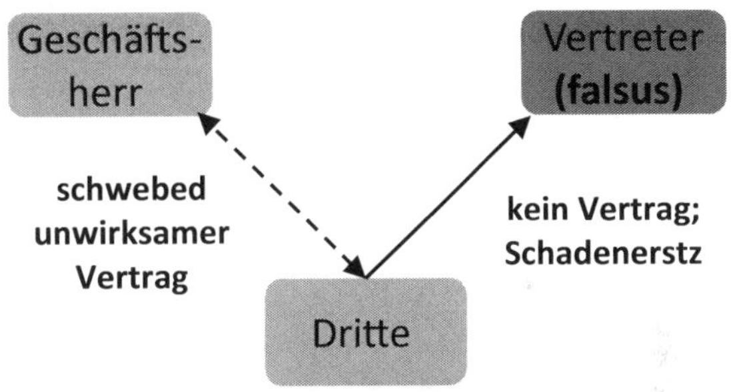

kein Vertrag
(Dritte – Vertreter)

schwebend unwirksamer Vertrag
(Dritter – Geschäftsherr)

Sanierung möglich durch:
1. **nachträgliche Genehmigung** (§ 1016 Fall 1)
2. **Vorteilszuwendung** (§ 1016 Fall 2)

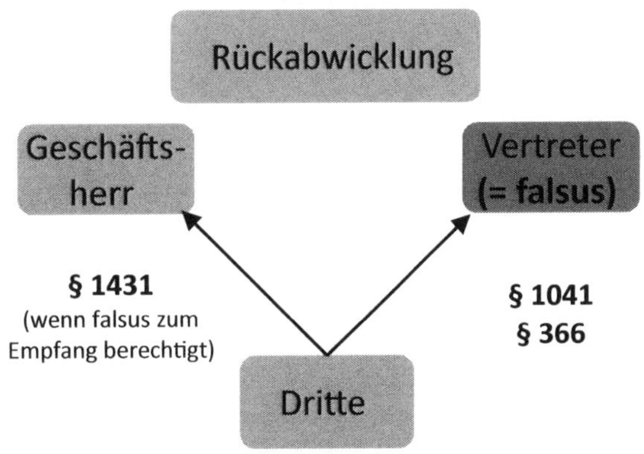

Haftung des Vertreter
(Dritte gg Vertreter)

- Vertrauensinteresse
- begrenzt mit dem hypothetischen Erfüllungsinteresse

3. Prüfungsschema

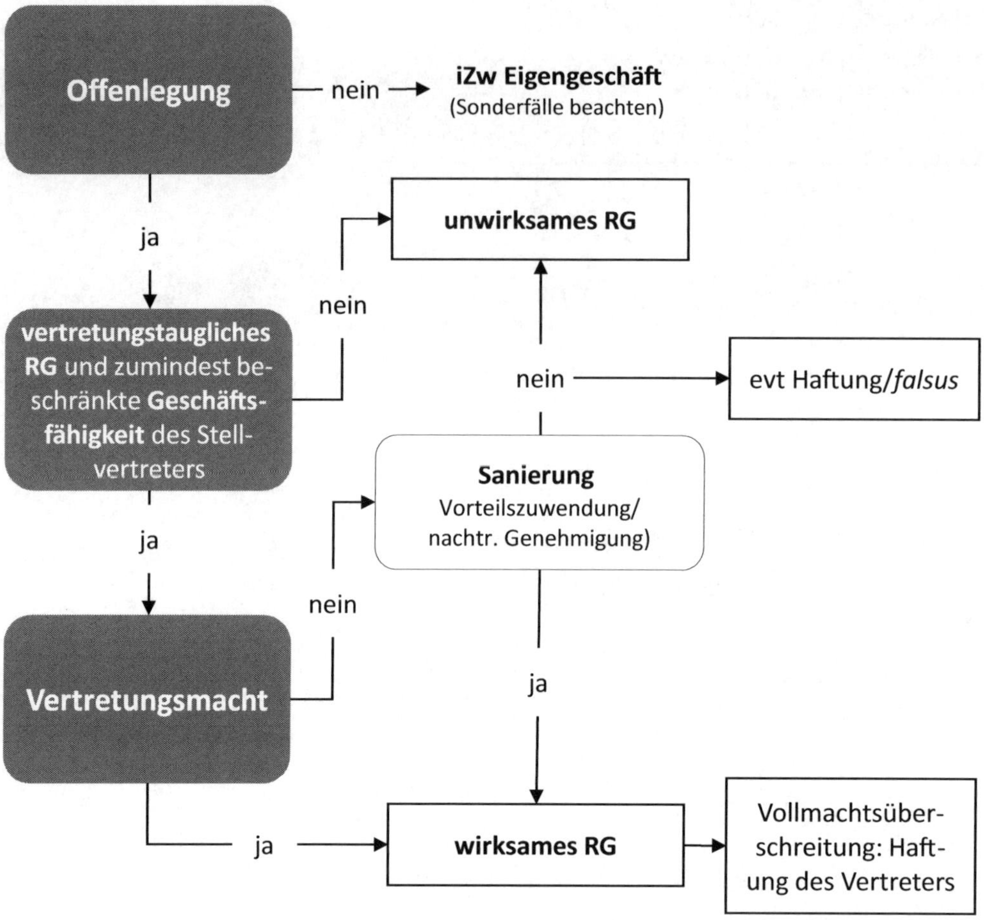

VIII. Erwachsenenschutz und Kuratel

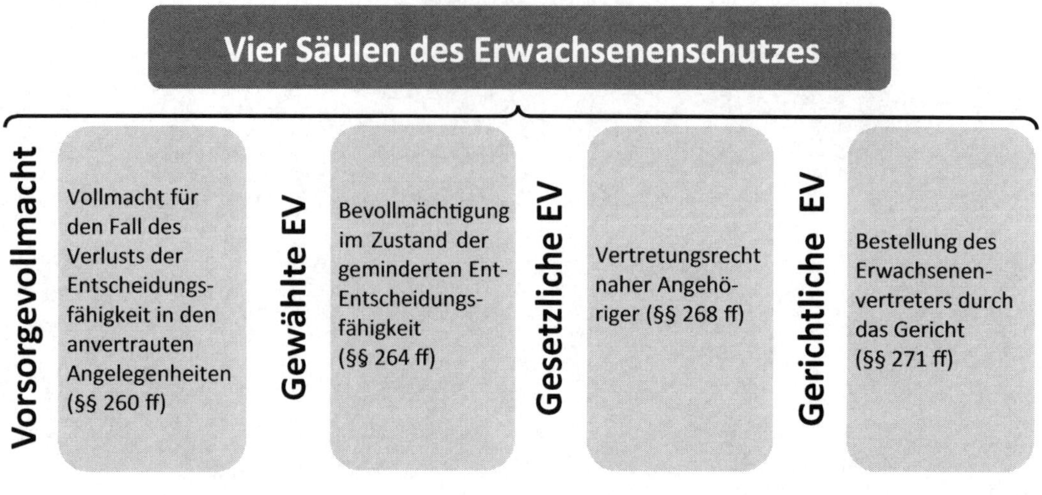

Das Erwachsenenschutzrecht regelt die Vertretung von Personen, die aufgrund einer psychischen Krankheit oder einer vergleichbaren Beeinträchtigung ihrer Entscheidungsfähigkeit nicht in der Lage sind, ihre

Angelegenheiten selbst zu besorgen (§ 239). Grundidee ist es, die Autonomie der betroffenen Person so lange wie möglich aufrechtzuerhalten, weshalb sie nach Möglichkeit selbst bestimmen soll, wer ihr Vertreter ist (Vorsorgevollmacht und gewählte EV). Wenn dies nicht mehr möglich ist, sollen die nächsten Angehörigen die Rolle des Vertreters übernehmen (gesetzliche EV) und erst als letztes bestellt das Gericht einen EV.

Eine Person kann aus verschiedenen Gründen schutzbedürftig sein. ZB weil sie minderjährig ist und deshalb unter Obsorge steht (siehe unten Seite 129) oder weil sie aufgrund einer psychischen Krankheit nicht in der Lage ist, ihre Angelegenheit selbstständig wahrzunehmen und deshalb einen Erwachsenenvertreter braucht. Daneben gibt es aber weitere Situationen, in der eine Person schutzberechtigt ist. In diesen Fällen ist ein Kurator zu bestellen.

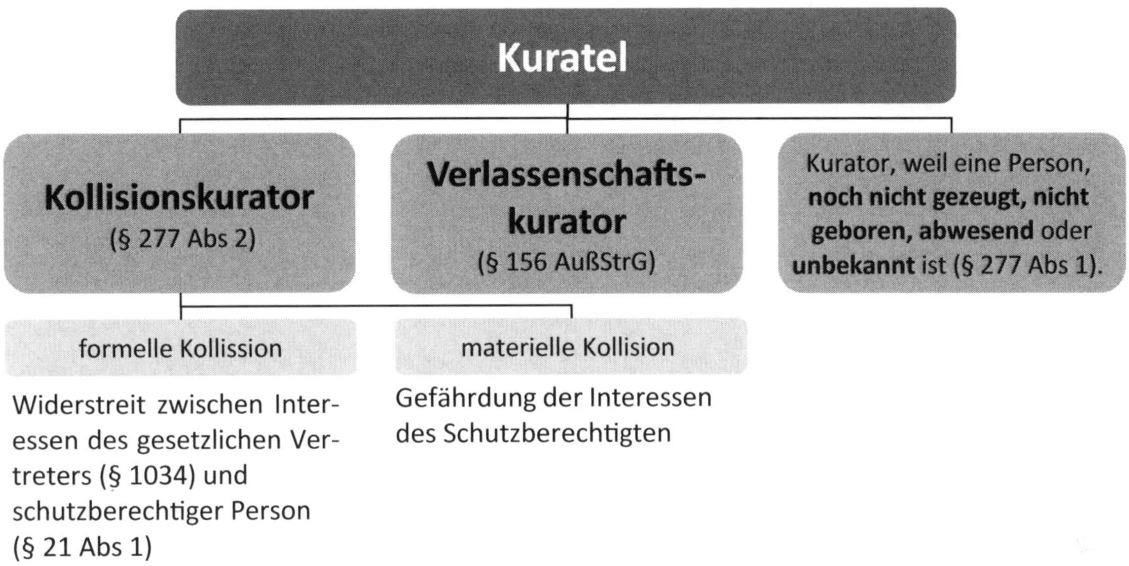

IX. Verjährung

Verjährung ist der Rechtsverlust wegen Nichtausübung eines Rechts durch eine bestimmte Zeit. Nach Ablauf der Verjährungsfrist geht nicht das Recht an sich, sondern nur die Klagbarkeit verloren (Naturalobligation. Die Verjährung beginnt mit der erstmaligen (objektiven) Möglichkeit, das Recht geltend zu machen (§ 1478). Auf subjektive Umstände kommt es nur an, wenn dies angeordnet ist. Von der Verjährung zu unterscheiden ist die Präklusion, die das Recht zum Erlöschen bringt, also keine Naturalobligation zurücklässt.

1. Fristen

Nach der Systematik des ABGB gilt eine allgemeine 30-jährige Frist, wenn keine besondere kürzere oder längere Frist angeordnet ist. Die Grafik ist eine grobe Übersicht. Besondere Verjährungsfristen werden im jeweiligen Zusammenhang erwähnt (Irrtum, Gewährleistung etc).

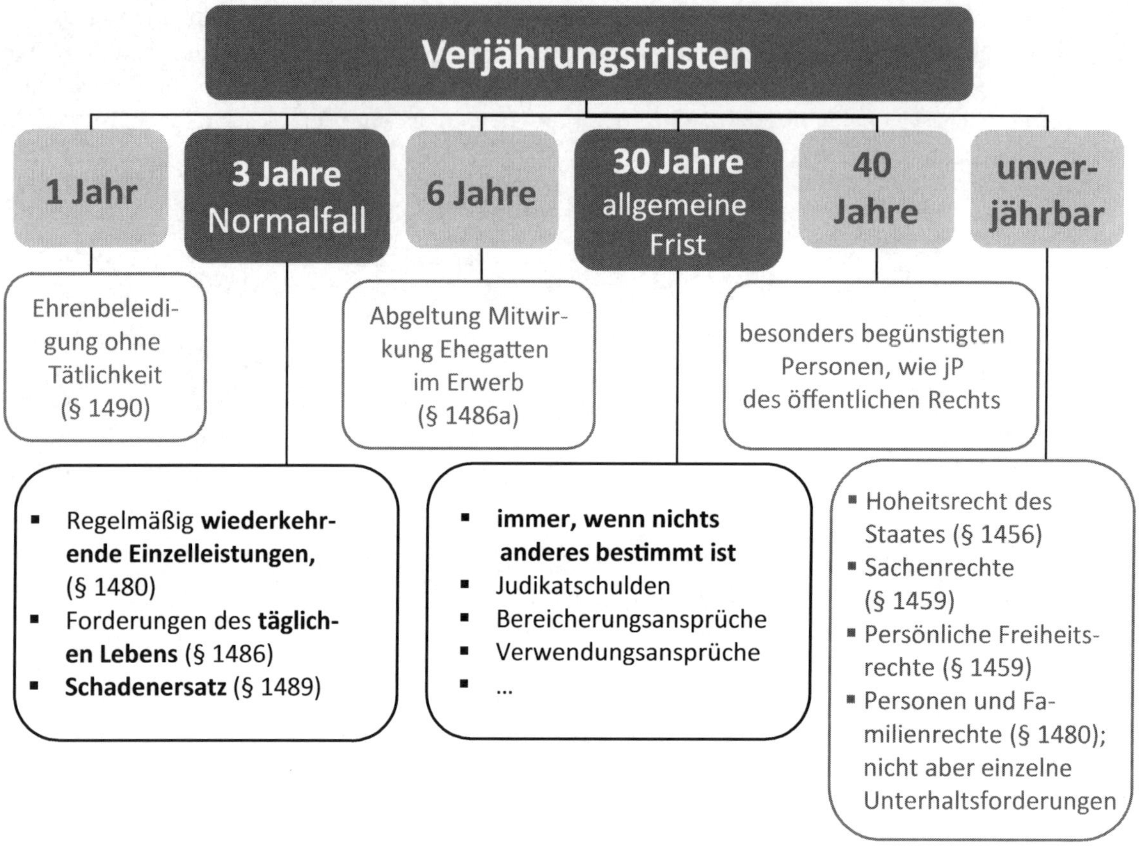

2. Hemmung und Unterbrechung

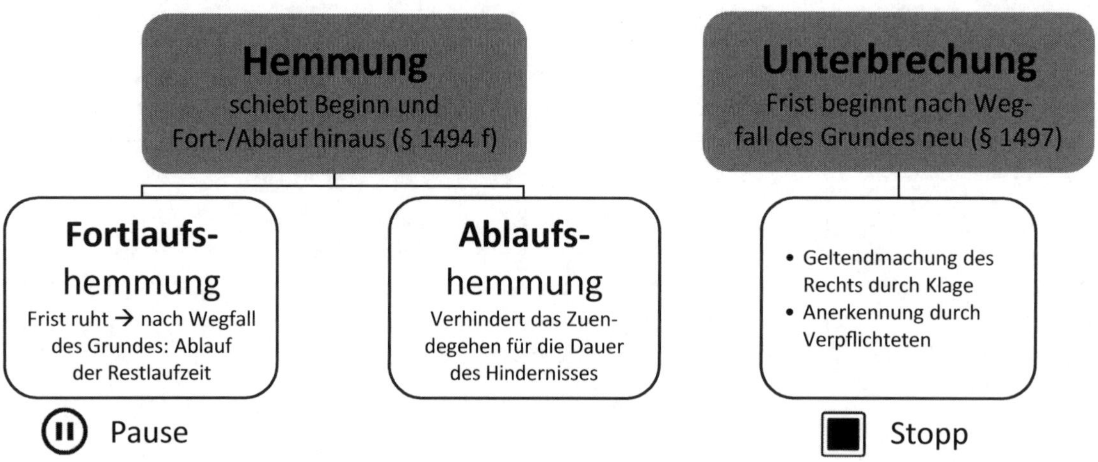

Grundlegend ist die Hemmung einer Frist von der Unterbrechung zu unterscheiden. Gedanklich kann man sich vorstellen, dass während der Fortlaufshemmung auf Pause gedrückt wird, solange der Hemmungsgrund besteht. Bei der Ablaufshemmung wird nur das Ende der Frist verhindert. Sie ist somit nur einschlägig, wenn die Zeit der Hemmung auf das Ende der Frist fällt. Ist dies der Fall, muss der Gläubiger unverzüglich sein Recht geltend machen. Bei der Unterbrechung beginnt die Frist neu zu laufen. Gedanklich wird die Frist neu abgespielt.

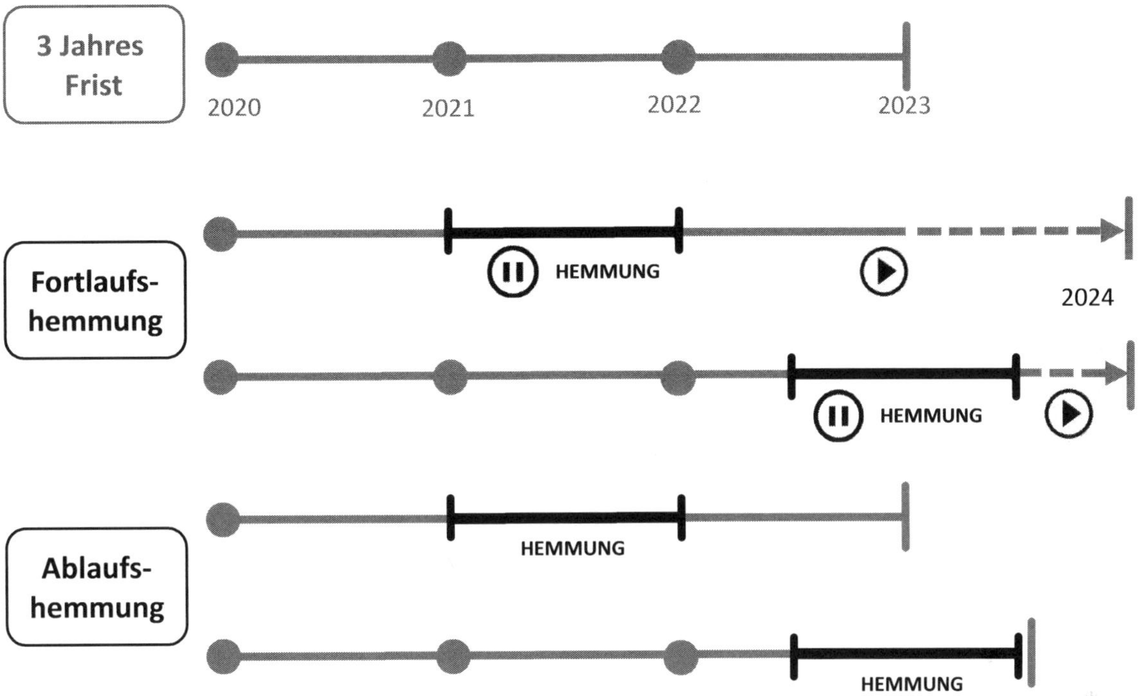

B. Schuldrecht – Allgemeiner Teil

Der allgemeine Teil des Schuldrechts enthält Regelungen, die für alle Schuldverhältnisse gelten. Diese werden weitestgehend anhand des Kaufvertrags dargestellt.

I. Das Schuldverhältnis

1. Bestandteile und culpa in contrahendo

Das Schuldverhältnis bezeichnet die Rechtsbeziehung zwischen Schuldner und Gläubiger und unterteilt sich in Hauptleistungspflichten, Nebenleistungspflichten sowie Schutz- und Sorgfaltspflichten. Die Nichterfüllung dieser Pflichten ist im Hinblick auf Erfüllungsansprüche, Rücktrittsrechte oder Schadenersatzansprüche relevant. Erfüllungsansprüche und Rücktrittsrechte (Verzugs-, Unmöglichkeits- und Gewährleistungsfolgen) stehen grundsätzlich nur bei Haupt- und selbständigen Nebenleistungspflichten zu. Schadenersatzansprüche können hingegen bei jeder Vertragsverletzung entstehen. Zum Schuldverhältnis zählen auch Gestaltungsrechte und Obliegenheiten.

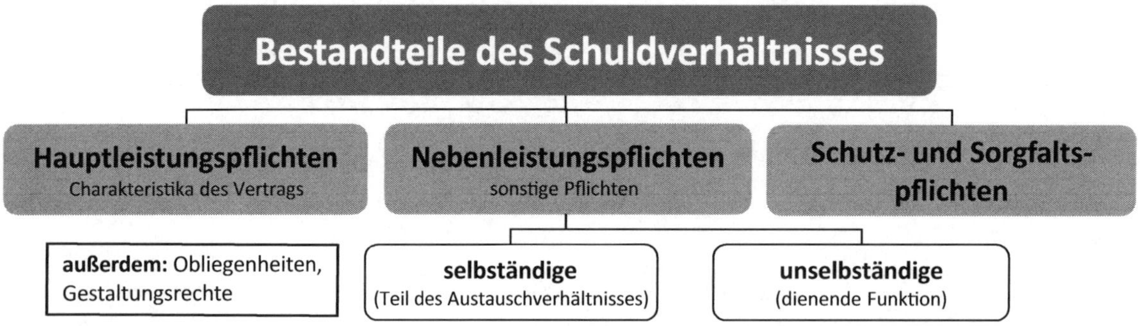

Vertragliche Pflichten entstehen nicht erst mit Vertragsabschluss, sondern treten von Gesetzes wegen schon bei Kontaktaufnahme zu geschäftlichen Zwecken ein. Da zu diesem Zeitpunkt noch keine Hauptleistung feststeht, können nur Schutz-, Sorgfalts- und Aufklärungspflichten bestehen. Die Erstreckung in das vorvertragliche Stadium ist im Hinblick auf das Schadenersatzrecht bedeutsam: Ohne diese vertraglichen Pflichten stünden dem Geschädigten nur deliktische Ansprüche zu.

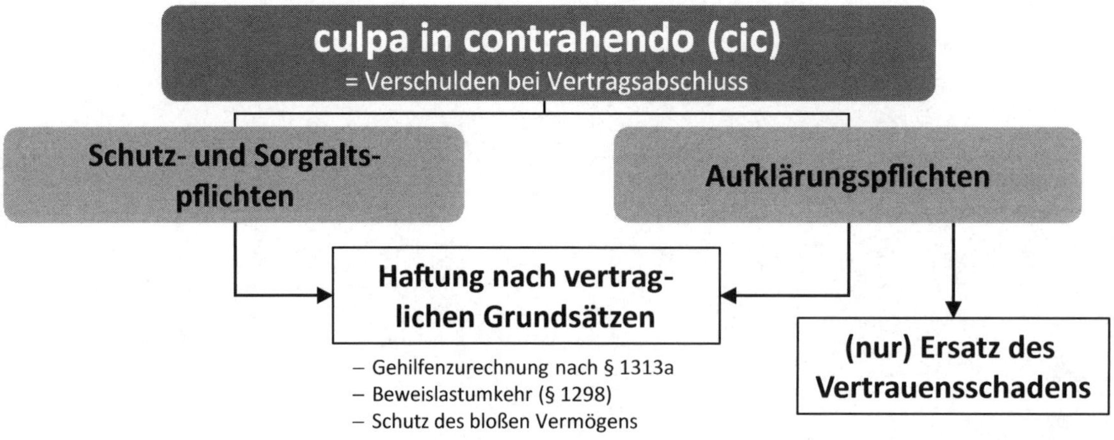

2. Relativität der Schuldverhältnisse

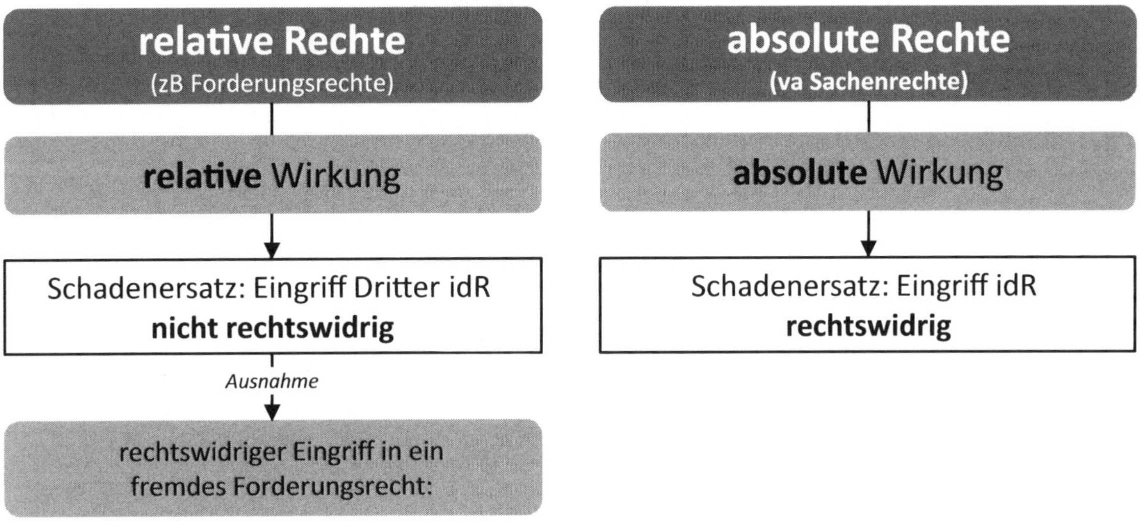

- Anmaßung einer Gläubigerstellung (Eingriff in die Rechtszuständigkeit)
- wissentliche Verleitung zum Vertragsbruch
- fahrlässige Beeinträchtigung bei Besitzverstärkung

II. Der Schuldinhalt

1. Art der Leistung

Die Leistung ist entweder teilbar oder unteilbar, was nach dem Parteiwillen zu beurteilen ist. So kann für die einen Vertragsparteien eine unteilbare Leistung vorliegen, für die anderen ist der gleiche Leistungsgegenstand aber teilbar. Ob eine Leistung (un-) teilbar ist, hat vor allem im Leistungsstörungsrecht Relevanz.

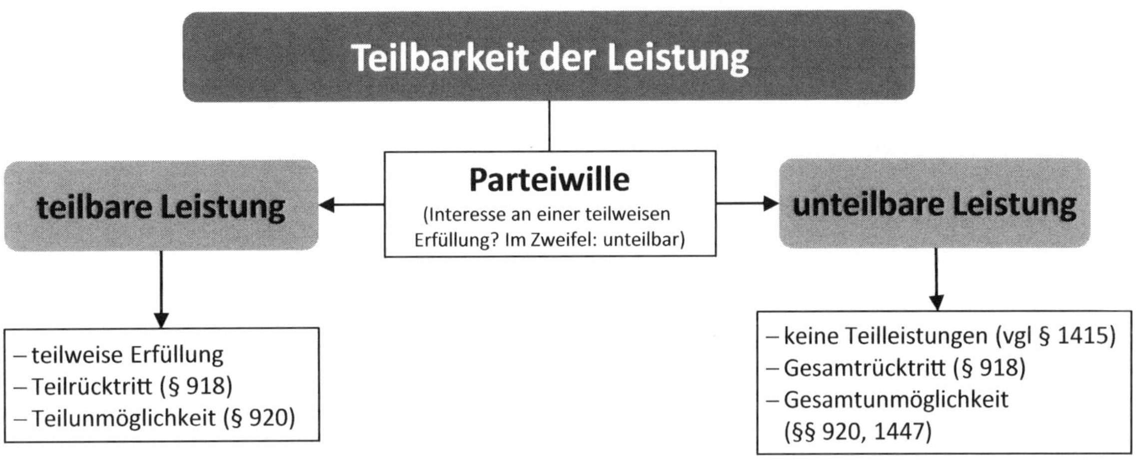

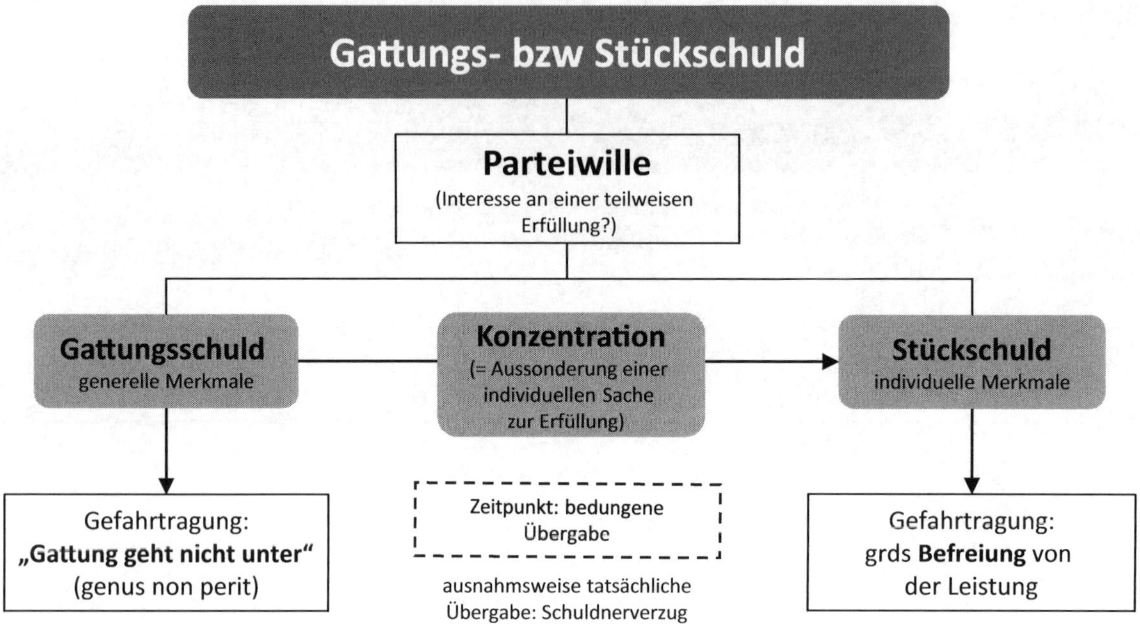

2. Leistungszeit und Leistungsort

Leistungszeit (§ 904) und Leistungsort (§ 905) sagen dem Schuldner, wann und wo geleistet werden muss. Sie sind vor allem für den Verzug und die Unmöglichkeit relevant.

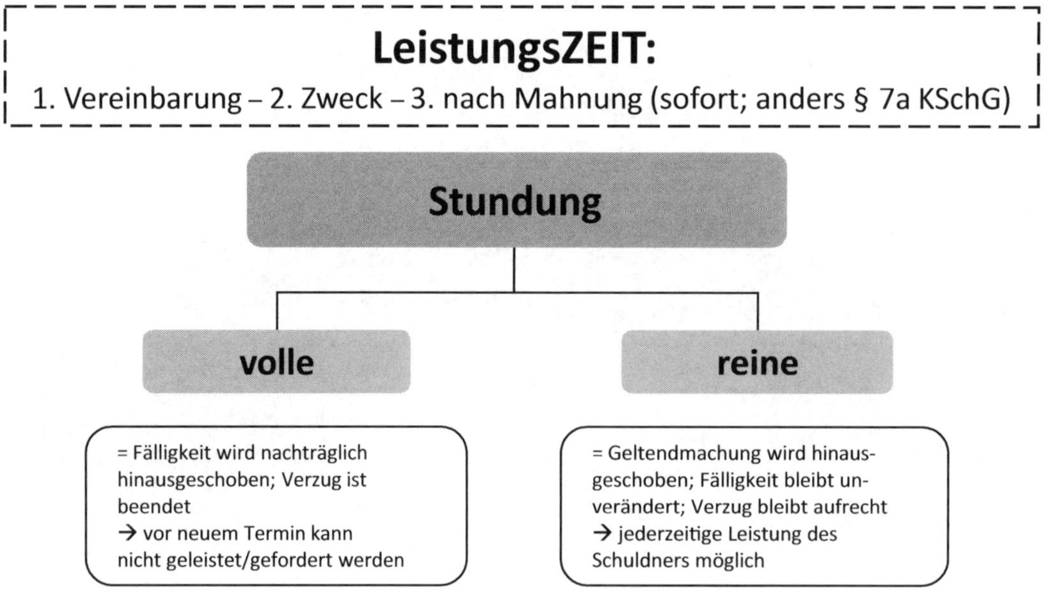

LeistungsORT:

1. Vereinbarung – 2. Zweck – 3. Zweifel: Hol- vor Schick- vor Bringschuld

Holschuld

Erfüllungsort ist Sitz des Schuldners (§ 905)

Schickschuld

Pflicht Sache „auf den Weg zu bringen"; Erfüllungsort bleibt aber Sitz des Schuldners

Gefahr/Besitz/Eigentum geht mit Übergabe an den Transporteur über (§ 905 Abs 3, § 429); anders bei Konsumenten (§ 7b KSchG)

Bringschuld

Erfüllungsort ist Sitz des Gläubigers

Geldschulden sind Bringschulden

Banküberweisung: Betrag muss am Fälligkeitstag auf Konto gutgeschrieben sein (§ 907a); Verbraucher muss Überweisungsauftrag am Fälligkeitstag erteilen (§ 6a Abs 2 KSchG)

Wo erfüllt werden muss, ist va für die Gefahrtragung bei Versendung relevant. Bei einer Schickschuld ist mit Absendung der Sache die Pflicht erfüllt und die Gefahr der nachträglichen Unmöglichkeit trifft den Gläubiger. Liegt hingegen eine Bringschuld vor und bedient sich der Schuldner eines Transporteurs, ist seine Pflicht erst erfüllt, wenn die Sache beim Gläubiger ankommt. Die Gefahr trifft den Schuldner.

3. Leistung Zug-um-Zug

In einem (synallagmatischen) Schuldverhältnis sind beide Vertragspartner sowohl Gläubiger als auch Schuldner. Damit kein Vertragspartner das Risiko der Zahlungsunfähigkeit oder Zahlungsunwilligkeit des anderen tragen muss, sind Verträge Zug-um-Zug zu erfüllen.

Leistung Zug-um-Zug

Zurückbehaltungsrecht

- Einrede des nicht oder nicht gehörig erfüllten Vertrags (§ 1052 Satz 1)
  → Gläubiger kann Leistung zurückbehalten,
  - wenn Schuldner nicht oder mangelhaft anbietet;
  - wurde bereits geleistet, steht das Recht nur zu, wenn Verbesserung begehrt werden kann.
- gem § 471
  → Gläubiger kann Herausgabe der Sache gegenüber dem Eigentümer verweigern, wenn
  - auf die Sache ein Aufwand gemacht wurde *oder*
  - durch die Sache ein Schaden verursacht wurde

  (sog konnexe Forderungen).

Unsicherheitseinrede

- gem § 1052 Satz 2
  → Vorleistung muss nicht erbracht werden, wenn Gegenleistung wegen schlechter Vermögensverhältnisse gefährdet ist.

III. Leistungsstörungen

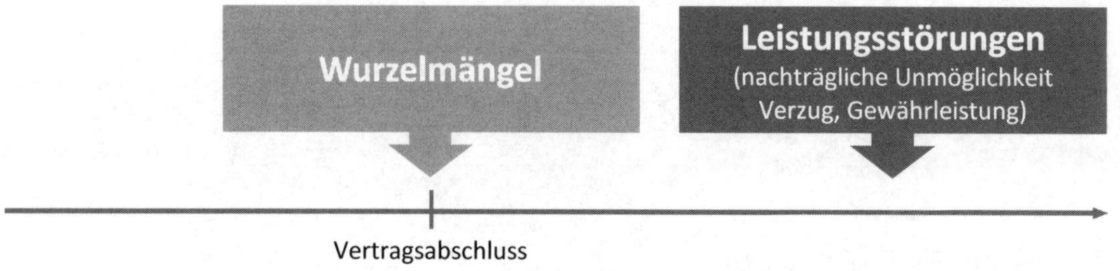

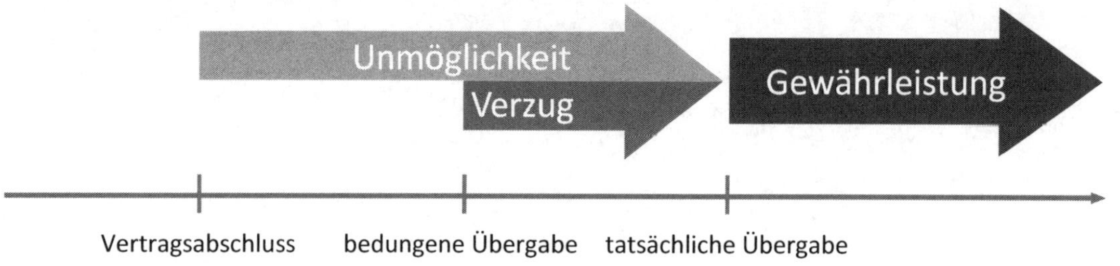

1. Nachträgliche Unmöglichkeit

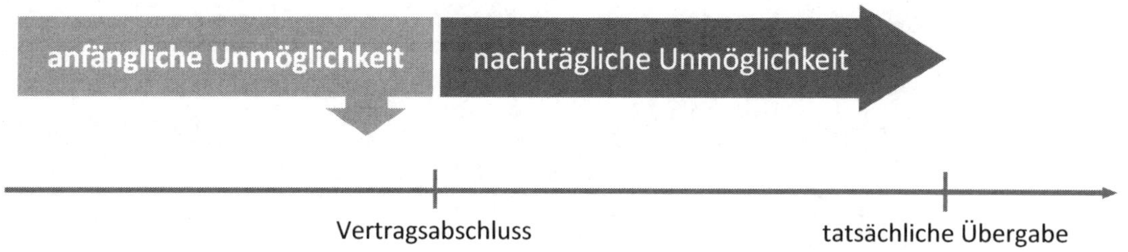

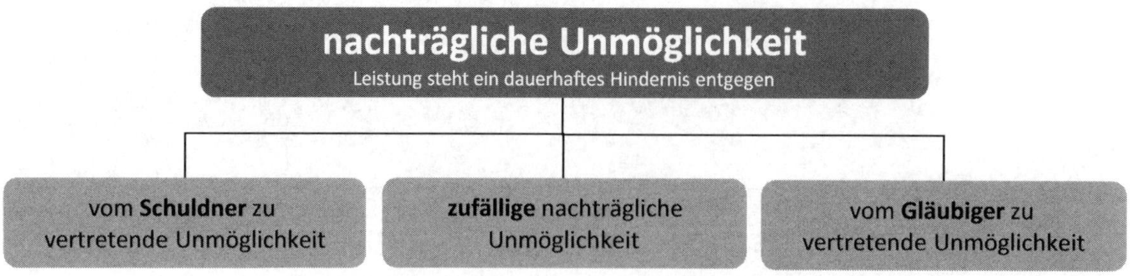

BEACHTE:
genus non perit
(Gattung geht nicht unter)

Konzentration:
Aus der Gattungs- wird eine Speziesschuld.

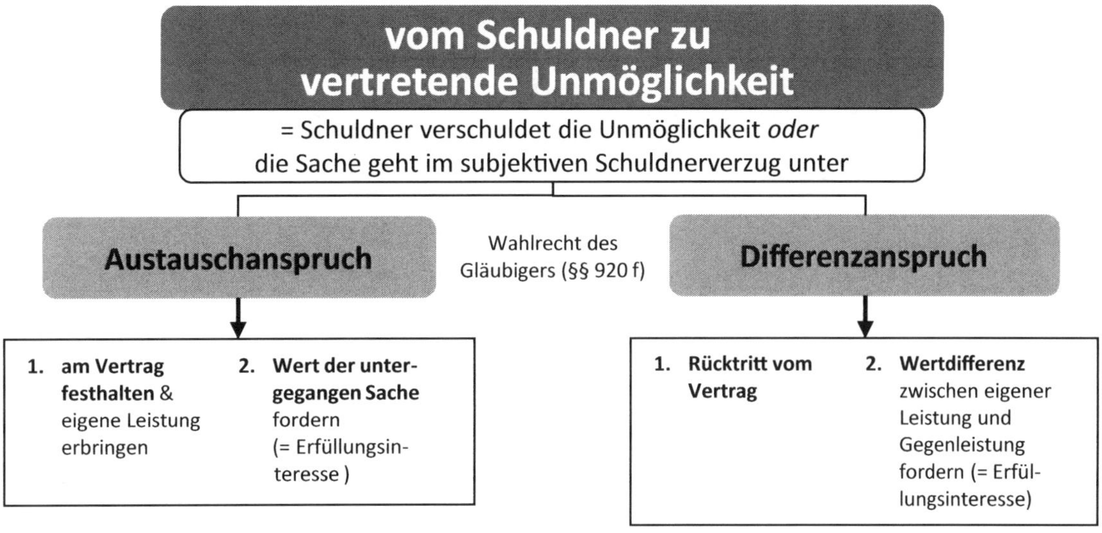

Hat der Schuldner die Unmöglichkeit zu vertreten, hat der Gläubiger ein Wahlrecht zwischen Austausch- oder Differenzanspruch. Diese beiden Ansprüche laufen auf das Gleiche hinaus, wenn die Gegenleistung in Geld besteht. Unterschiede ergeben sich beim Tauschvertrag.

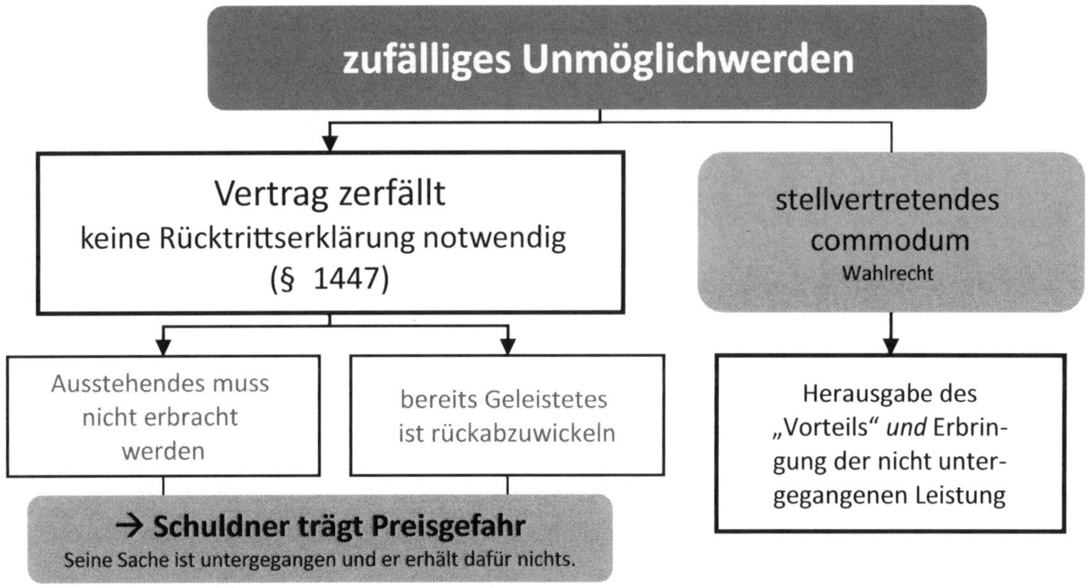

Wird eine Sache durch Zufall nachträglich unmöglich, zerfällt der Vertrag (§ 1447). Die Parteien müssen so gestellt werden, als würde der Vertrag nicht bestehen. Tritt an die Stelle der untergegangenen Sache ein stellvertretendes commodum, hat der Gläubiger das Wahlrecht, den Vorteil (zB erhaltene Versicherungssumme) unter Erbringung seiner Leistung zu verlangen. Die zufällige Unmöglichkeit führt dazu, dass der Schuldner für seine untergegangene Sache keine Gegenleistung erhält. Wirtschaftlich betrachtet hat er den Nachteil aus der Unmöglichkeit, weil sein Vermögen gemindert ist. Ihn trifft die sog Gefahr des zufälligen Untergangs (Preisgefahr).

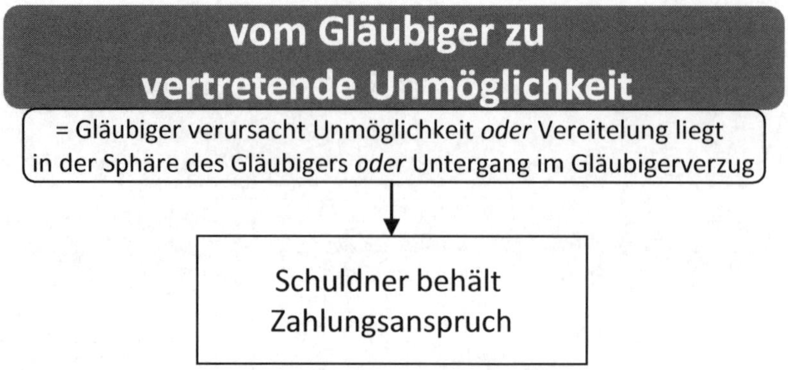

Hat der Gläubiger die Unmöglichkeit zu vertreten, behält der Schuldner seinen Zahlungsanspruch. Den wirtschaftlichen Nachteil aus dem Untergang Sache hat in diesem Fall der Gläubiger. Er muss zahlen, erhält aber nichts dafür.

2. Verzug

Verzug liegt vor, wenn die Leistung nicht rechtzeitig erbracht wird, aber noch möglich ist. Ist die Leistung überhaupt ausgeschlossen, liegt Unmöglichkeit vor. Möglich ist bei einer teilbaren Leistung (siehe dazu unten Seite 25) auch ein Teilverzug.

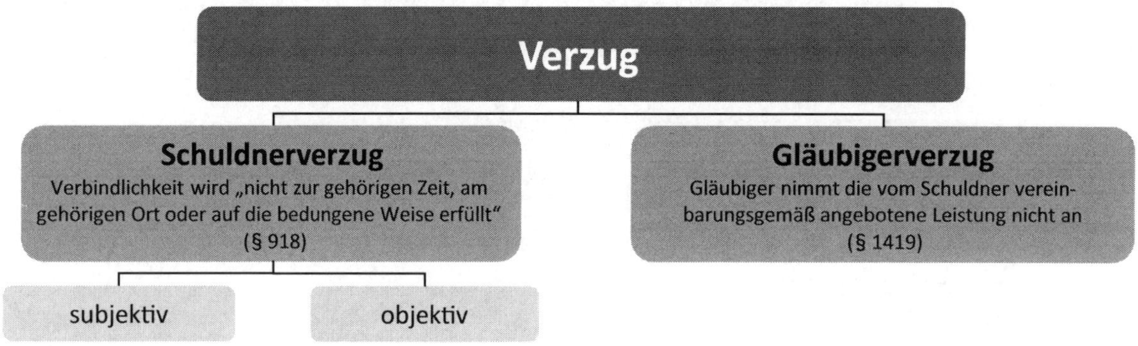

a) Schuldnerverzug

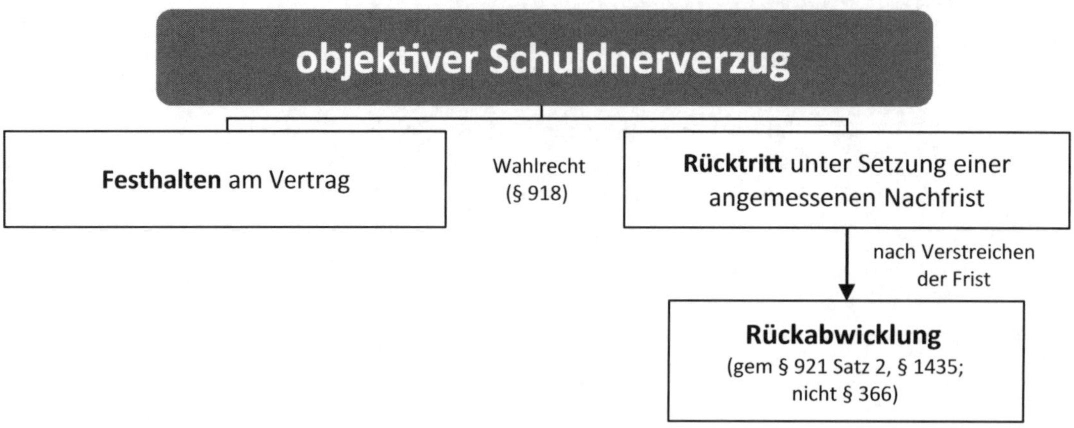

Trotz Verzugs soll der Schuldner ein zweite Chance haben. Die Lösung vom Vertrag ist daher die letzte Möglichkeit, wenn die Nachholung der Leistung nach Setzung einer Nachfrist immer noch nicht erfolgt. Verstreicht die Frist ungenutzt, wird der Vertrag durch Rücktritt beendet und die Leistungen sind rückabzuwickeln. Der Rücktritt wirkt sachenrechtlich ex nunc, weshalb das Eigentum nicht automatisch an den Schuldner zurückfällt.

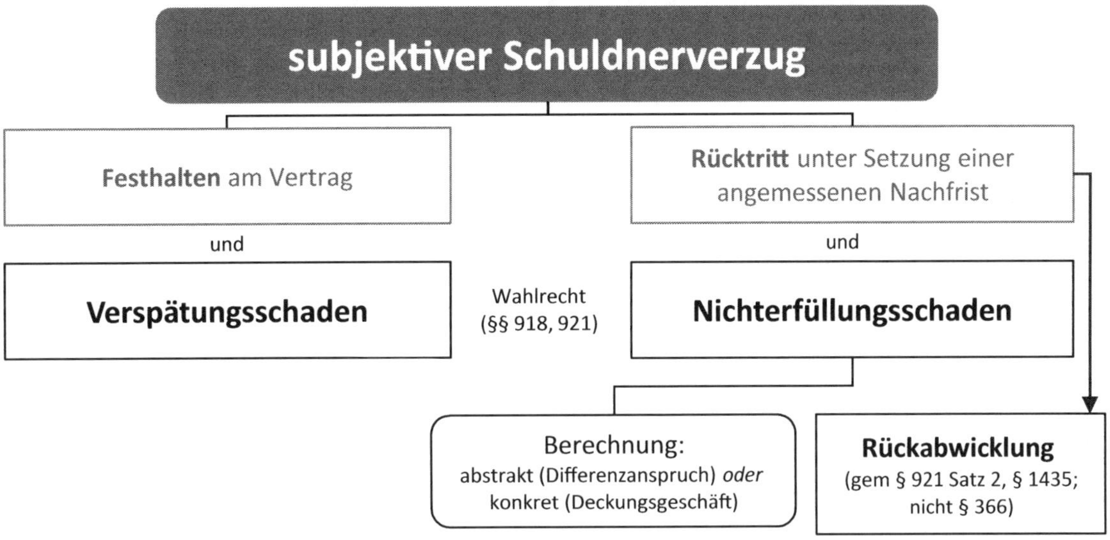

Beim subjektiven Schuldnerverzug kommen neben den Rechtsbehelfen des objektiven Schuldnerverzugs zusätzlich Schadenersatzpflichten hinzu. Wird am Vertrag festgehalten, kann der Verspätungsschaden geltend gemacht werden. Kommt es zum Rücktritt, ist neben der Rückabwicklung auch der Nichterfüllungsschaden zu ersetzen. Dieser kann entweder abstrakt oder konkret berechnet werden.

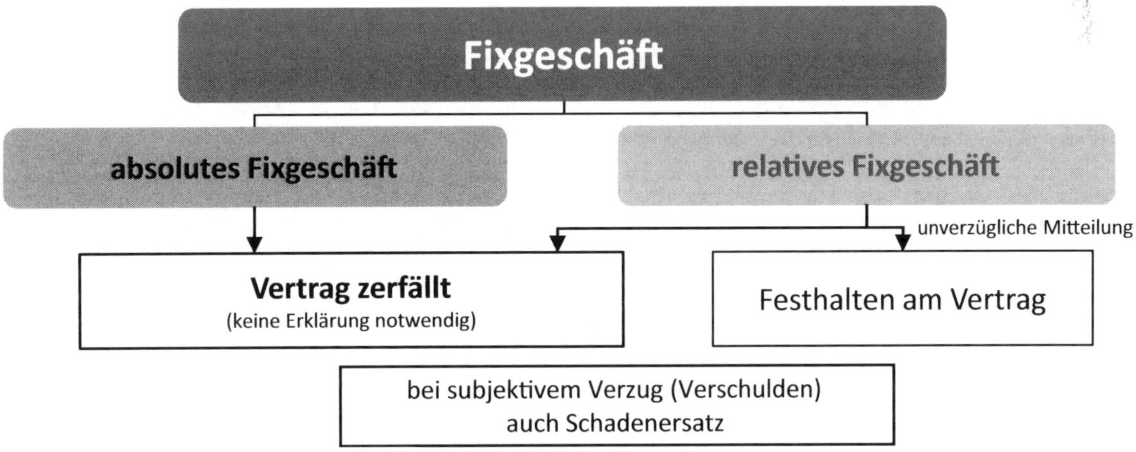

Ein Fixgeschäft liegt vor, wenn die Erfüllung zu einer bestimmten Zeit bei sonstigem Rücktritt bedungen ist. An einer späteren Erfüllung besteht kein Interesse. Trotz Verstreichen des Termins kann der Gläubiger auf Erfüllung bestehen, wenn er dies unverzüglich dem Schuldner mitteilt und die Leistung noch erbracht werden kann (relatives Fixgeschäft).

b) Gläubigerverzug

Die Annahme der Leistung ist keine Rechtspflicht, sondern nur eine Obliegenheit. Daraus ergibt sich, dass weder auf Annahme der Leistung geklagt werden kann, noch dass Schadenersatzpflichten entstehen. Den Gläubiger treffen jedoch die widrigen Folgen.

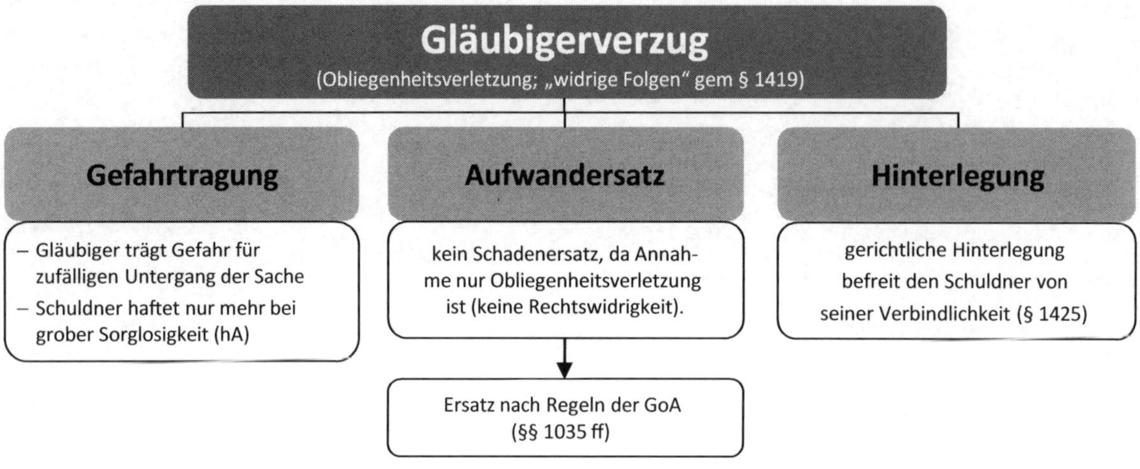

3. Gewährleistung

Gewährleistung ist die verschuldensabhängige Haftung des Schuldners für Mängel im Zeitpunkt der Leistungserbringung (§§ 922 ff). Sie kann erst nach tatsächlicher Übergabe bzw nach Annahme als Erfüllung geltend gemacht werden.

a) Aliud

Wird nicht bloß eine mangelhafte Sache geleistet, sondern etwas gänzlich anderes als geschuldet, so liegt keine Schlechterfüllung (Gewährleistung) vor, sondern Nichterfüllung. Es kommen dann die Verzugsfolgen zur Anwendung und nicht die Gewährleistungsfolgen.

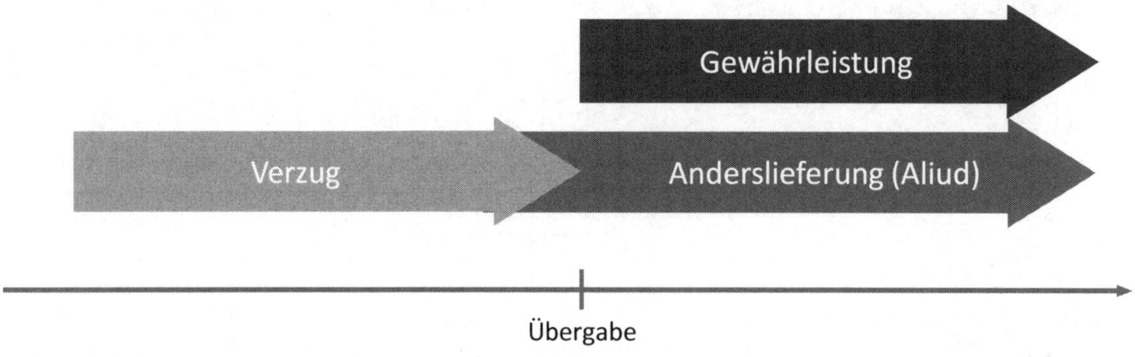

Ob ein Aliud geliefert wurde, hängt davon ab, ob eine Stück- oder Gattungsschuld vorliegt, was sich wiederum nach dem Parteiwillen bestimmt (siehe dazu Seite 26).

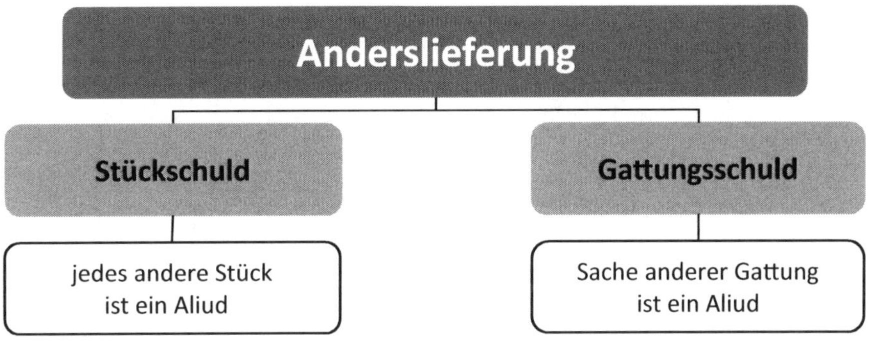

b) Voraussetzungen

Wichtigster Anknüpfungspunkt für die Gewährleistung ist ein Mangel. Daneben besteht aber eine Reihe weiterer Voraussetzungen:

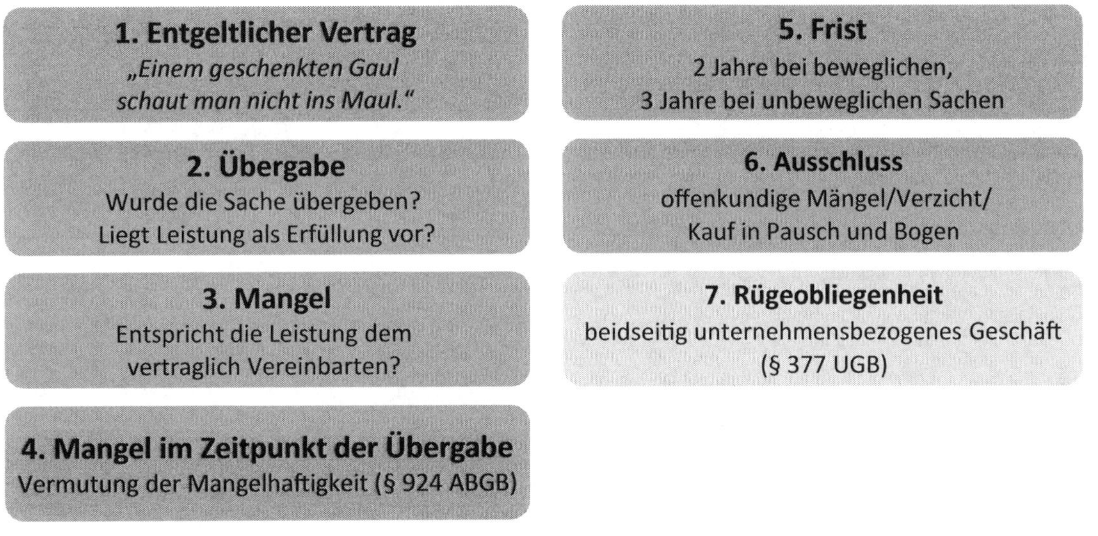

Die Beurteilung der Mangelhaftigkeit kann nur aufgrund eines bestimmten Vertrages erfolgen. Das Gesetz umschreibt dies mit dem Fehlen von einer bedungenen oder gewöhnlich vorausgesetzten Eigenschaft. Relevant sind naturgemäß nur Mängel im Zeitpunkt der Übergabe.

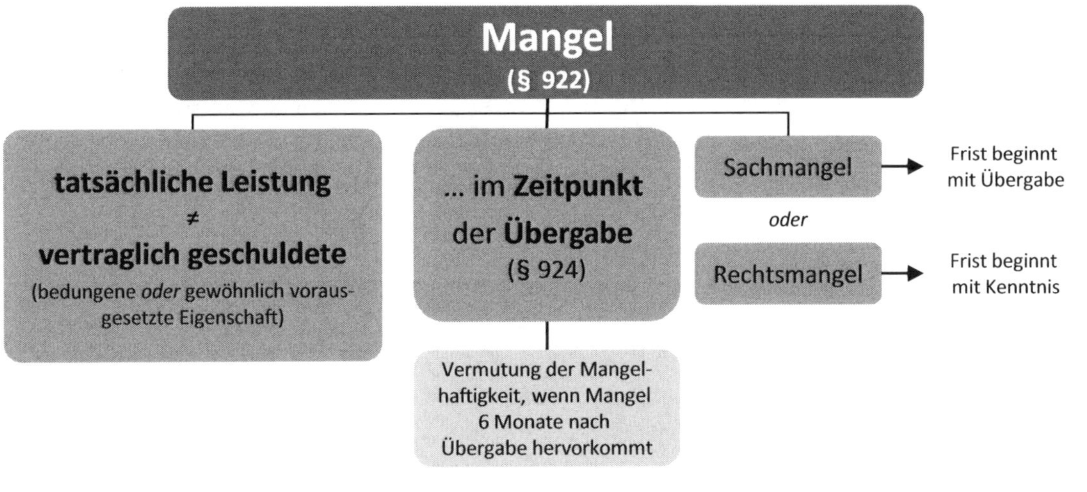

Da Gewährleistung auf das vertraglich Geschuldete abstellt, gibt es keine Gewährleistung für Mängel, die zu diesem Zeitpunkt für beide Parteien erkennbar waren (§ 928). Eingeschränkt ist die Gewährleistung beim Kauf von Sachen in Pausch und Bogen, bei dem eine Gesamtsache (die aus einer Vielzahl von einzelnen Sachen besteht) zu einem Pauschalpreis veräußert wird.

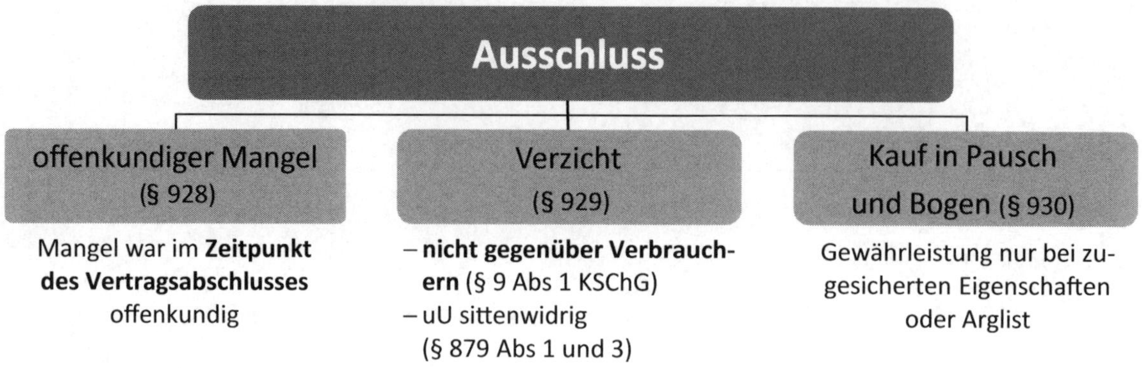

c) Gewährleistungsbehelfe

Liegen die Voraussetzungen der Gewährleistung vor, kommen die Gewährleistungsbehelfe zum Zug. Wie andere Leistungsstörungen ist auch das Gewährleistungsrecht vom Prinzip der „zweiten Chance" geprägt. Zunächst soll ein vertragsmäßiger Zustand hergestellt werden (Verbesserung oder Austausch). Wenn dies unmöglich, unverhältnismäßig, unzumutbar etc ist, kann es durch Preisminderung zu einer Vertragsanpassung kommen oder (bei einem nicht geringfügigen Mangel) in letzter Konsequenz durch Wandlung zur Vertragsaufhebung.

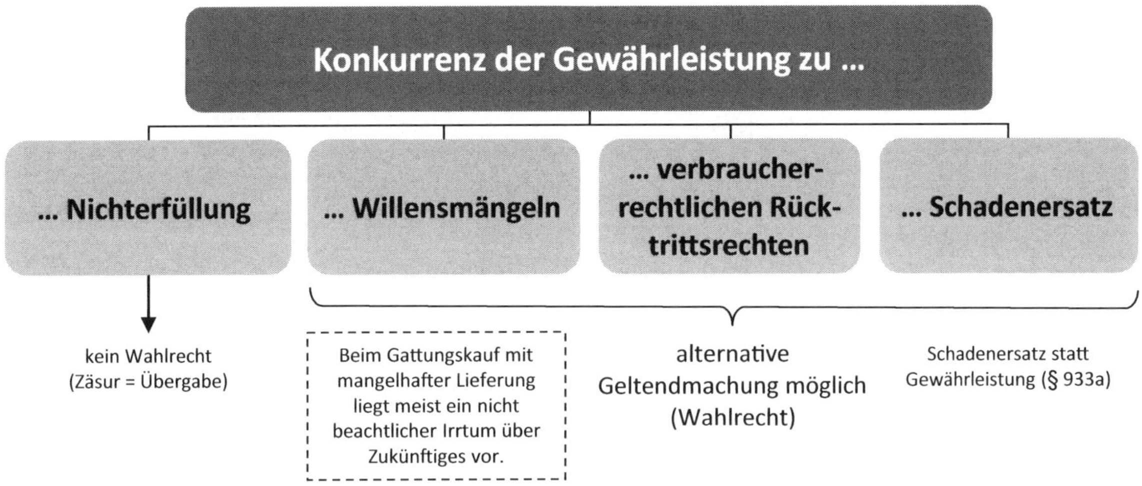

d) Schadenersatz statt Gewährleistung

1. Schaden	Schaden liegt in der Mangelhaftigkeit der Sache (Mangelschaden).	**2. Kausalität**	Der Schaden wurde durch Schlechterfüllung vom Übergeber herbeigeführt.
3. Rechtswidrigkeit	Lieferung des nicht vertraglich Vereinbarten ist rechts-, weil vertragswidrig.	**4. Verschulden**	Die Schlechterfüllung ist dem Übergeber subjektiv vorwerfbar.
Frist	3 Jahre ab Kenntnis von Schaden und Schädiger (§ 1489 ABGB)	**Umfang des Ersatzes** (§ 933a Abs 2 ABGB)	primär: Verbesserung oder Austausch sekundär: Geldersatz

UNTERSCHEIDE!

Mangel = Abweichung vom vertraglich Vereinbarten (GW)
Mangelschaden = Schaden liegt in der Mangelhaftigkeit der Sache (SE statt GW)
Mangelfolgeschaden = Schaden wurde durch die mangelhafte Sache verursacht (SE)

Bleibt die Leistung hinter dem vertraglich Geschuldeten zurück, liegt aus dem Blickwinkel des Schadenersatzrechts betrachtet ein Schaden vor. Die mangelhafte Erfüllung eines Vertrags ist ein Nachteil im Vermögen des Übernehmers. Liegen die sonstigen Erfordernisse für Schadenersatz vor, so kann auch „Schadenersatz statt Gewährleistung" gefordert werden (§ 933a ABGB). Der Vorteil liegt in der Verjährungsfrist des Schadenersatzrechts, die ab Kenntnis von Schaden und Schädiger zu laufen beginnt und stets drei Jahre beträgt. Der Mangel muss im Gegensatz zur Gewährleistung aber schuldhaft herbeigeführt worden sein. Der Umfang des Ersatzes ist den Gewährleistungsbehelfen nachgebildet (vgl § 933a ABGB), deckt sich weitgehend aber auch mit dem allgemeinen schadenersatzrechtlichen Ersatzumfang (siehe Seite 66).

4. Laesio enormis

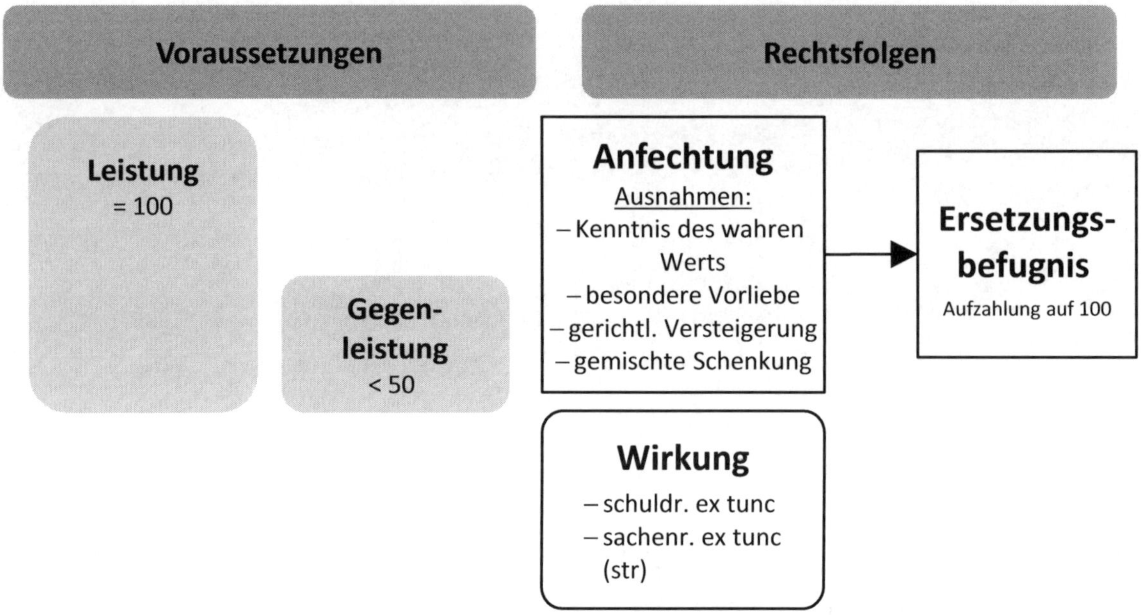

Grundsätzlich unterliegen Wert- und Gegenwert einer Leistung keiner objektiven Kontrolle. Beträgt der Wert der einen Leistung aber nicht einmal die Hälfte der anderen Leistung, so kann der „Verkürzte" den Vertrag anfechten. Die Anfechtung kann abgewendet werden, indem die Differenz zwischen dem objektiven Wert der Leistung und jenem der Gegenleistung aufgezahlt wird. Hat der Verkürzte 100 für eine Leistung im Wert von 49 gezahlt, so muss der Verkürzende 51 aufzahlen.

IV. Erlöschen der Schuld

1. Erfüllung und Zahlung

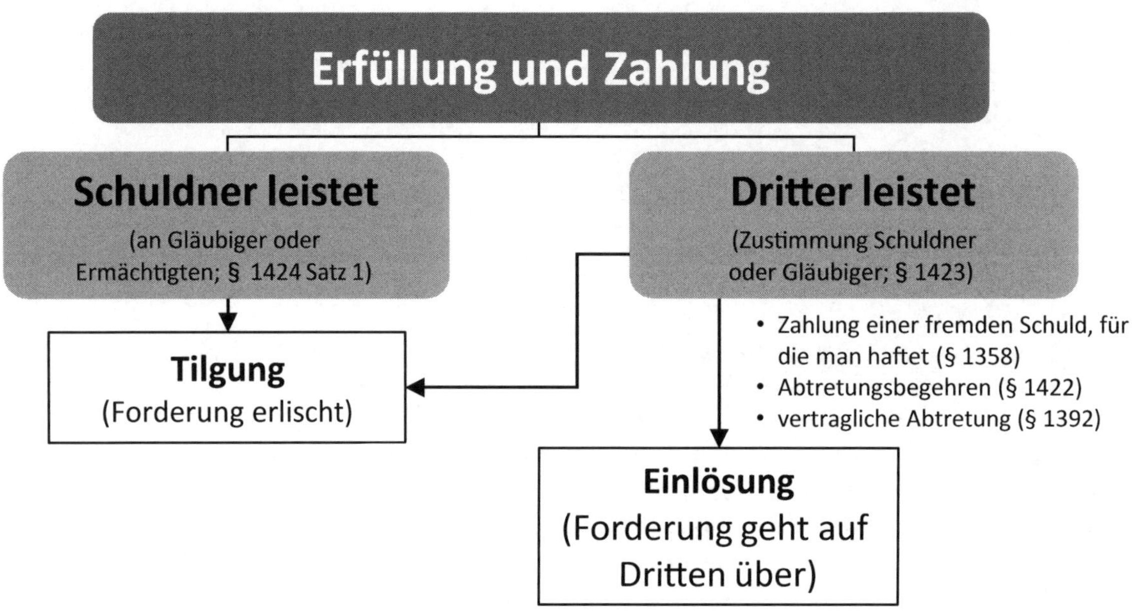

Entspricht die Leistung nicht dem vertraglich Geschuldeten, muss der Gläubiger sie nicht annehmen (§ 1413 ABGB) und der Schuldner gerät in Verzug (siehe oben Seite 30). Der Schuldner muss grundsätzlich an den Gläubiger oder an einen Ermächtigten leisten. Leistet ein Dritter, muss der Gläubiger die Leistung nur annehmen, wenn Schuldner oder Gläubiger zustimmen. Die Forderung wird dadurch ebenfalls getilgt, außer es liegt ein Fall der §§ 1358, 1422, 1392 ABGB vor. Dann geht die Forderung im Rahmen der Zession auf den Dritten über (siehe dazu unten Seite 39 ff).

2. Aufrechnung

Bestehen zwischen zwei Personen gegenseitige Forderungen, wäre es umständlich, wenn sie der Reihe nach erfüllen müssten. Daher sollen durch die Aufrechnung Forderung und Gegenforderung gemeinsam getilgt werden. Einvernehmliche Aufrechnung ist immer möglich, bei der einseitigen Aufrechnung müssen folgende Voraussetzungen vorliegen:

1. Gegenseitigkeit „Aufrechnender" ist zugleich Gläubiger und Schuldner (§ 1441)	**2. Fälligkeit** (§ 1439)
3. Gültigkeit Forderung ist klagbar; keine Aufrechnung mit einer Naturalobligation (§ 1439)	**4. Gleichartigkeit** va Geldschulden, aber auch Schulden gleicher Art und Güte (§ 1440)

- einvernehmliche Aufrechnung immer möglich (zB Kontokorrent)
- einseitige Aufrechnung ist Gestaltungsrecht
- keine „automatische" Aufrechnung, aber Rückwirkung

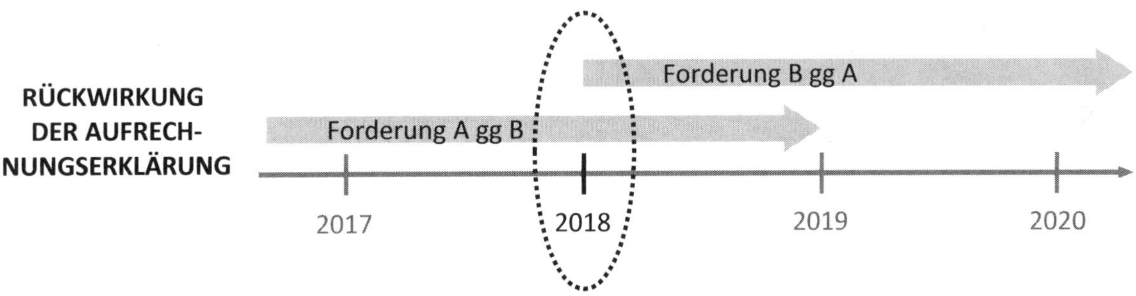

Die einseitige Aufrechnung vollzieht sich durch Erklärung einer Partei. Sie wirkt aber auf den Zeitpunkt zurück, in dem Forderung und Gegenforderung einander das erste Mal gegenüber gestanden sind. Dies ist vor allem für die Aufrechenbarkeit mit verjährten Forderungen relevant. Am Beispiel mit der Zeitachse ist dies veranschaulicht: A hat gegen B eine Forderung, die 2019 verjährt ist. B hat seinerseits eine Forderung gegen A, die 2018 entstanden und noch nicht verjährt ist. Macht B (im Jahr 2020) nun seine Forderung gegen A geltend, kann A trotz Verjährung seiner Forderung aufrechnen, weil die Aufrechnung auf den Zeitpunkt zurückwirkt, in dem sich die Forderungen zum ersten Mal gegenüber gestanden sind, wie hier im Jahr 2018.

3. Weitere Schulderlöschungsgründe

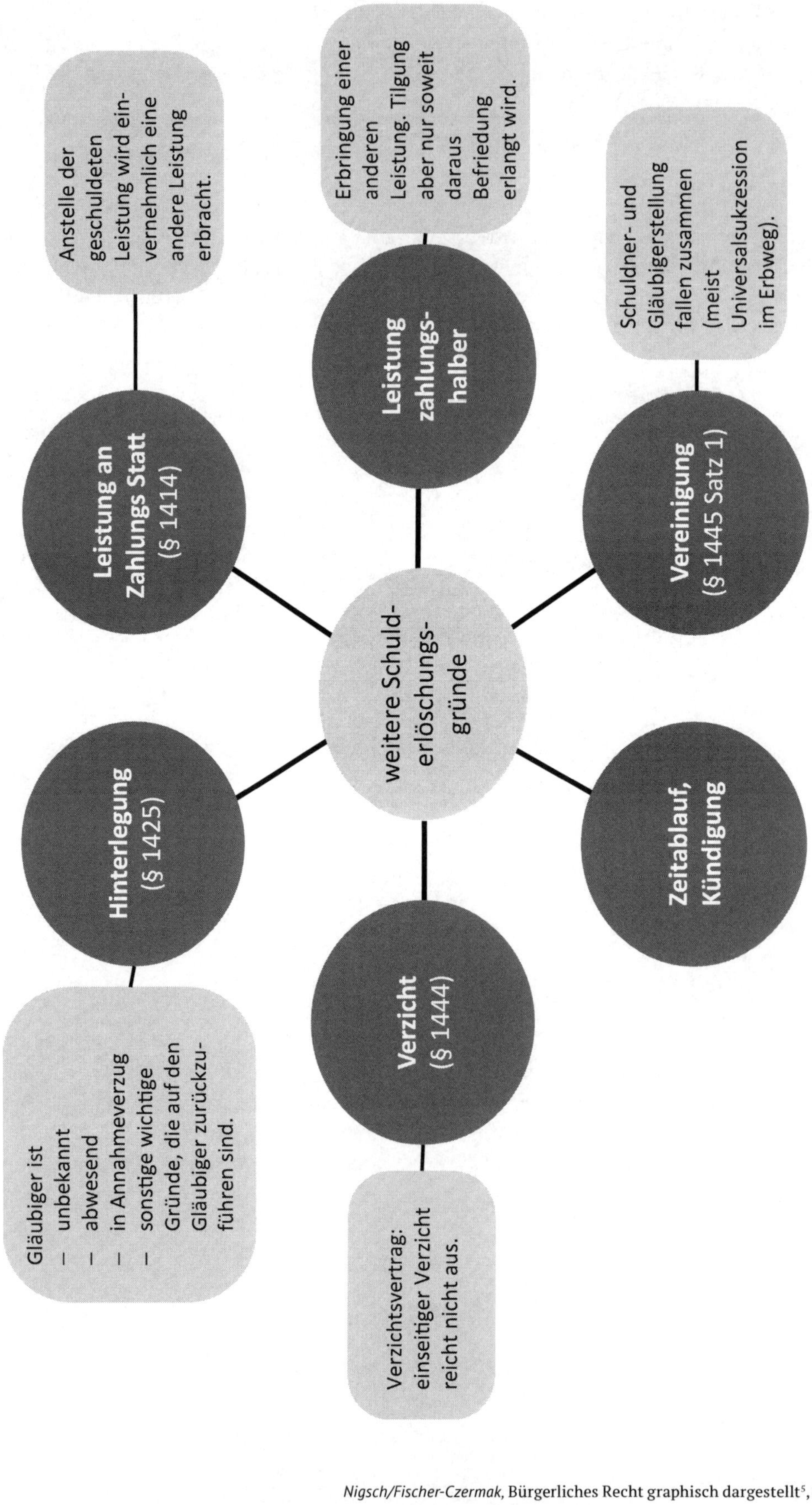

V. Umänderung der Rechte und Pflichten

1. Vergleich und Anerkenntnis

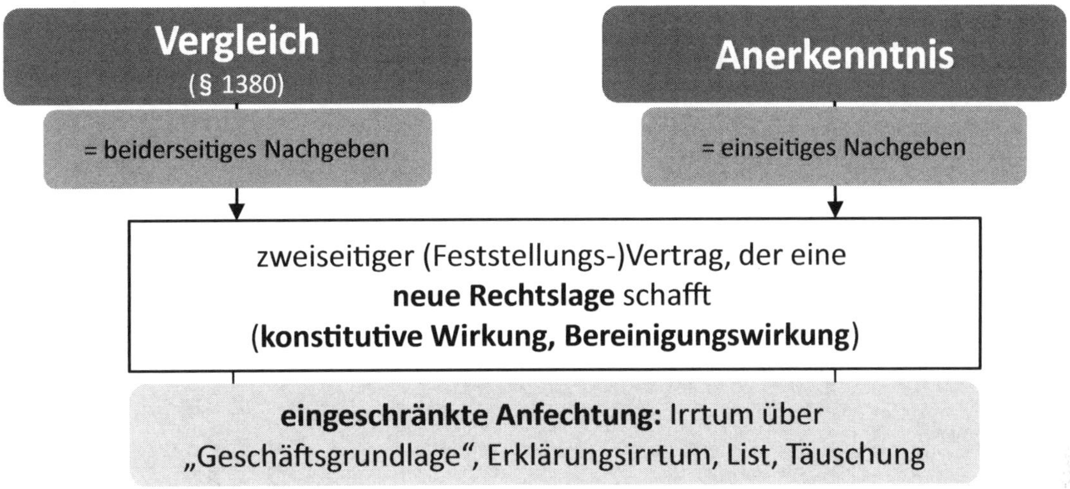

Vergleich und Anerkenntnis sind Verträge, mit denen Streitigkeiten oder Zweifel über den Bestand oder Umfang eines Rechts neu festgelegt werden. Beim Vergleich geben beide Parteien nach, beim Anerkenntnis nur eine Partei. Stark eingeschränkt ist die Anfechtung. Ein Irrtum über die Geschäftsgrundlage liegt vor, wenn über Umstände geirrt wird, die die Vertragsparteien als feststehend vorausgesetzt haben. Keine neue Rechtslage schafft ein bloßes deklaratives Anerkenntnis.

2. Forderungsabtretung (Zession)

Bei der Zession kommt es zu einem Wechsel des Gläubigers. Die Forderung geht vom Altgläubiger (Zedenten) auf den neuen Gläubiger (Zessionar) unter Aufrechterhaltung ihres Inhalts über. Die Rechtsposition des Schuldners ändert sich nicht.

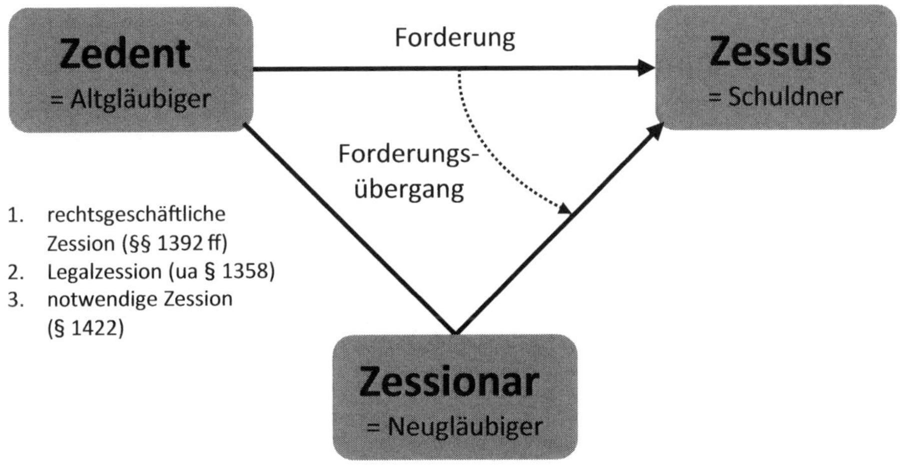

a) Rechtsgeschäftliche Zession

Bei der rechtsgeschäftlichen Zession vereinbaren Zedent und Zessionar, dass die Forderung übergehen soll. Die rechtsgeschäftliche Zession ist zweiaktig und bedarf eines Verfügungs- und Verpflichtungsgeschäfts. Als Verpflichtungsgeschäft kommen insb Kauf oder Sicherungsabrede in Frage. Das Verfügungsgeschäft ist die Erklärung, dass die Forderung übergehen soll. Es hat bei einer regulären Zession wenig Bedeutung, weil es in aller Regel mit dem Verpflichtungsgeschäft zusammenfällt. Eines Publizitätsaktes (insb der Verständigung des Schuldners) bedarf es nur bei der Sicherungszession (siehe dazu unten Seite 41, 102).

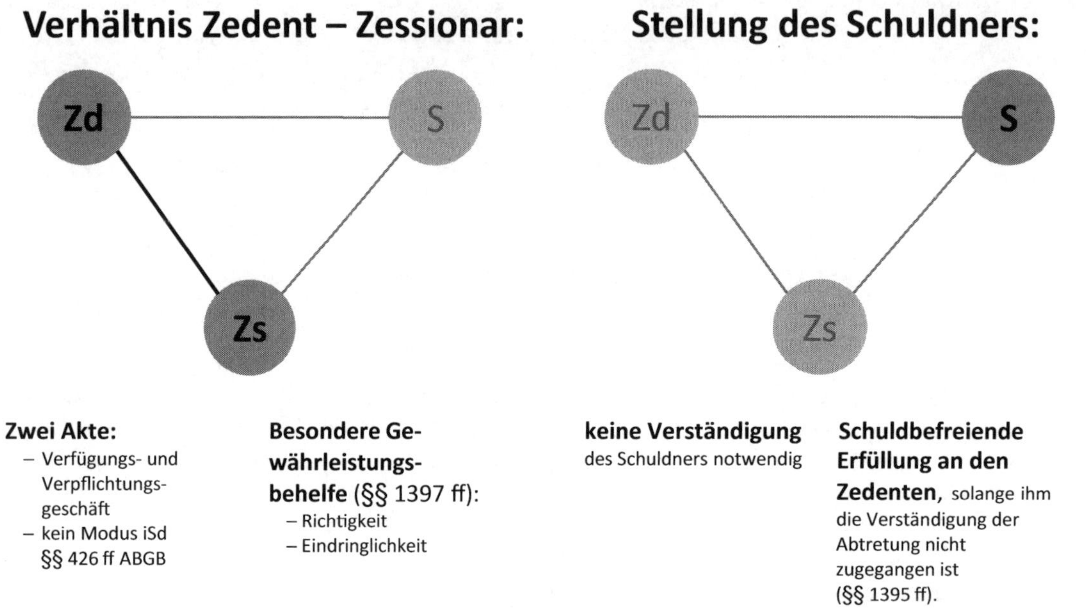

Nach erfolgter Abtretung steht die Forderung dem Zessionar zu und der Schuldner kann nur mehr an ihn schuldbefreiend leisten (Ausnahme siehe oben). Da sich die Forderung inhaltlich nicht ändert, kann der Schuldner dem Gläubiger Einwendungen entgegenhalten, die ihm gegenüber dem Zedenten zugestanden sind. Außerdem kann er Einwendungen erheben, die die Gläubigerstellung des Zessionars in Frage stellen.

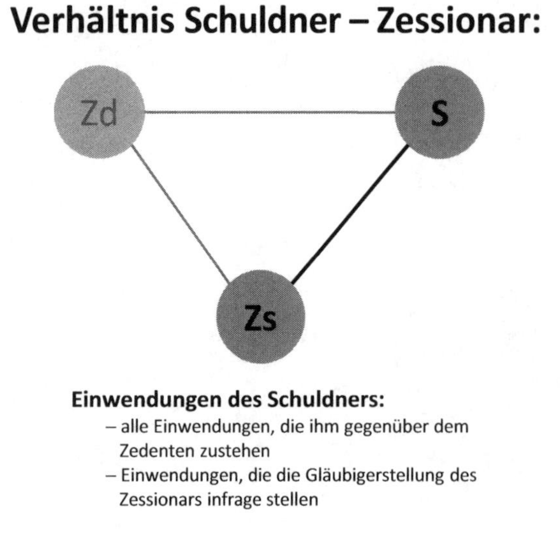

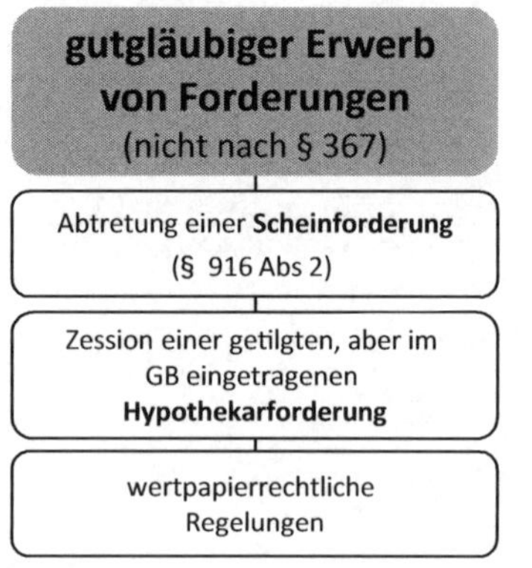

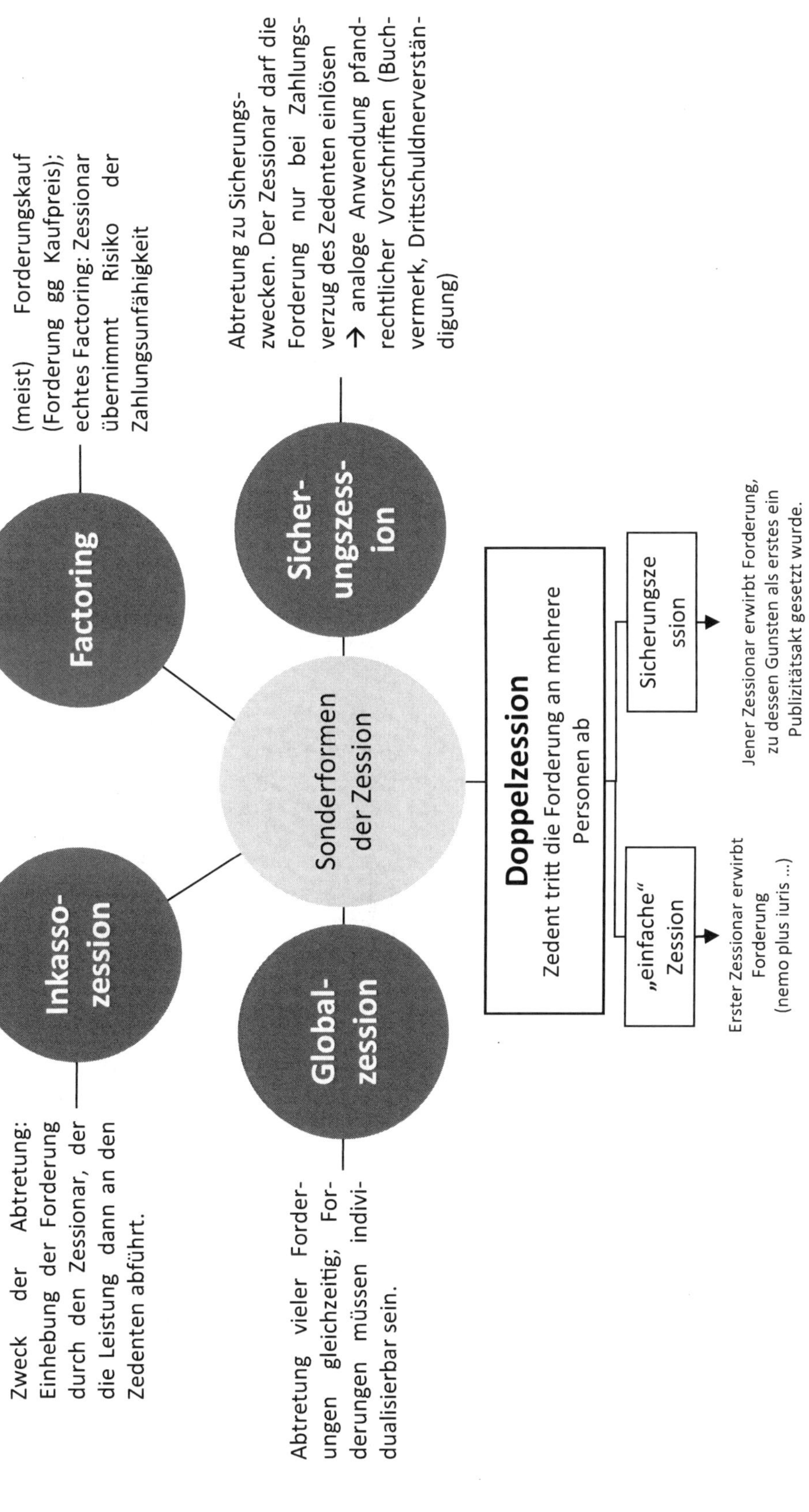
Sonderformen der Zession
Inkasso-zession
Zweck der Abtretung: Einhebung der Forderung durch den Zessionar, der die Leistung dann an den Zedenten abführt.
Factoring
(meist) Forderungskauf (Forderung gg Kaufpreis); echtes Factoring: Zessionar übernimmt Risiko der Zahlungsunfähigkeit
Global-zession
Abtretung vieler Forderungen gleichzeitig; Forderungen müssen individualisierbar sein.
Sicher-ungszess-ion
Abtretung zu Sicherungszwecken. Der Zessionar darf die Forderung nur bei Zahlungsverzug des Zedenten einlösen
→ analoge Anwendung pfandrechtlicher Vorschriften (Buchvermerk, Drittschuldnerverständigung)
Doppelzession
Zedent tritt die Forderung an mehrere Personen ab
„einfache" Zession
Erster Zessionar erwirbt Forderung (nemo plus iuris ...)
Sicherungszession
Jener Zessionar erwirbt Forderung, zu dessen Gunsten als erstes ein Publizitätsakt gesetzt wurde.

b) Legalzession und notwendige Zession

Neben der rechtsgeschäftlichen Zession gibt es die Legalzession und die notwendige Zession. Die wichtigste Legalzession ist § 1358 ABGB (siehe dazu unten Seite 45). Die notwendige Zession grenzt sich von der Legalzession dadurch ab, dass eine Schuld bezahlt wird, für die man nicht haftet, und dass die Forderung nur auf Verlangen übergeht. Von der rechtsgeschäftlichen Zession unterscheidet sie sich dadurch, dass es keine Vereinbarung zwischen Zedent und Zessionar gibt, sondern nur ein Abtretungsbegehren des Zedenten bei der Zahlung.

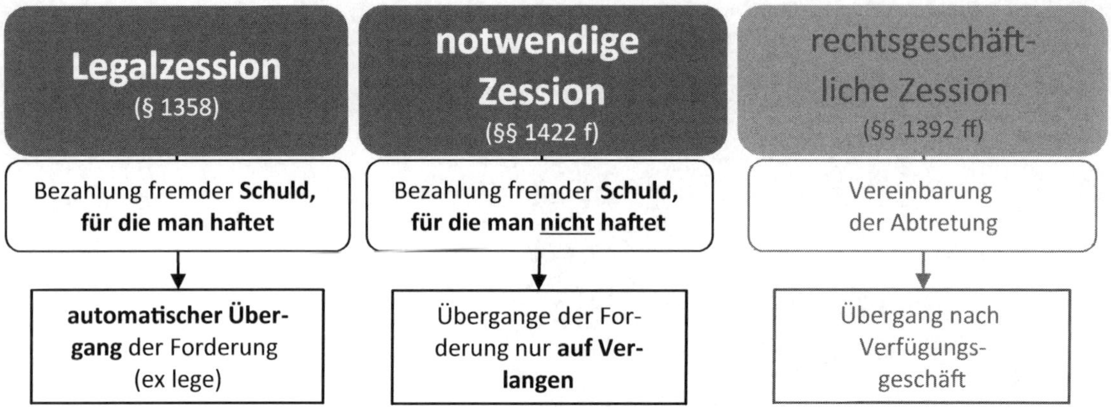

3. Schuldübernahme

Während bei der Zession der Gläubiger wechselt, ändert sich bei der Schuldübernahme die Schuldnerseite. Neben dem Schuldeintritt und Schuldbeitritt sieht das ABGB spezielle Regeln für die Hypothekenübernahme (§ 1408) und die Erfüllungsübernahme vor (§ 1404).

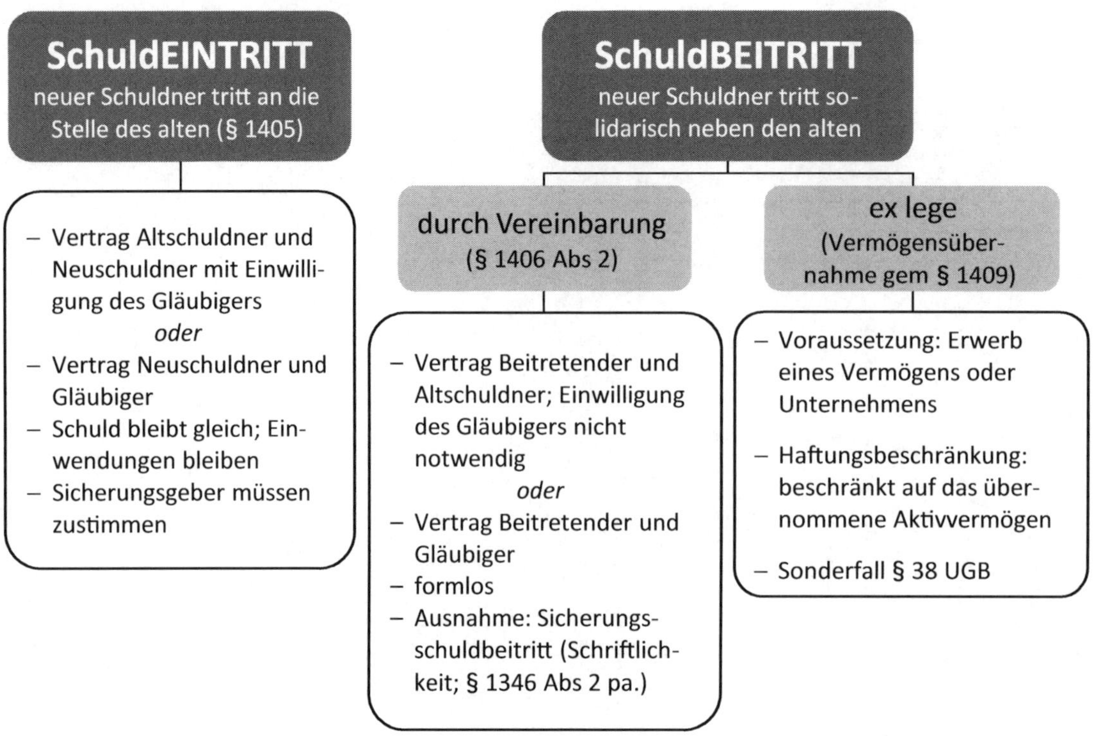

VI. Mehrheit von Berechtigten und Verpflichten

1. Gläubiger- und Schuldnermehrheit

An einem Schuldverhältnis können sowohl auf Gläubiger- als auch auf Schuldnerseite mehrere Personen beteiligt sein. Bei Teilschuldverhältnissen (Teilschuld und Teilforderung) haftet jeder Schuldner für einen bestimmten Teil der Schuld bzw jeder Gläubiger kann einen bestimmen Teil fordern. Bei Gesamtschuldverhältnissen (Gesamtschuld und Gesamtforderung) schuldet jeder das Ganze bzw jeder kann das Ganze fordern. Die Gesamtschuldverhältnisse werden auch Solidarschuldverhältnisse (Solidarschuld und Solidargläubigerschaft) genannt. Zahlt ein Schuldner mehr, als er im Innverhältnis leisten müsste, kann er sich im Innenverhältnis regressieren (§ 896 ABGB). Bei Gesamthandschuldverhältnissen (Gesamthandschuld und Gesamthandforderung) können nur alle Schuldner gemeinsam die Leistung erbringen oder alle Gläubiger gemeinsam die Leistung fordern.

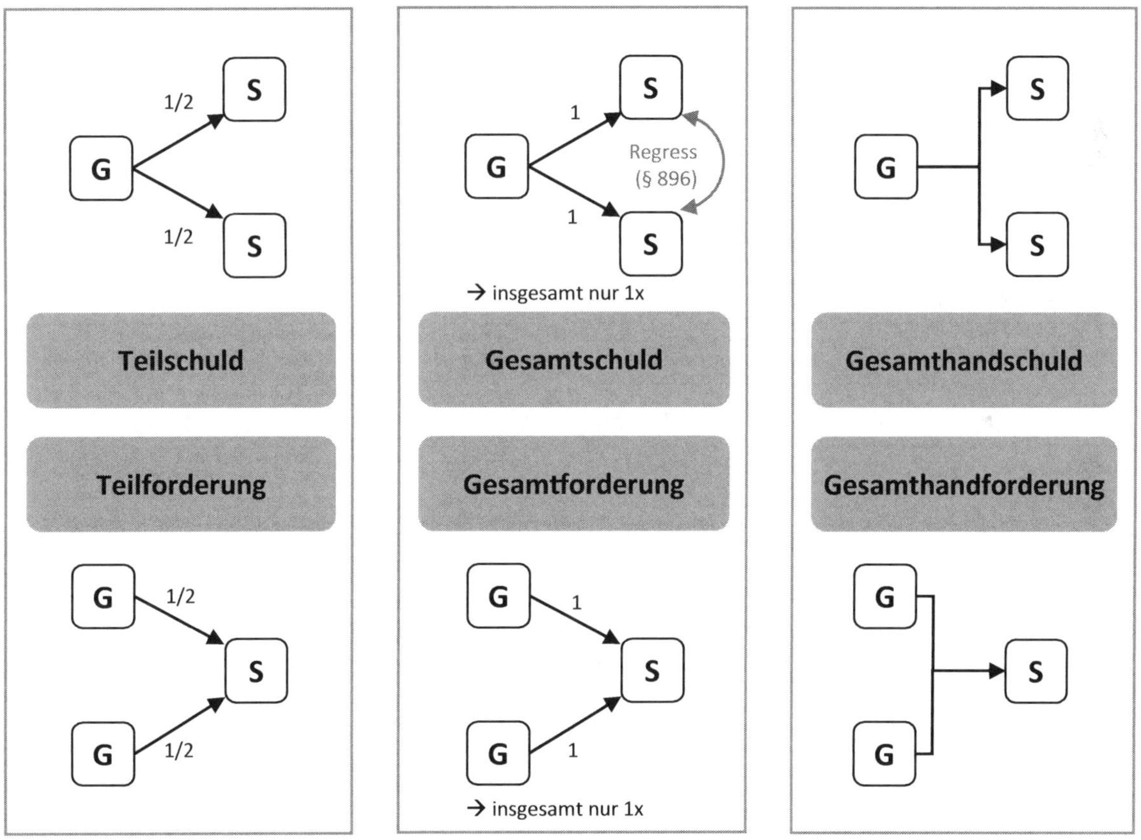

Die Darstellung zeigt einige Beispiele der gerade dargestellten Personenmehrheiten. Die bedeutsamsten Gläubiger- bzw Schuldnermehrheiten sind die Gesamtschuld und die Gesamthandforderung. Gesamtschulden werden oft gesetzlich normiert, zB bei Schulden von Personengesellschaften oder bei gemeinsamer Schädigung. Gesamthandforderungen bestehen bei Forderungen von Personenmehrheiten, wie Miteigentümergemeinschaften oder GesbR.

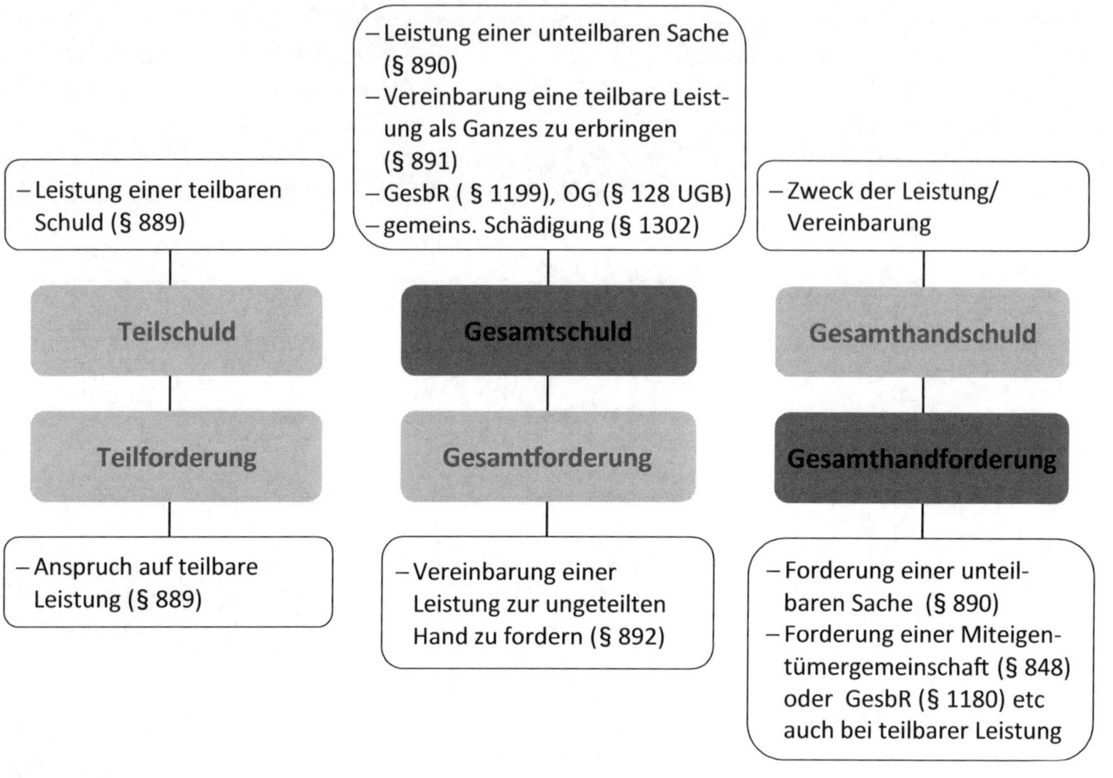

2. Bürgschaft

Die Bürgschaft ist ein Vertrag zwischen Gläubiger und Bürge, in welchem sich dieser verpflichtet den Gläubiger zu befriedigen, wenn der Schuldner nicht zahlt. Bedeutung der **Akzessorietät**: Der Bürge kann sich nicht für mehr verbürgen, als der Schuldner leisten muss. Die Forderungen zwischen Gläubiger und Schuldner bzw Gläubiger und Bürge sind inhaltlich gleich. Der Bürge hat daher alle Einwendungen, die der Schuldner gegen den Gläubiger hat (§ 1351).

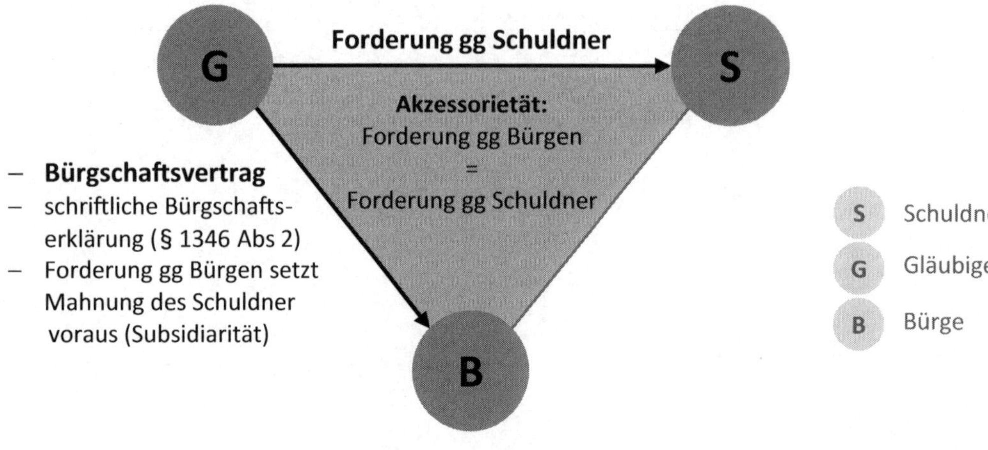

Bezahlt der Bürge die Schuld, wird die Forderung eingelöst und nicht getilgt (1.; siehe dazu oben Seite 36). Die Forderung geht dadurch – im Wege der Legalzession gem § 1358 (siehe dazu oben Seite 42) – vom Gläubiger auf den Bürgen über (2.). Sie steht nun dem Bürgen zu (3.), er kann somit **Rückgriff** nehmen. Gibt es mehrere Bürgen, so haften diese solidarisch (§ 1359). Hat der in Anspruch genommene mehr gezahlt, als er im Innenverhältnis leisten müsste, kann er den Mehrbetrag von seinen Mitbürgen gem § 896 verlangen (4.).

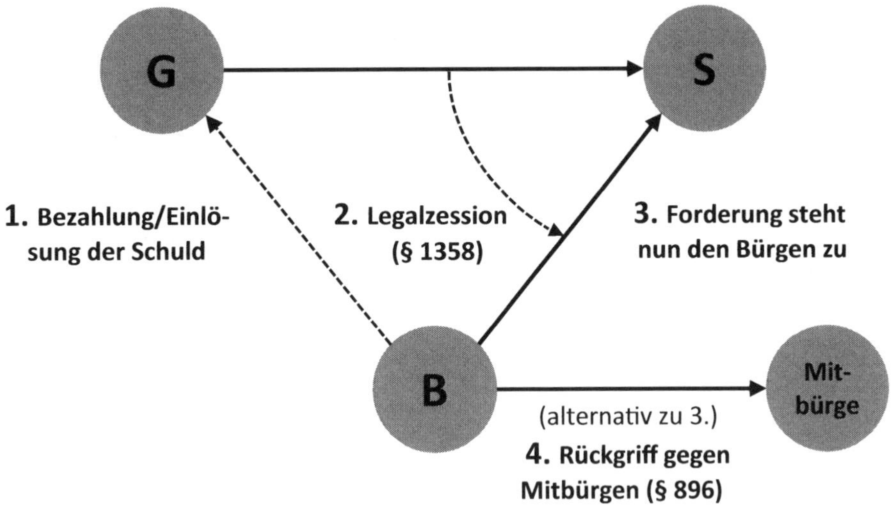

3. Garantievertrag

Unter Garantie versteht man eine Haftungszusage des Garanten gegenüber dem Garantiebegünstigten für einen noch ungewissen Erfolg. Die dreipersonale Garantie ist meist als Bankgarantie ausgestaltet: Damit der Verkäufer eine Sicherheit hat, dass er den Kaufpreis vom Käufer erhält, beauftragt der Käufer die Bank, mit dem Verkäufer einen Garantievertrag abzuschließen. Tritt der Garantiefall ein, zB dass der Käufer nicht zahlen kann, soll die Bank dem Begünstigten den Kaufpreis zahlen.

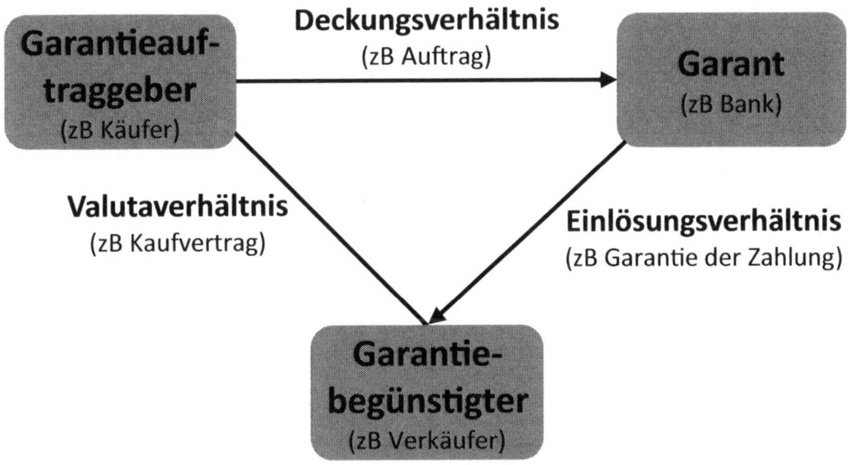

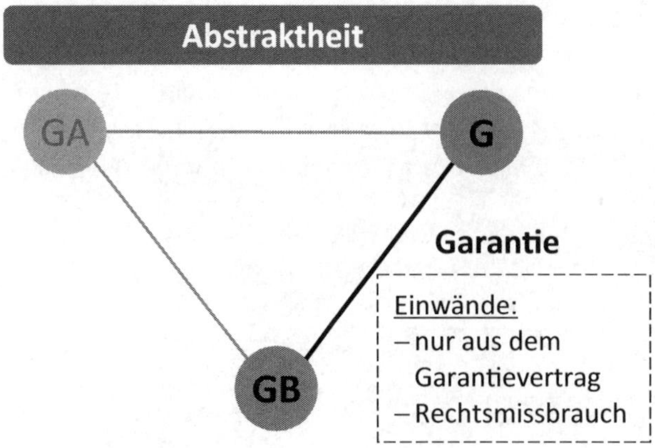

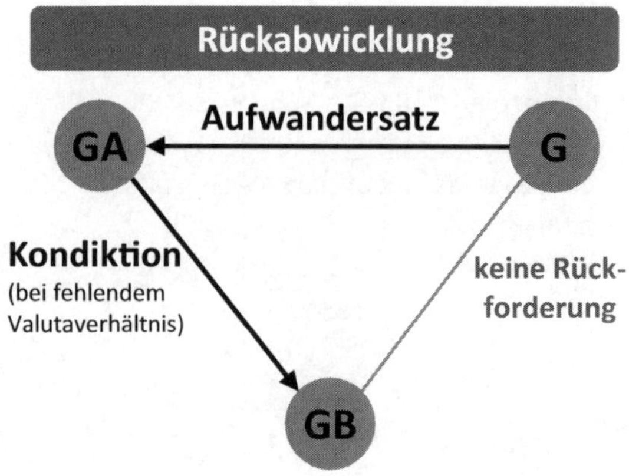

→ Die Garantie besteht unabhängig von Deckungs- und Valutaverhältnis.
→ Sie ist somit *abstrakt* und *nicht akzessorisch.*

Aufgrund der Abstraktheit und fehlenden Akzessorietät:
→ keine Rückforderung des Geleisteten
→ Garant kann nur vom Auftraggeber Ersatz fordern

Der Garantievertrag ist regelmäßig abstrakt, dh der Garant muss auch leisten, wenn das Valuta- oder Deckungsverhältnis ungültig ist. Sie ist daher – im Gegensatz zur Bürgschaft – auch nicht akzessorisch (siehe Seite 44). Der Garant muss daher auch leisten, wenn die Forderung, zu deren Sicherheit die Garantie eingegangen wird, nicht besteht („Zahlen auf erste Anforderung“). Die Abstraktheit und fehlende Akzessorietät zeigt sich auch bei der Rückabwicklung: Der Garant kann nur gegen den Auftraggeber vorgehen, nicht aber gegen den Begünstigen. Dieser muss das Bezahlte an den Auftraggeber herausgeben, wenn zwischen diesen beiden kein Rechtsgrund besteht.

4. Interzessionsschutz

Interzession ist die rechtsgeschäftliche Sicherung materiell fremder Schulden durch Übernahme persönlicher Haftung. Zum Schutz des Interzedenten bestehen zwei Schienen:

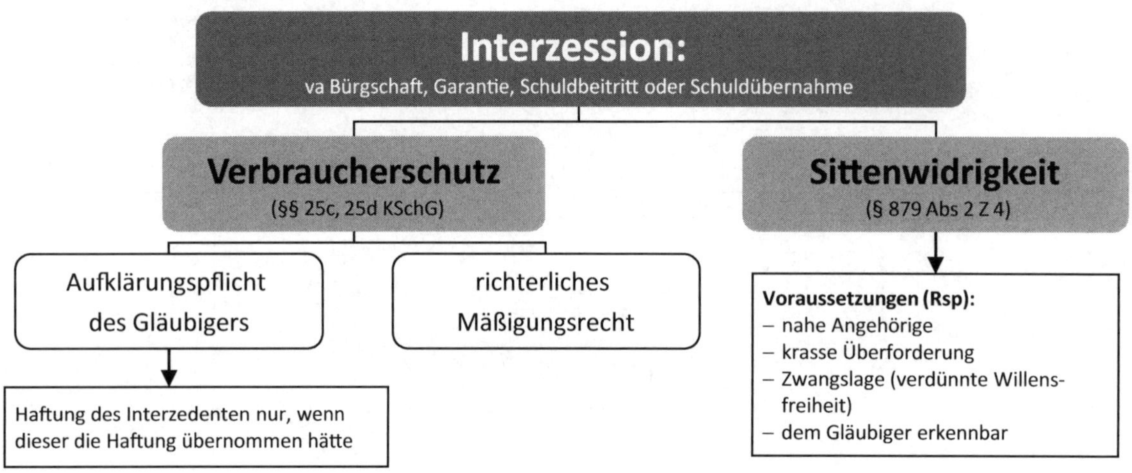

5. Anweisung

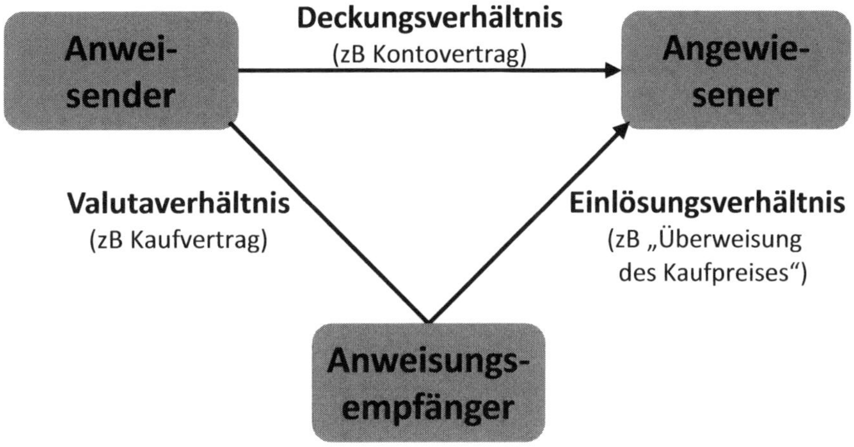

Die Anweisung kann am Beispiel einer Banküberweisung (wenn auch aus didaktischen Gründen leicht vereinfacht) veranschaulicht werden. Will der Käufer dem Verkäufer den Kaufpreis bezahlen, so erfolgt dies oft im Weg einer Banküberweisung: Der Käufer (= Anweisender) weist seine Bank (= Angewiesener) an, den Kaufpreis an den Verkäufer (= Anweisungsempfänger) zu überweisen. (Genau genommen wird die Bank des Käufers angewiesen, an die Bank des Angewiesenen zu leisten und nicht direkt an den Verkäufer.) Die Bank fungiert als eine Art Mittelsmann zwischen den Parteien. Sie handelt zwar auf Rechnung des Anweisenden, jedoch im eigenen Namen, also nicht als Stellvertreter.

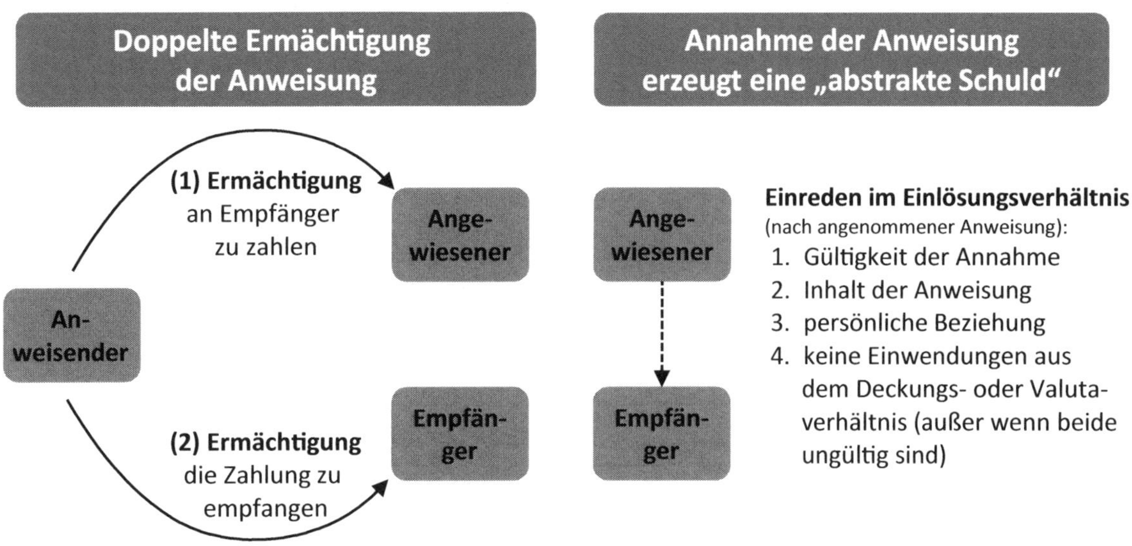

Die Anweisung ist eine doppelte Ermächtigung. Zum einen soll der Angewiesene ermächtigt werden, an den Empfänger zu leisten (1). Zum anderen wird der Empfänger ermächtigt die Leistung zu empfangen (2). Zwischen Angewiesenem und Empfänger besteht kein vertragliches Verhältnis, weshalb der Empfänger die Zahlung nicht annehmen muss (vgl dazu oben Seite 36). Durch die Anweisung erhält der Empfänger keinen Anspruch gegen den Angewiesenen. Ein solcher entsteht mit der Annahme der Anweisung durch den Angewiesenen und den Zugang an den Anweisungsempfänger.

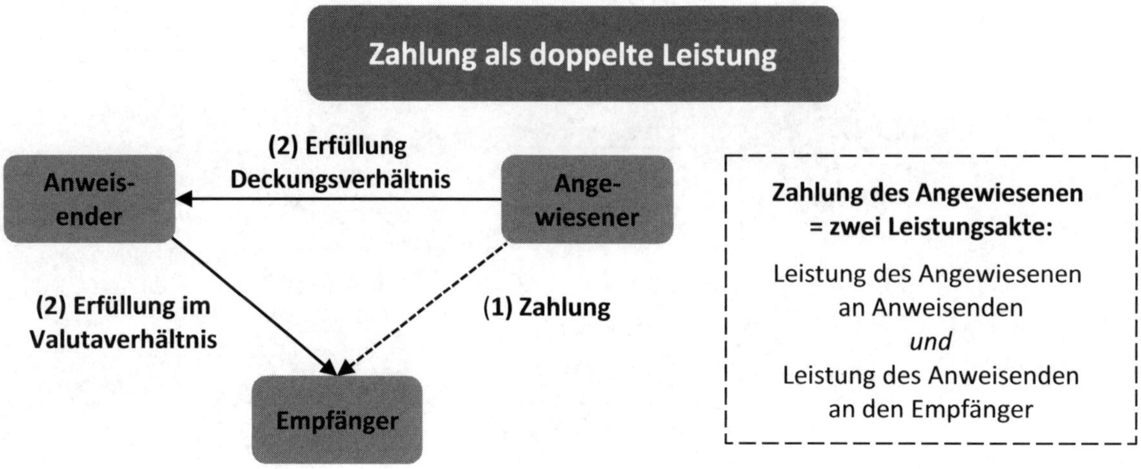

Nachdem der Angewiesene an den Empfänger gezahlt hat (1), kommt es zu einer zweifachen Erfüllung (sog doppelte Leistung). Zum einen erfüllt der Angewiesene seine eigene Verpflichtung aus dem Deckungsverhältnis (zB weil er aufgrund des Kontovertrags zur Zahlung verpflichtet ist). Zum anderen wird die Pflicht des Anweisenden im Valutaverhältnis (zB die Begleichung des Kaufpreises) erfüllt (2).

C. Schuldrecht – Besonderer Teil

Der besondere Teil des Schuldrechts behandelt die einzelnen Vertragstypen und die gesetzlichen Schuldverhältnisse, wozu vor allem das Schadenersatzrecht, das Bereicherungsrecht und die Geschäftsführung ohne Auftrag zählen. Regelt ein Vertragstyp eine Rechtsfrage nicht, ist auf den allgemeinen Teil des Schuldrechts zurückzugreifen.

I. Vertragsverhältnisse

1. Kaufvertrag

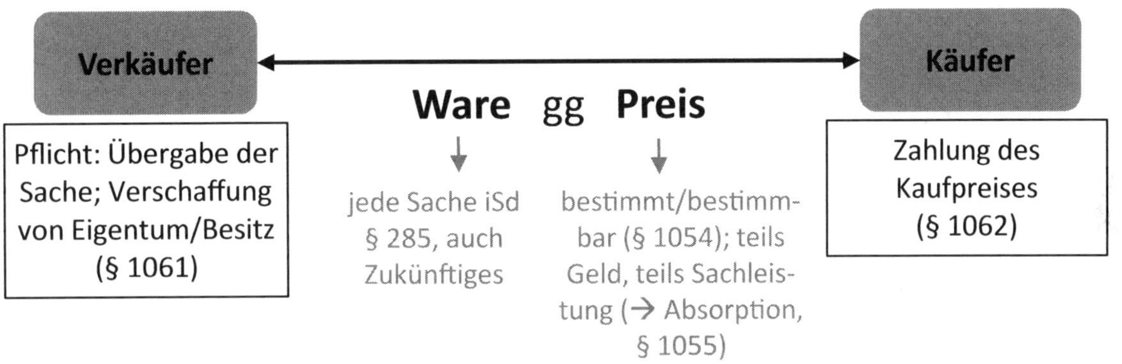

Nebenvereinbarung		Verdinglichung?
Wiederkaufsrecht (§§ 1068 – 1070)	Verkäufer kann Sache zurückkaufen	möglich (§ 1070)
Rückverkaufsrecht (§§ 1071)	Käufer kann Sache zurückverkaufen	nicht möglich
Vorkaufsrecht (§§ 1072–1079)	Käufer muss bei Weiterveräußerung dem Berechtigten die Sache zum Verkauf anbieten	möglich (§ 1073)

a) Doppelverkauf

Veräußert der Verkäufer eine (Spezies-)Sache mehrfach, sind beide Verträge gültig. Er ist beiden Käufern gegenüber verpflichtet, den Vertrag zu erfüllen, dh die Sache zu übergeben. Da es die Sache nur einmal gibt, kann er aber nur einem Eigentum übertragen, nämlich demjenigen, dem er die Sache zuerst übergibt (§ 430). Gegenüber dem anderen Käufer kann er den Vertrag nicht mehr erfüllen. Diesem stehen daher Schadenersatzansprüche wegen Nichterfüllung zu. UU kann der erste Käufer auch gegen den zweiten Käufer wegen Eingriffs in ein fremdes Forderungsrecht vorgehen.

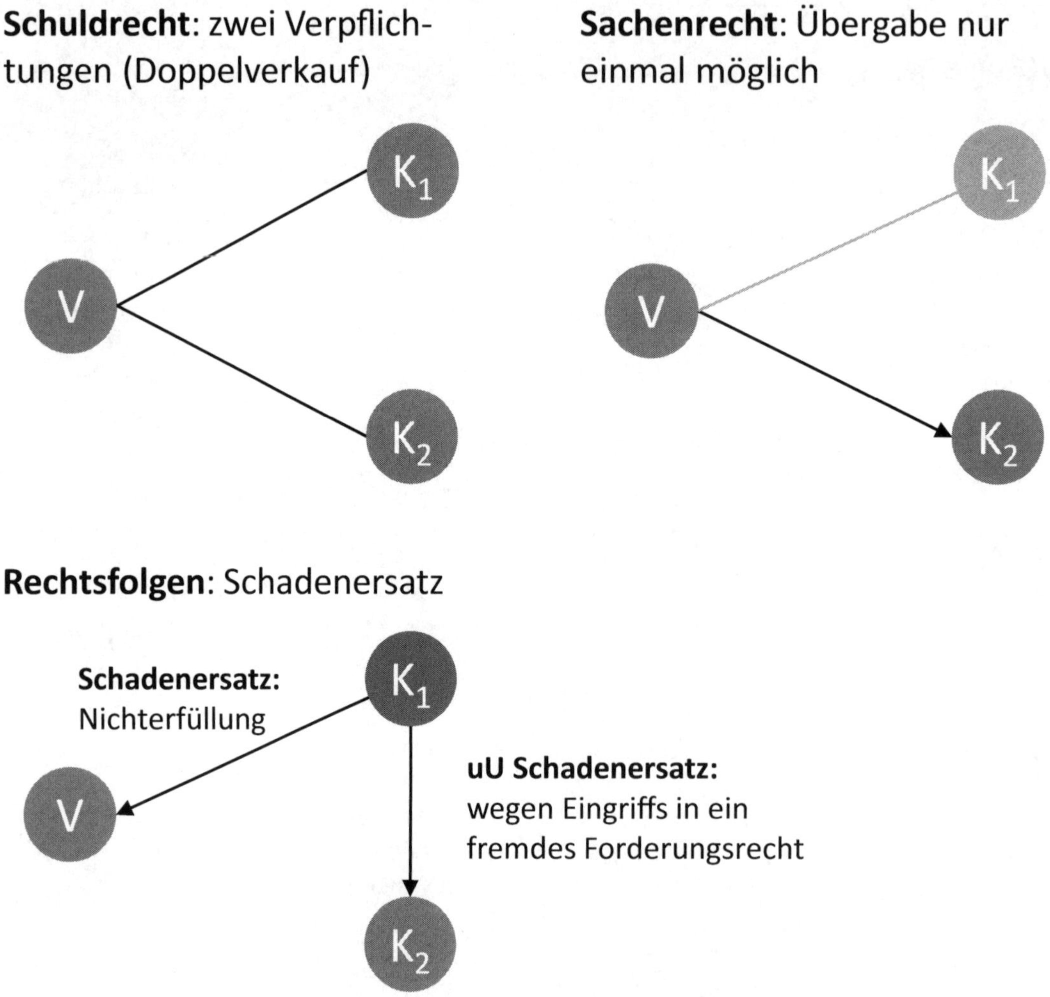

b) Drittfinanzierung

Ist ein Käufer nicht in der Lage, den Kaufpreis sofort zu bezahlen, wird oft ein Finanzierer (F) beigezogen, der den Kaufpreis (1) durch einen Kredit vorfinanziert(2). Ist der Verkäufer Kreditnehmer, spricht man von Absatzfinanzierung; ist es hingegen der Käufer (K), von Konsumfinanzierung. In beiden Fällen zediert der Verkäufer dem Finanzierer die Forderung aus dem Kaufvertrag und überträgt ihm das vorbehaltene Eigentum an der finanzierten Sache (3). Der Finanzierer kann nun die Kaufpreisforderung gegen den Käufer geltend machen (4).

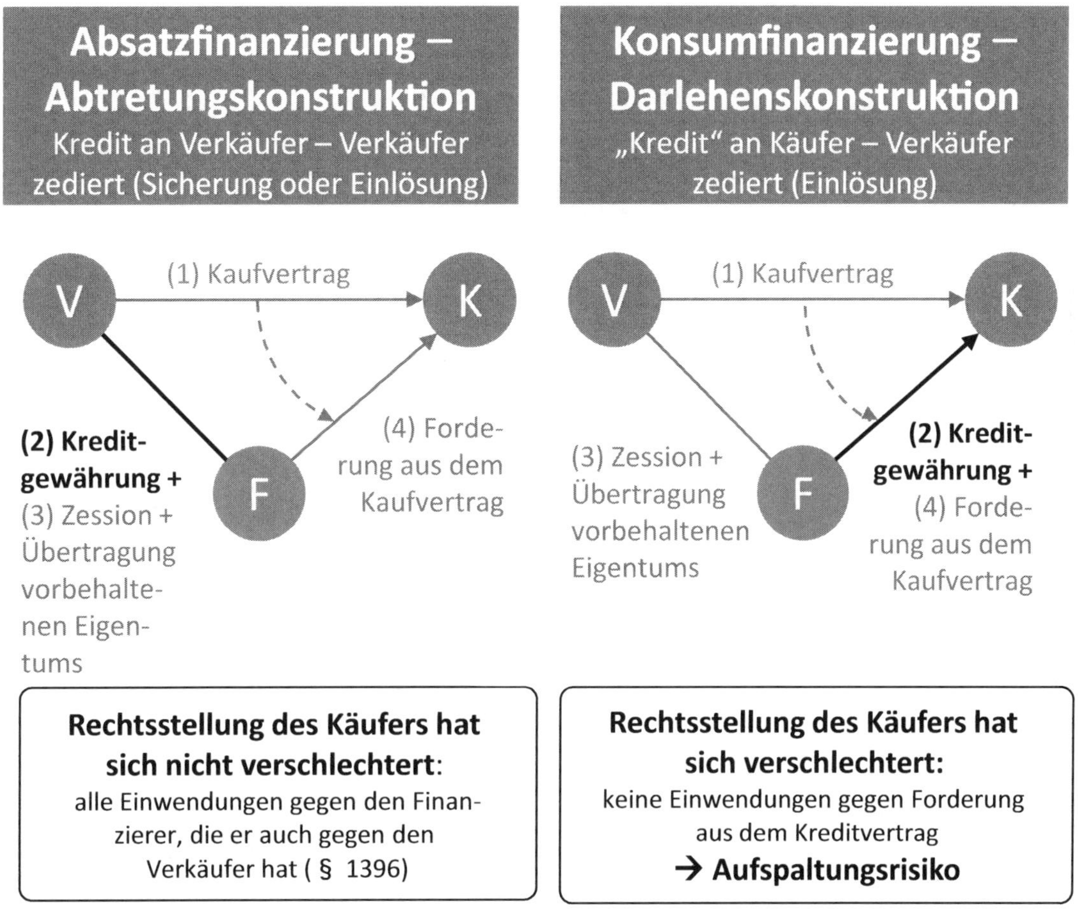

Das **Problem des Aufspaltungsrisikos** löst das Gesetz durch den sog Einwendungsdurchgriff: Liegen die Voraussetzungen von § 13 VKrG vor, kann K die Einreden aus dem Kaufvertrag auch im Kreditverhältnis geltend machen. Kauf- und Kreditforderung werden als Einheit betrachtet (sog verbundener Kreditvertrag).

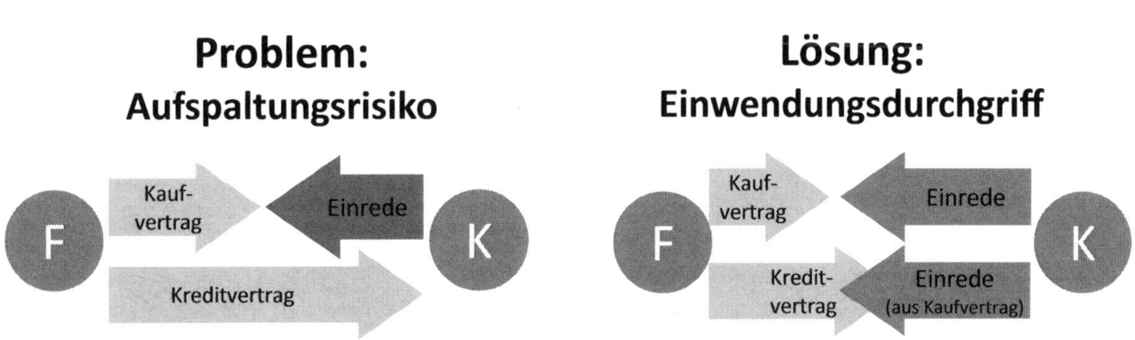

2. Schenkungsvertrag

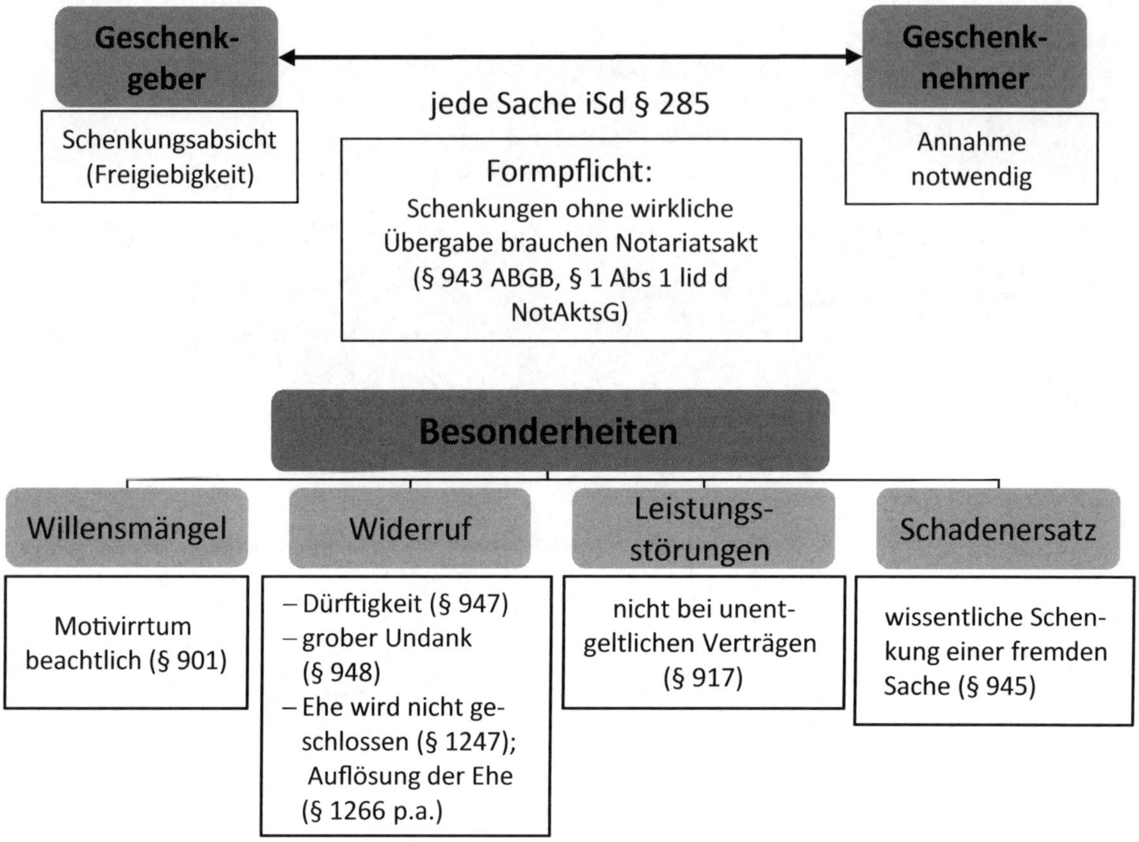

3. Werkvertrag

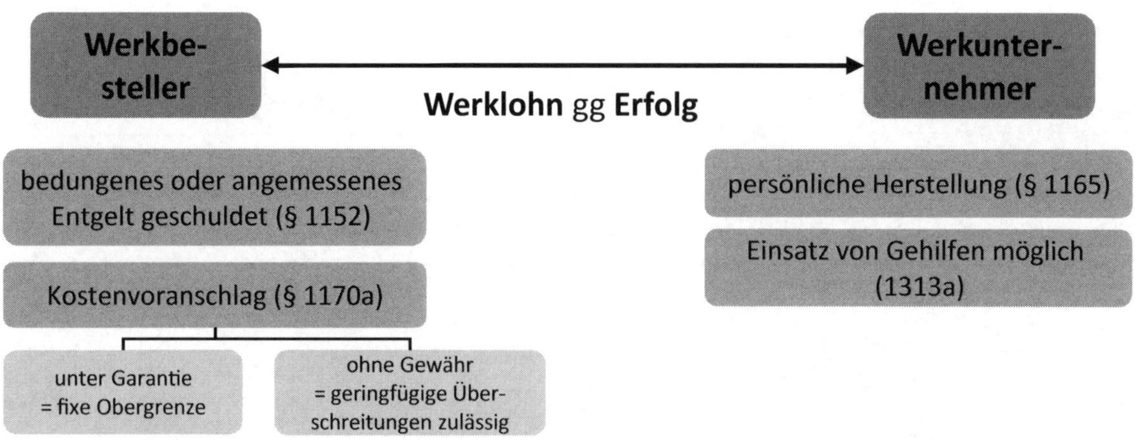

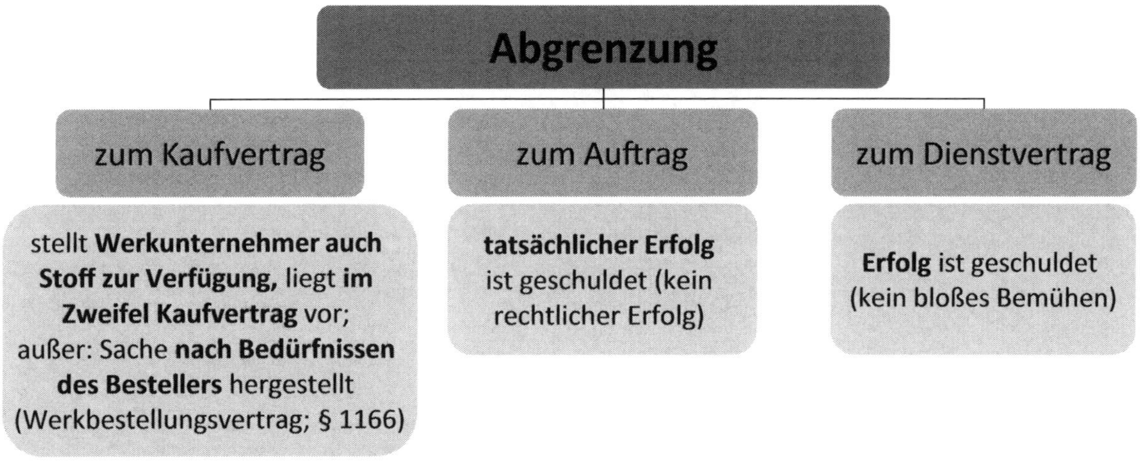

a) Leistungsstörungen und Sphärentheorie

Auch beim Werkvertrag kann es zu Leistungsstörungen kommen (allgemein dazu, oben Seite 28). Die Frage der Unmöglichkeit – und somit der Preisgefahr – stellt sich beim Werkvertrag zweifach: Die Gefahrtragung für das Unterbleiben der Herstellung des Werks ist nach der Sphärentheorie zu beurteilen. Nach Fertigstellung des Werks ist die Preisgefahr nach den allgemeinen Regeln zu beurteilen. Die allgemeinen Regeln gelten auch für Verzug und Gewährleitung (vgl § 1167 iVm §§ 922 ff). Modifikationen der Leistungsstörungen ergeben sich durch die Warnpflichten des Werkunternehmers (§ 1168a Satz 3, siehe sogleich).

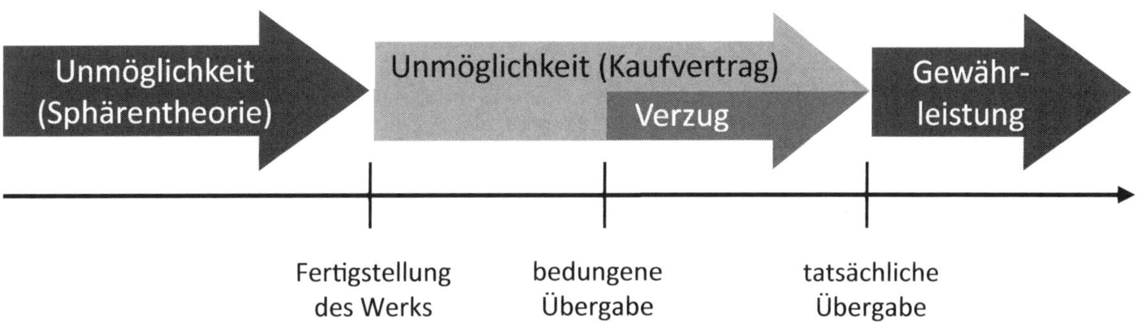

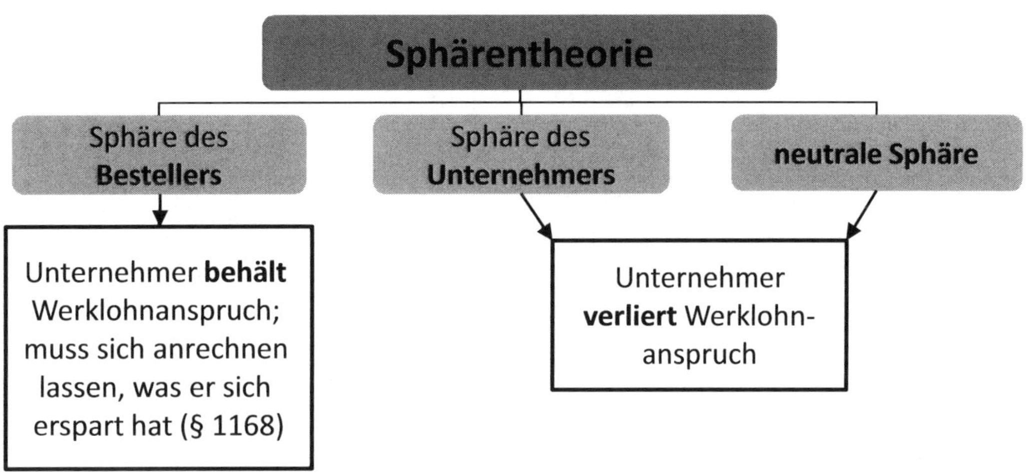

b) Warnpflichtverletzung des Unternehmers

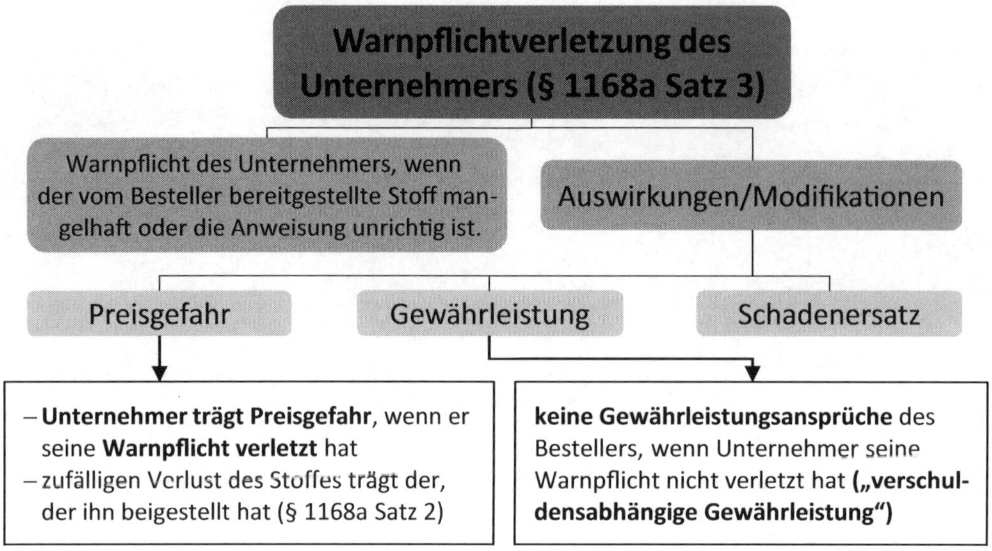

4. Kreditgeschäfte

Bei Kreditgeschäften leistet ein Vertragspartner vor, er „kreditiert" und übernimmt damit das Insolvenzrisiko des Kreditnehmers. Beim Darlehensvertrag wird eine vertretbare Sache überlassen. Wird ein entgeltlicher Darlehensvertrag über Geld abgeschlossen, liegt ein Kreditvertrag vor. Besondere Formen davon sind die Verbraucherkreditverträge nach dem VKrG und dem HIKrG.

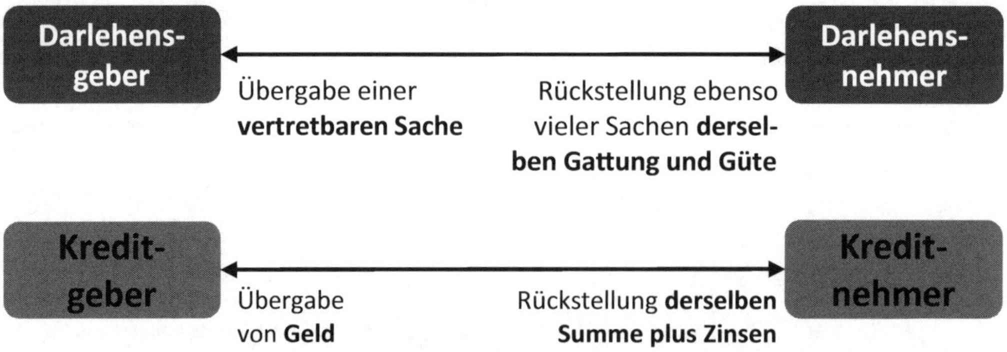

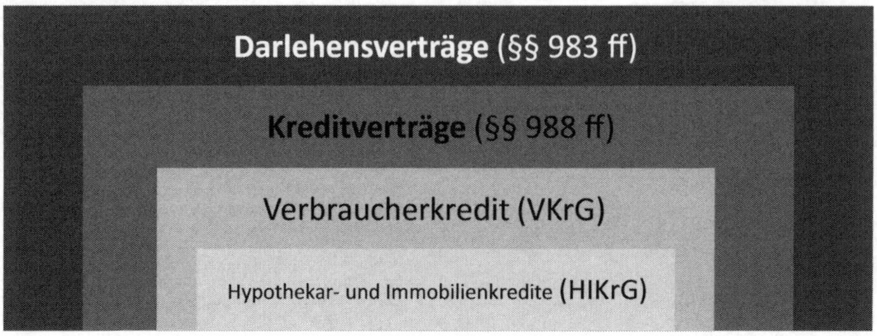

5. Bestandverträge

Bestandvertrag ist der Überbegriff für Miete und Pacht. Miete ist die entgeltliche Überlassung einer Sache zum Gebrauch, Pacht die entgeltliche Überlassung zum Gebrauch und zur Fruchtziehung. Beide Verträge sind im ABGB weitgehend gleich geregelt.

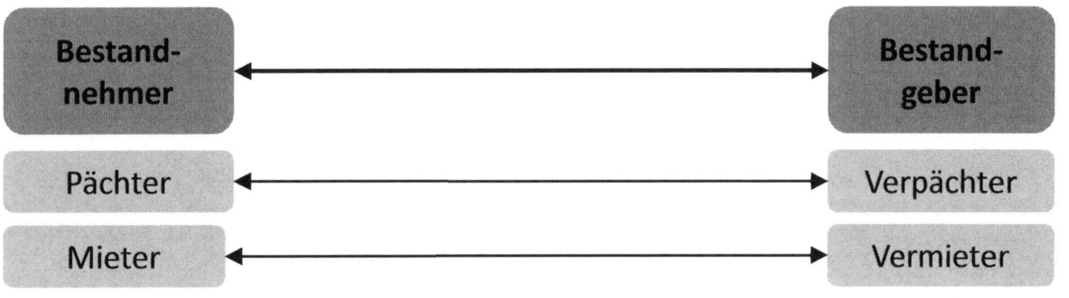

a) Anwendungsbereich MRG

Der Unterschied zwischen Miete und Pacht ist vor allem für die Anwendbarkeit des MRG relevant. Unterliegt ein Mietvertrag nicht dem (Teil-)Anwendungsbereich des MRG, ist er nach ABGB zu beurteilen.

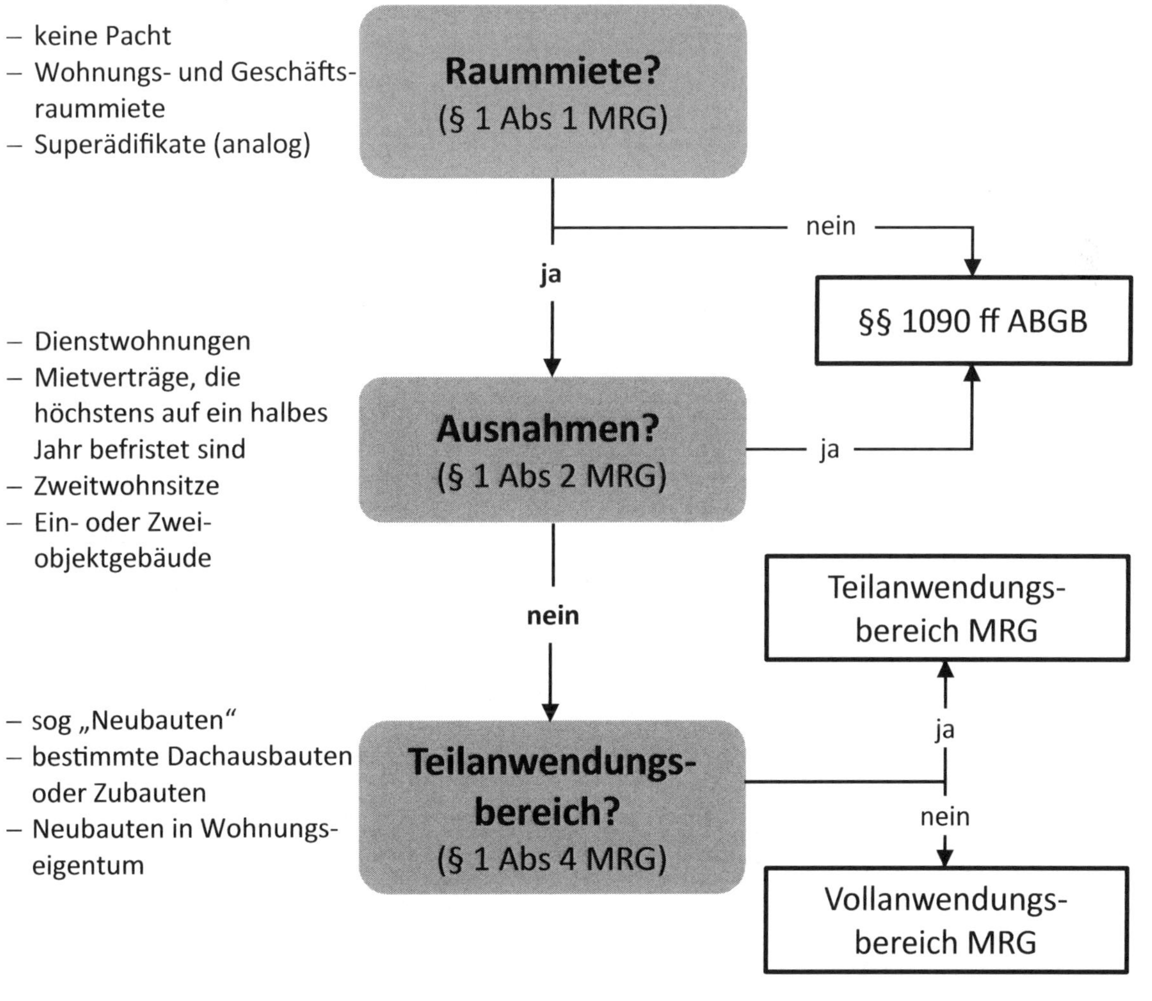

b) Übergabe und Erhaltung

Der Vermieter hat die vermietete Sache zu übergeben und zu erhalten. Je nachdem, ob das MRG anwendbar ist oder auf das ABGB zurückgegriffen wird, ergeben sich unterschiedliche Pflichten des Vermieters. Werden diese Pflichten nicht eingehalten, kommt es zu einer automatischen Minderung des Mietzinses (§ 1096).

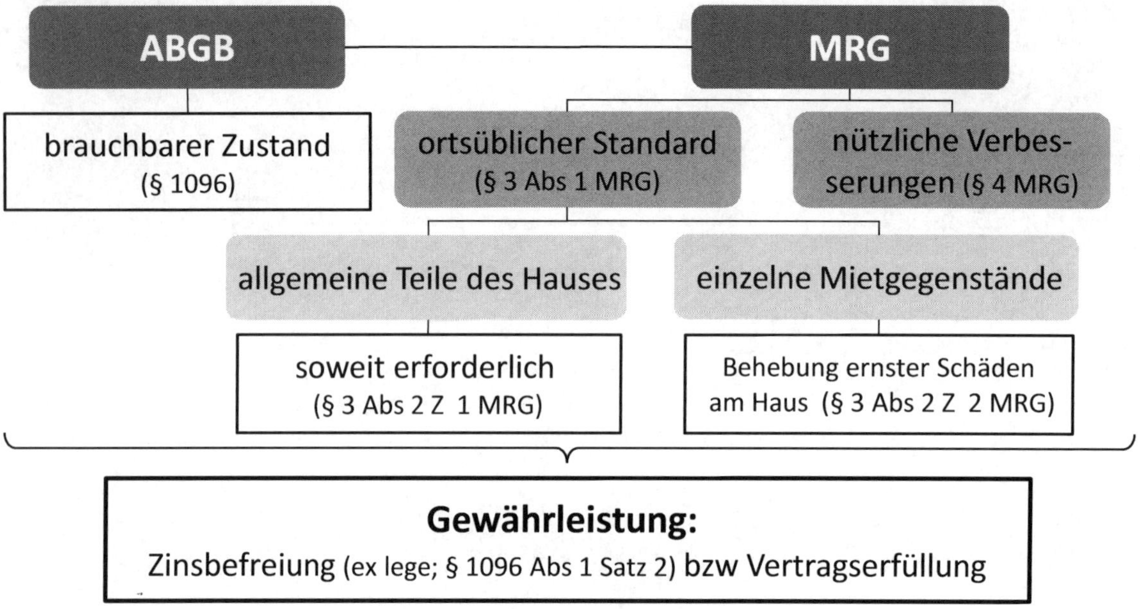

c) Mietzins und Aufwandersatz

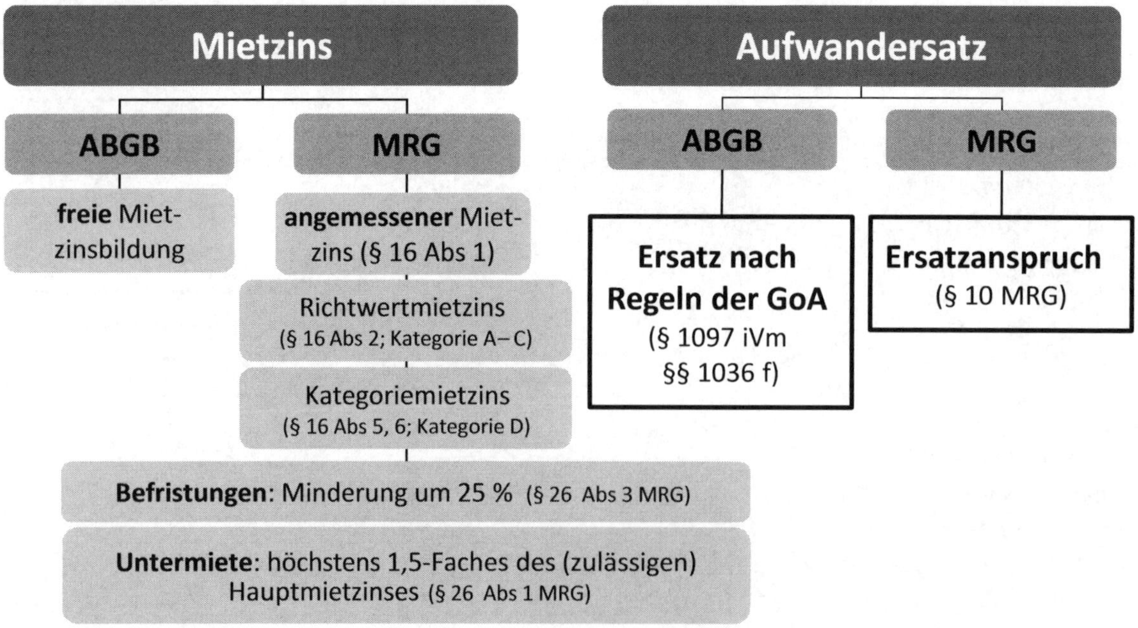

d) Beendigung

ABGB

- Zeitablauf bei Befristung (§§ 1113 ff ABGB)
- ordentliche Kündigung (§ 1116 ABGB, § 560 ZPO)
- außerordentliche Kündigung (§§ 1117 f ABGB)

MRG

- Zeitablauf bei Befristung (§ 29 MRG)
  - Voraussetzungen Befristung: Schriftform + min drei Jahre
  - ↓ Verstoß: unbefristeter Mietvertrag
- Kündigung aus wichtigem Grund (§ 30 MRG)
  - Vertragsverletzung
  - mangelnder Bedarf
  - Eigenbedarf
  - Vereinbarung
  - etc

Auflösung ex lege (ABGB und MRG):
Bestandsache geht zugrunde (§ 1112 ABGB)

e) Personenwechsel

Personenwechsel: Bestandnehmer

- „Abtretung" an nahen Angehörigen (§ 12 MRG)
  - ↓ **„naher Angehöriger" übernimmt Vertrag**
  - Hauptmieter verlässt die Wohnung
  - naher Angehöriger wohnte bisher in gemeinsamer Wohnung
- Eintrittsrecht naher Angehöriger (§ 14 Abs 2 MRG)
  - ↓ **„naher Angehöriger" übernimmt Vertrag**
  - Hauptmieter stirbt
  - naher Angehöriger (auch Lebensgefährte)
  - dringendes Wohnbedürfnis
- Erwerb des Unternehmens (§ 12a MRG)
  - ↓ **Erwerber des Unternehmens übernimmt Vertrag**
  - Unternehmen, das in Geschäftsräumlichkeiten betrieben wird, wird veräußert
  - Unternehmen wird fortgeführt
  - auch sog „Machtwechsel"
  - → Mietzins kann erhöht werden

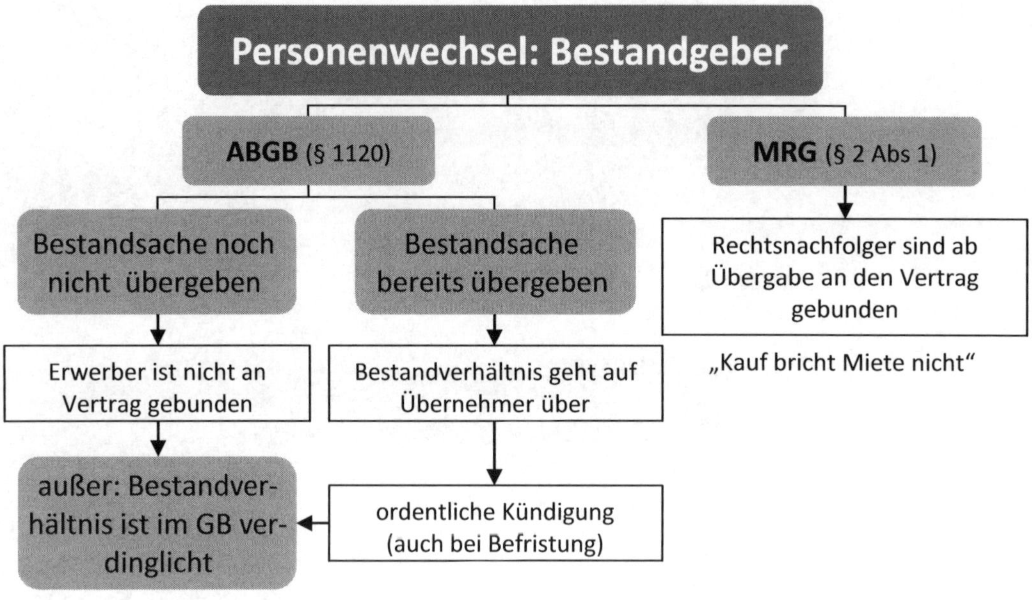

6. Leasing

unmittelbares Leasing:

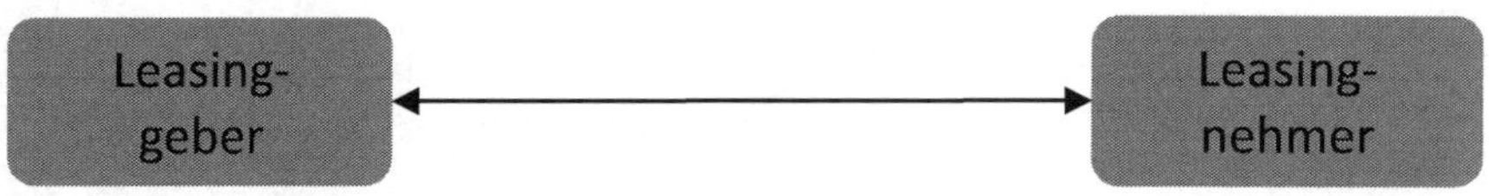

mittelbares Leasing:

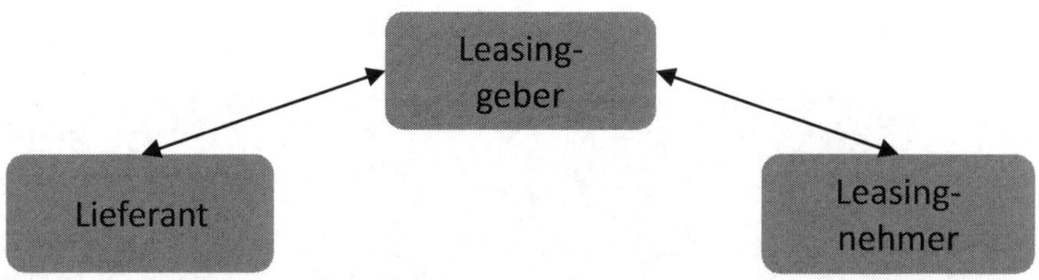

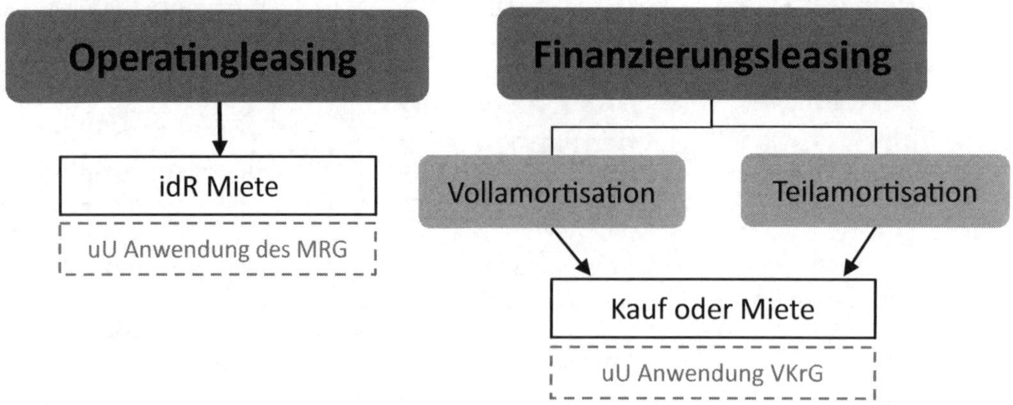

Gewährleistung:

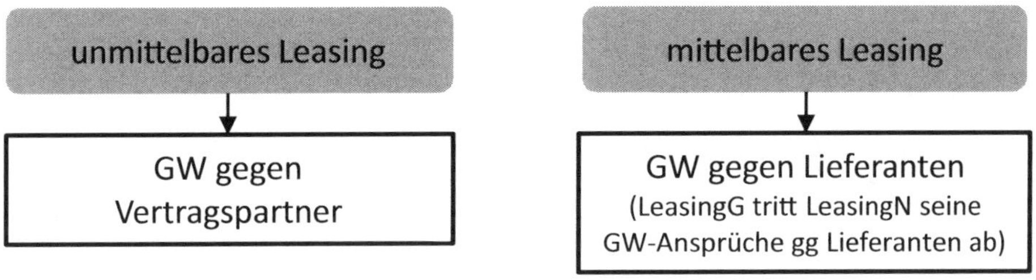

Schadenersatz:

II. Schadenersatz

Das Schadenersatzrecht regelt, unter welchen Voraussetzungen ein Vermögensnachteil von einem anderen ausgeglichen werden muss. Es ist somit eine Ausnahme von der Grundregel, dass jeder seinen Schaden selbst trägt (§ 1311). Das österreichische Recht kennt dabei drei verschiedene „Haftungsschienen“:

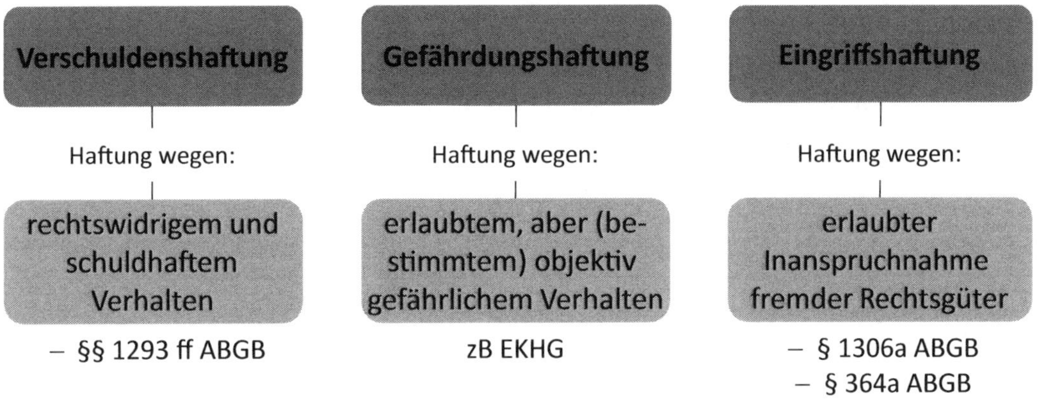

1. Verschuldenshaftung

Die Verschuldenshaftung ist im Gegensatz zur Gefährdungshaftung und zur Eingriffshaftung weder an eine bestimmte Personengruppe noch an bestimmte Tätigkeiten gebunden und ist daher eine Art „allgemeine Haftung“. Folgende Schritte sind zu prüfen:

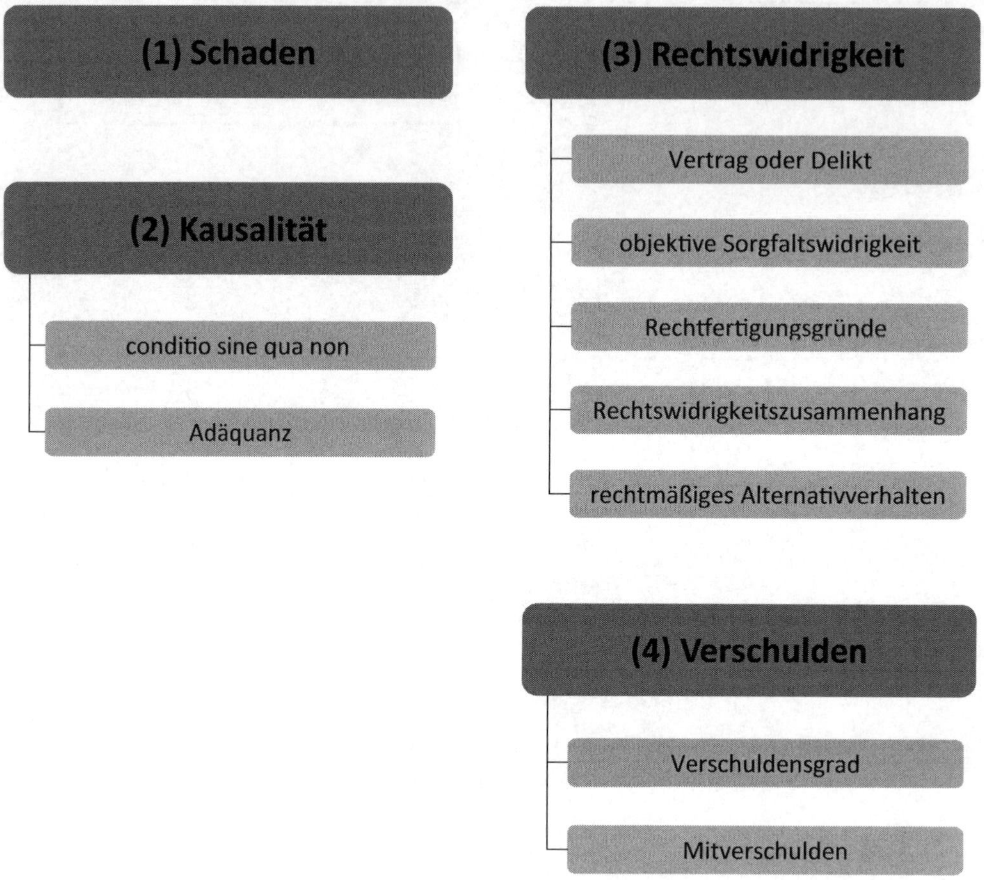

2. Schaden

Der Schadensbegriff des ABGB ist sehr weit, er umfasst jeden Nachteil, der jemandem an Vermögen, Rechten oder seiner Person zugefügt worden ist (§ 1293). Trotz des weiten Schadensbegriffs sind folgende Positionen voneinander zu unterscheiden. Ob sie ersatzfähig sind, hängt von verschiedenen Faktoren ab (gesetzliche Anordnung, Verschuldensform etc):

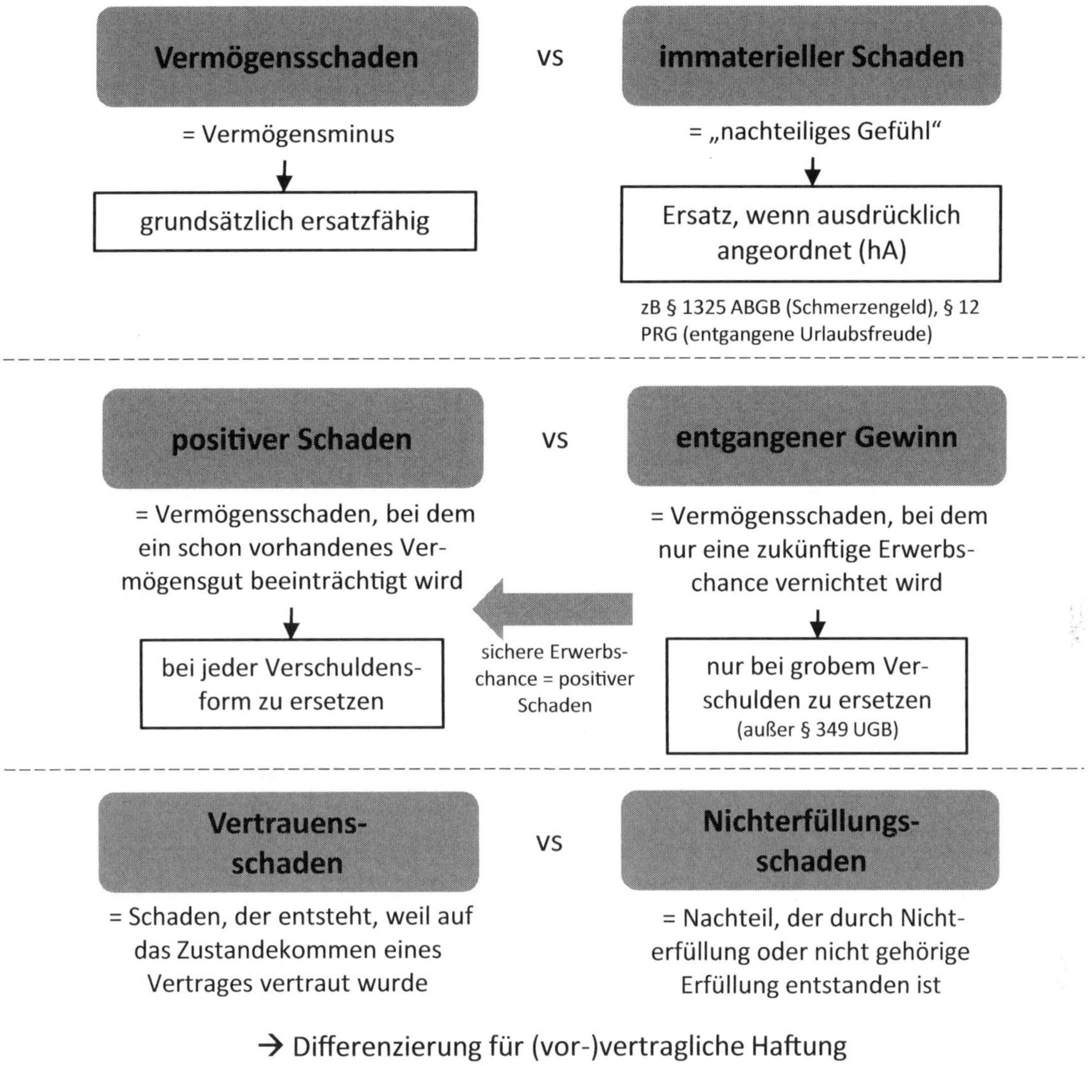

3. Kausalität

Der Schaden ist einer Person nur zurechenbar, wenn sie diesen kausal verursacht hat. Ein Verhalten ist ursächlich für einen Erfolg, wenn es nicht weggedacht werden kann, ohne dass dann der Erfolg entfiele:

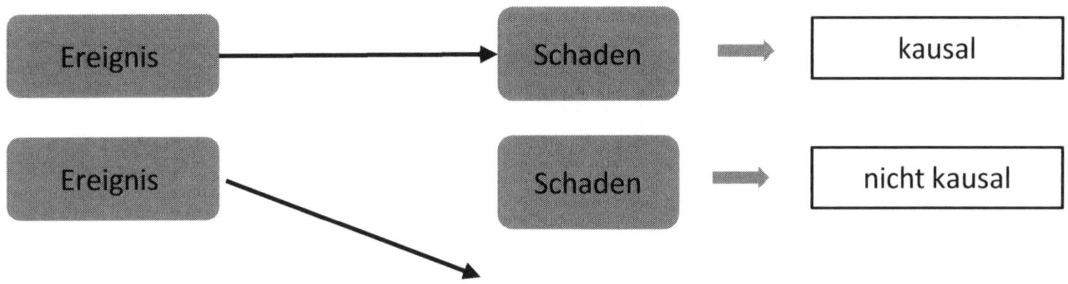

Die folgenden Grafiken stellen die wichtigsten „Kausalitätsprobleme“ dar:

alternative Kausalität:

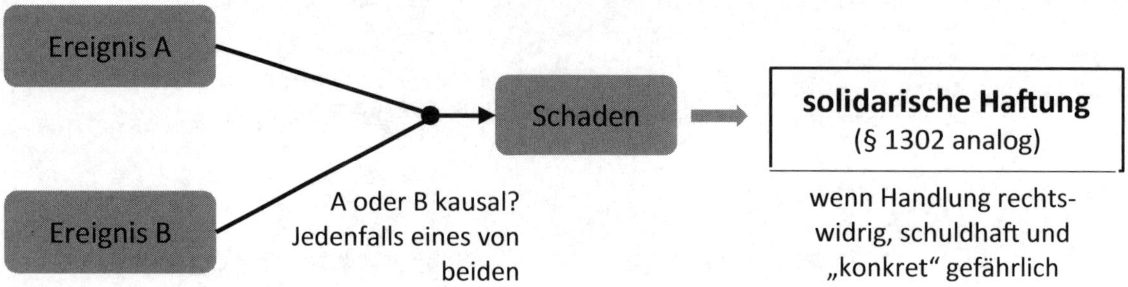

alternative Kausalität mit dem Zufall:

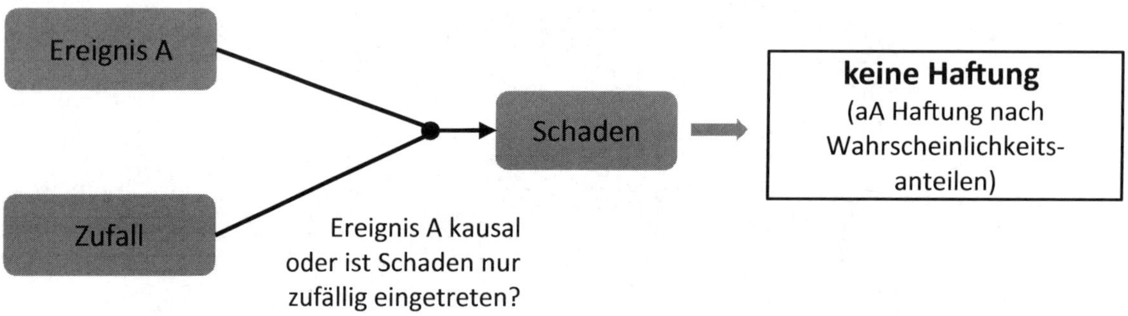

kumulative Kausalität:

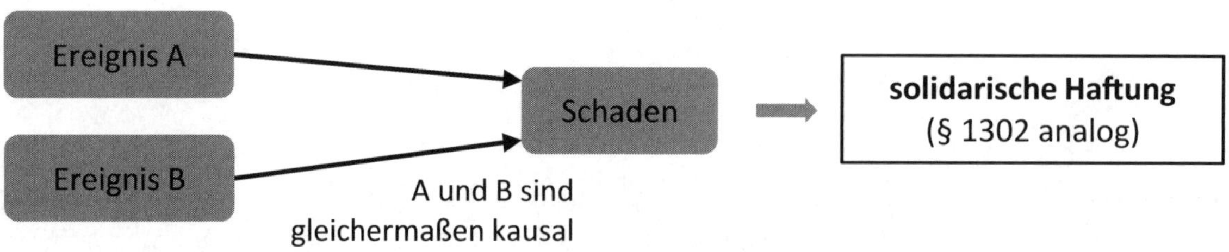

überholende Kausalität:

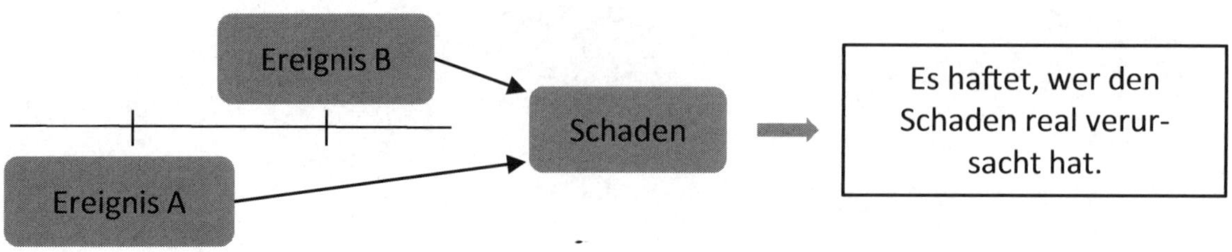

4. Rechtswidrigkeit

Ein Schädiger handelt rechtswidrig, wenn er gegen Gebote oder Verbote der Rechtsordnung verstößt. Fundamental ist dabei die Unterscheidung zwischen vertraglicher (ex contractu) und deliktischer (ex delicto) Haftung. Rechtswidrig ist ein Verhalten aber nur, wenn es objektiv rechtswidrig war, der Schädiger anders hätte handeln können:

a) Vertrags- und Deliktshaftung

Haftung ex contractu ⟷ **Haftung ex delicto**

Haftung ex contractu:

- **Vertragsverletzung** (Haupt-, Nebenleistungspflichten, Schutz- und Sorgfaltspflichten)

objektive Sorgfaltswidrigkeit

→ rechtswidrig ist nur objektiv rechtswidriges Verhalten (Verhaltensunrechtslehre)

Haftung ex delicto:

- **Schutzgesetzverletzung** (§ 1311 ABGB; zB StVO)
- obj. sorgfaltswidriger Eingriff in ein **absolut geschütztes Rechtsgut** (zB Gesundheit, dingl. Rechte); auch Verletzung von **Verkehrssicherungspflichten**
- **vorsätzliche sittenwidrige Schädigung** (§ 1295 Abs 2 ABGB)

b) Rechtfertigungsgründe

Die Rechtswidrigkeit ist ausgeschlossen, wenn das Verhalten des Schädigers durch Rechtsfertigungsgründe gedeckt ist:

Notwehr	Notstand	Selbsthilfe	Einwilligung des Verletzten
Abwehr eines drohenden rechtswidrigen Angriffs (§§ 19, 3 StGB)	Eingriff in fremde Rechtsgüter zur Abwehr einer unmittelbar drohenden Gefahr (§ 1306a ABGB, § 10 StGB)	grds unzulässig; es sei denn, behördliche Hilfe kommt zu spät (§ 344)	Gestattung eines sonst rechtswidrigen Eingriffs in eine konkrete Verletzung (§§ 173, 252 ff)

↓ (Notstand)

Billigkeitshaftung (§ 1306a):
Abwägung: Beschädigung, Gefahr, Vermögen

c) Rechtswidrigkeitszusammenhang

Die Verletzung einer Norm (im Sinne des Schadenersatzrechts) ist alleine noch nicht rechtswidrig. Der eingetretene Schaden muss vielmehr vom Schutzzweck der übertretenen Norm gedeckt sein. Rechtswidrig ist ein Verhalten somit nur, wenn die missachtete Norm gerade den Schaden verhindern soll, der durch die Übertretung entstanden ist.

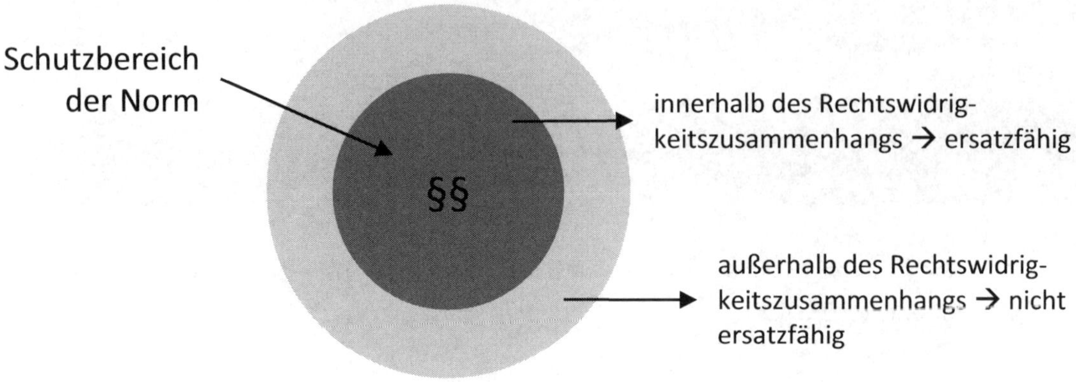

d) Bloße Vermögensschäden

Ob ein Schaden ersatzfähig ist, hängt wesentlich davon ab, ob der Schaden aus einem Eingriff in ein absolut geschütztes Rechts resultiert oder sich in sonstiger Weise bloß im Vermögen realisiert. Schäden aus Eingriffen in absolut geschützte Rechtsgüter sind in aller Regel ersatzfähig, ebenso reine Vermögensschäden im vertraglichen Bereich. Kaum geschützt ist aber das bloße Vermögen im deliktischen Bereich.

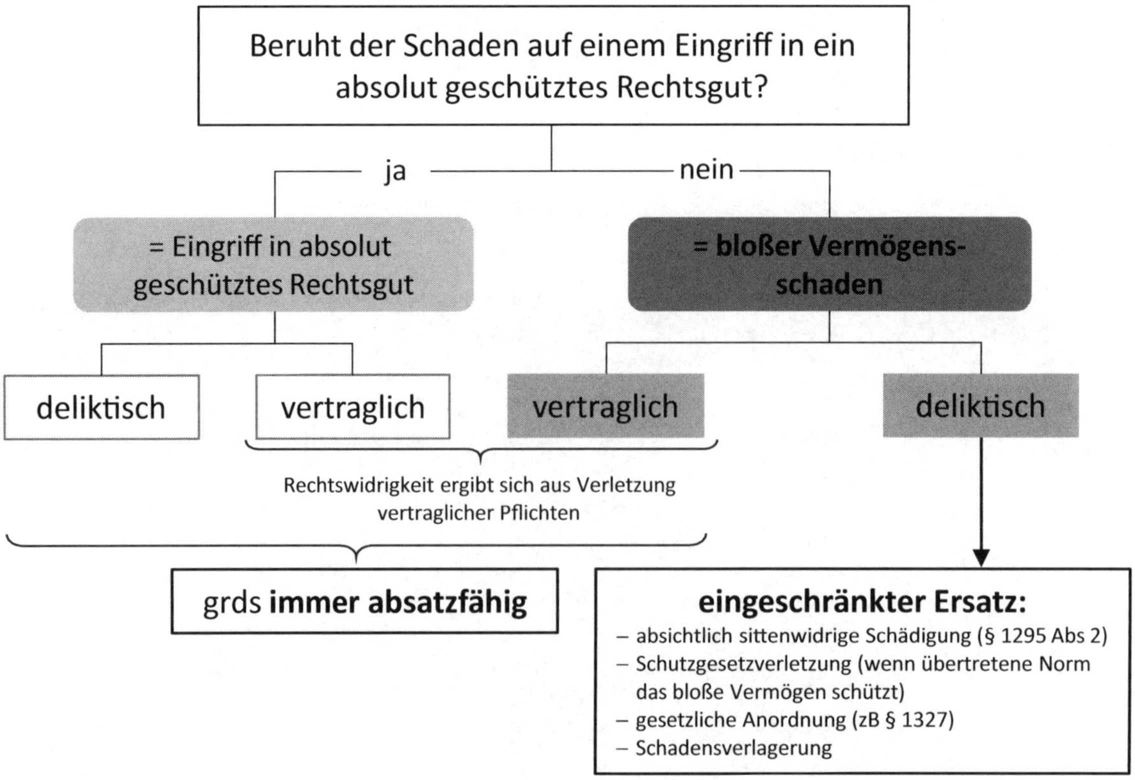

e) Drittschaden

Beispiel

Die Drittschadensthematik lässt sich am besten an einem Beispiel darstellen: Ein Arbeitnehmer wird vom Schädiger verletzt und ist dadurch arbeitsunfähig. Der Arbeitgeber muss dem Arbeitnehmer aber das Entgelt weiterzahlen, weil er arbeitsrechtlich dazu verpflichtet ist (EntgeltfortzahlungsG).

juristische Qualifikation:

Der Arbeitnehmer ist unmittelbar geschädigt, weil er in seinem absolut geschützten Rechtsgut verletzt wurde. Der Arbeitgeber ist hingegen nur mittelbar geschädigt. Sein Vermögensnachteil (Entgeltfortzahlungspflicht) beruht nicht auf dem Eingriff in ein absolut geschütztes Rechtsgut und ist daher ein nicht ersatzfähiger bloßer Vermögensschaden.

wirtschaftliche Sichtweise:

Der Arbeitnehmer könnte zwar seinen Schaden geltend machen, wird aber von seinem Arbeitgeber für den Verdienstentgang kompensiert. Damit ist sein Nachteil ausgeglichen. Der Arbeitgeber kann seinen Nachteil hingegen nicht ausgleichen; er trägt wirtschaftlich gesehen den Nachteil aus der Schädigung.

Übergang des Schadenersatzanspruchs:

Um das unbefriedigende Ergebnis auszuschließen, dass der Schädiger keine Entschädigung zahlen muss, nimmt die Dogmatik folgenden juristischen Schritt vor: Die Anspruchsberechtigung geht vom Arbeitnehmer auf den Arbeitgeber über.

5. Verschulden und Beweislast

Nur wem das rechtswidrige Verhalten auch konkret, individuell – also schuldhaft – vorwerfbar ist, wird schadenersatzpflichtig.

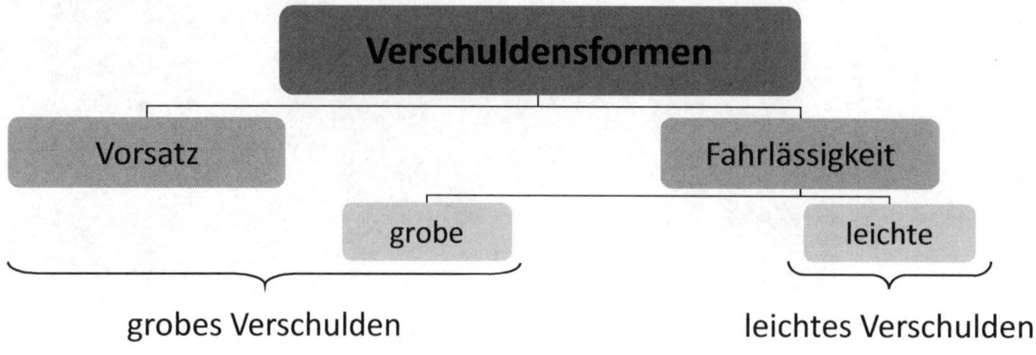

Ob ein zu recht bestehender Anspruch durchgesetzt werden kann, ist wesentlich davon abhängig, ob alle Beweise erbracht werden können. Fraglich ist, was Geschädigter und Schädiger beweisen müssen.

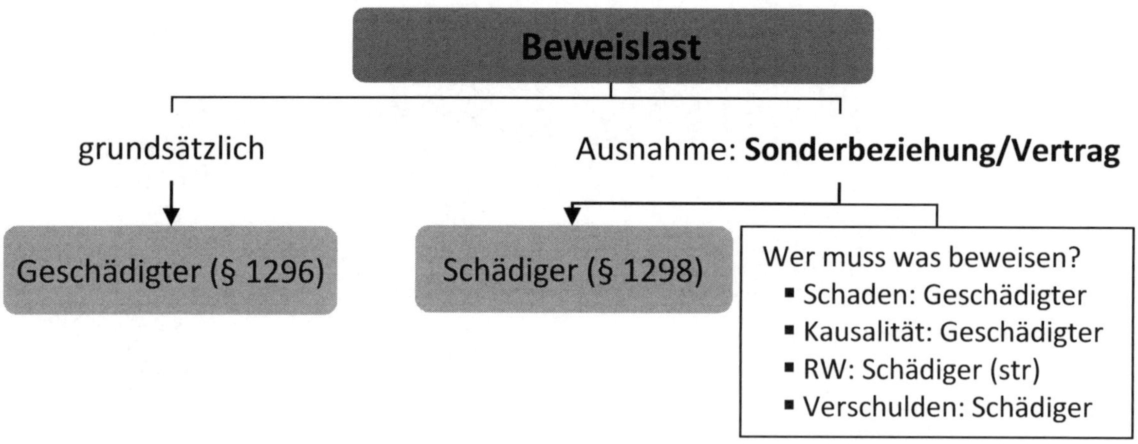

6. Art und Umfang des Ersatzes

Das Schadenersatzrecht hat vor allem Ausgleichsfunktion. Der Geschädigte soll so gestellt sein, wie er ohne die Schädigung stehen würde. Kann der Zustand vor der Schädigung (Naturalrestitution) nicht mehr hergestellt werden, gebührt Geldersatz.

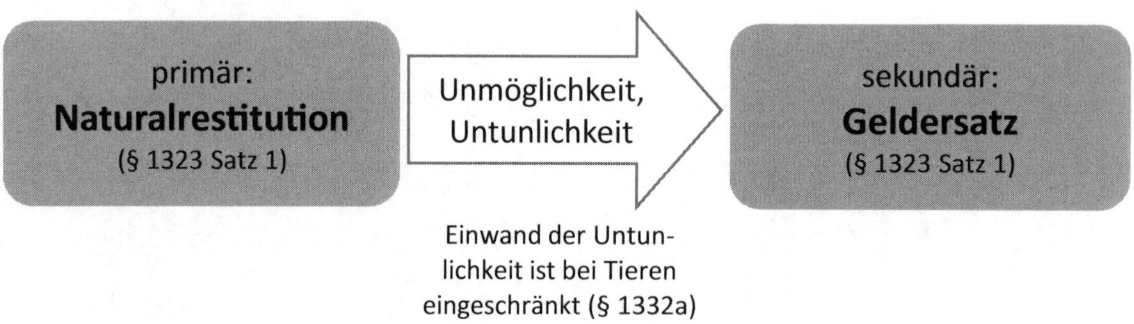

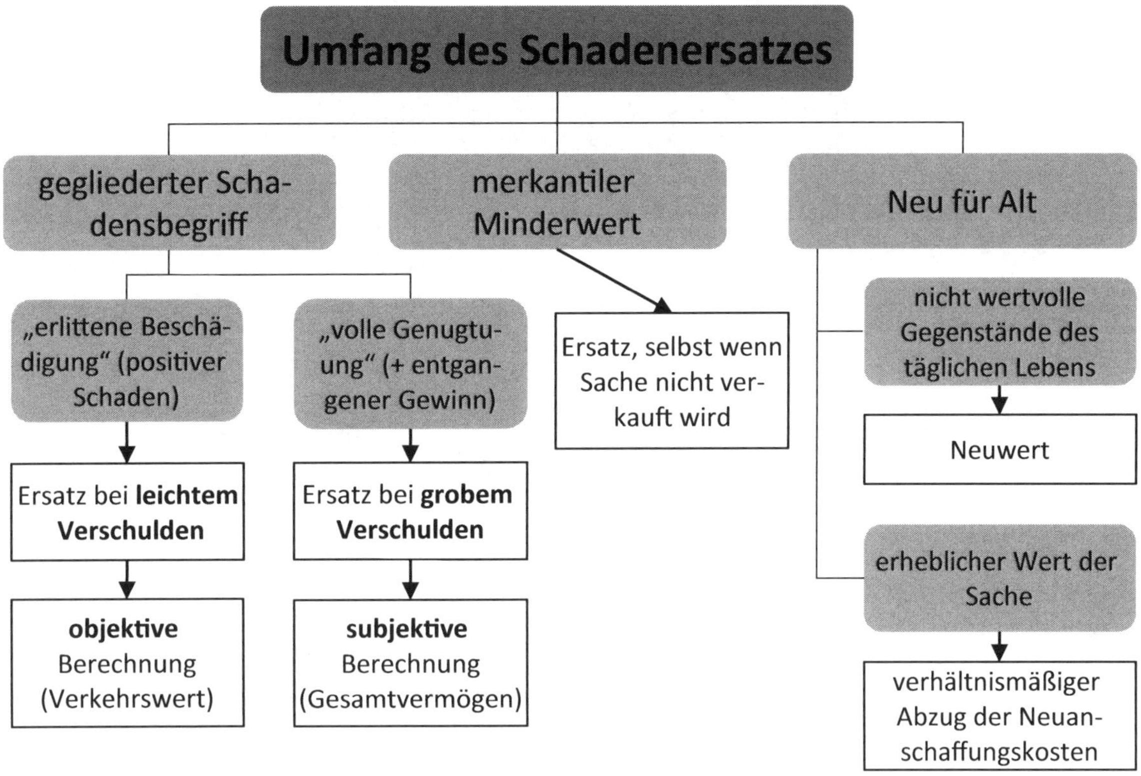

7. Haftung mehrerer Schädiger und Mitverantwortung

Ein Schaden wird oft nicht nur durch den Schädiger verursacht, sondern auch durch die mangelnde Sorgfalt des Geschädigten.

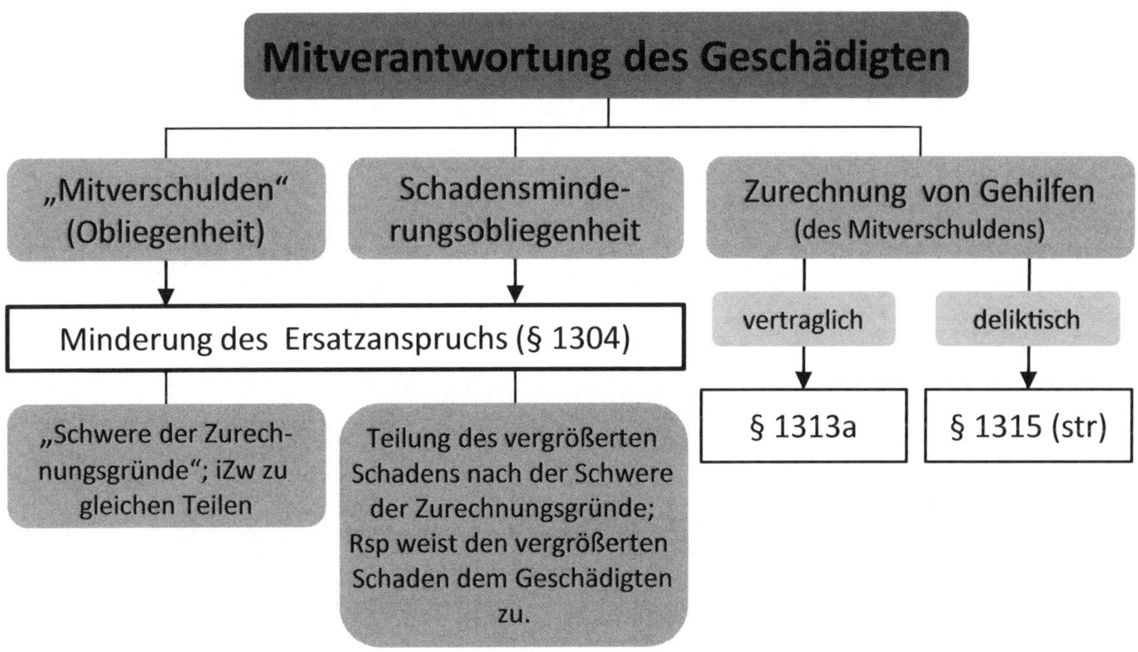

Ein und denselben Schaden können auch mehrere Personen herbeigeführt haben.

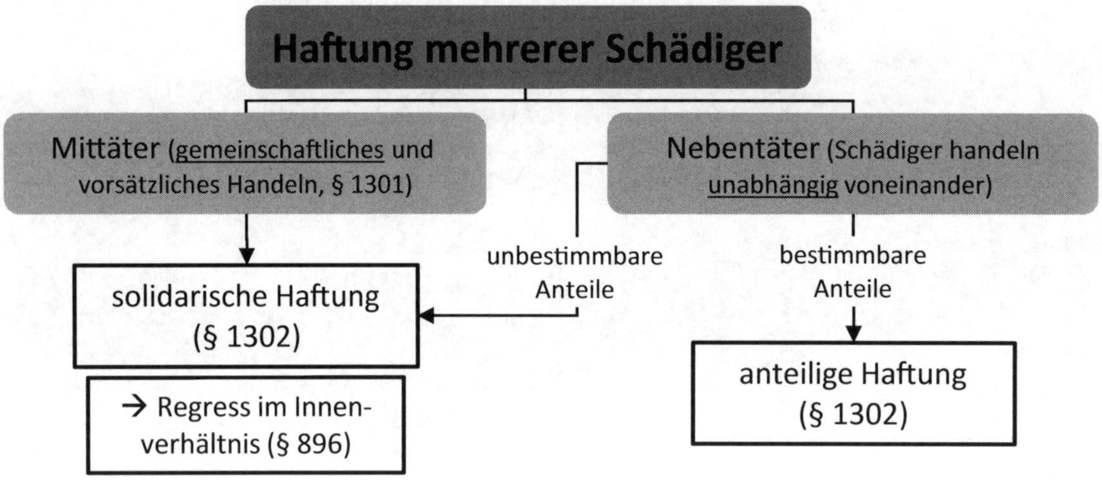

8. Zurechnung und Regress

Eine Schadenersatzpflicht kann nicht nur durch eigenes Verhalten, sondern auch durch Verhalten Dritter begründet werden. Ob das Verhalten eines Dritten zuzurechnen ist, hängt vom Verhältnis ab, in dem der Schädiger zum Geschädigten steht:

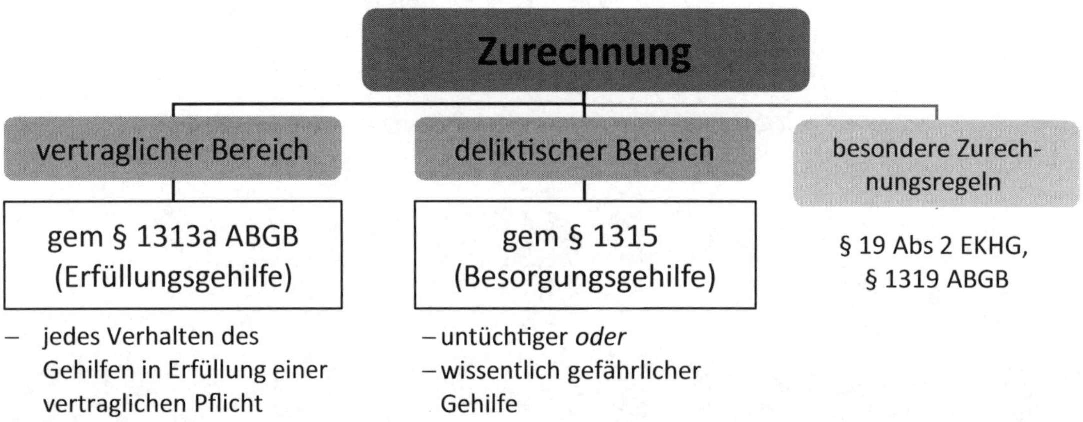

Da juristische Personen nicht selber handeln können (siehe dazu Seite 3), ist die Zurechnung umfassender als bei natürlichen Personen:

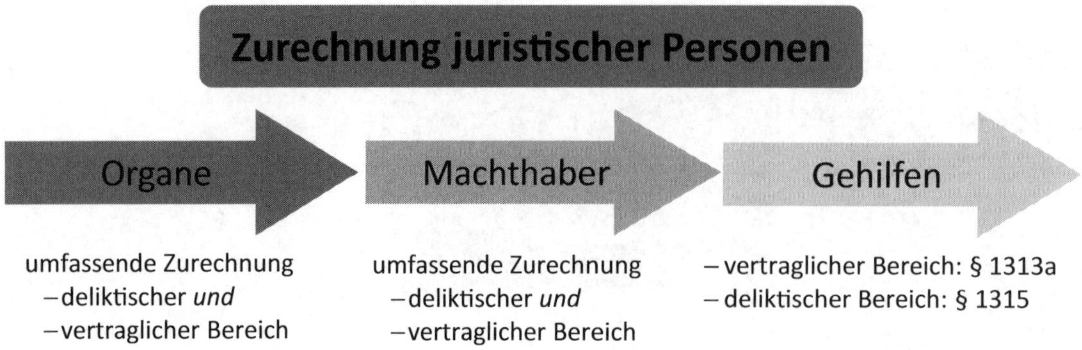

Wird ein Dritter zugerechnet, stellt sich die Frage, ob der Schädiger Regress gegen die zugerechneten Personen nehmen kann:

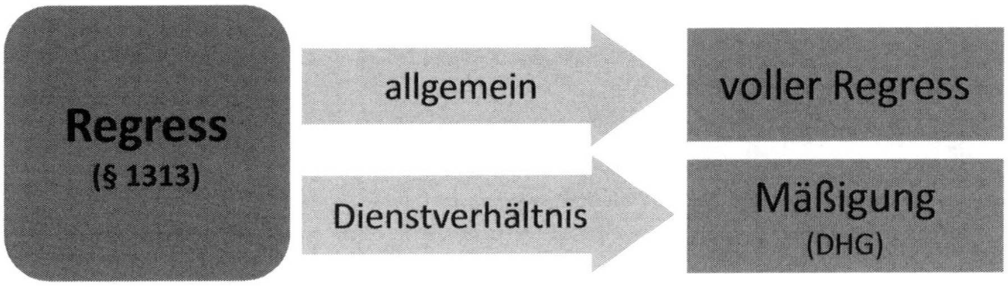

9. Körperverletzung, Tötung, Arzthaftung

Besonders relevant ist der Schadenersatz bei Körperverletzung und Tötung (§ 1325 ff). Ersetzt werden:

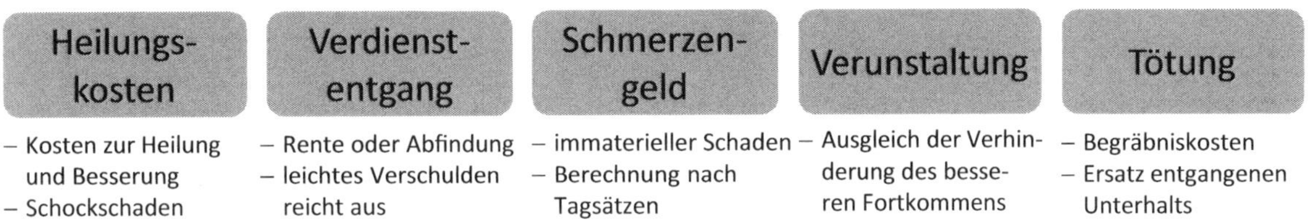

Gesetzlich nicht normiert, aber praktisch äußert relevant, ist die Haftung bei einer ärztlichen Fehlbehandlung. Folgende Grafik zeigt die Zweigleisigkeit bei der Arzthaftung:

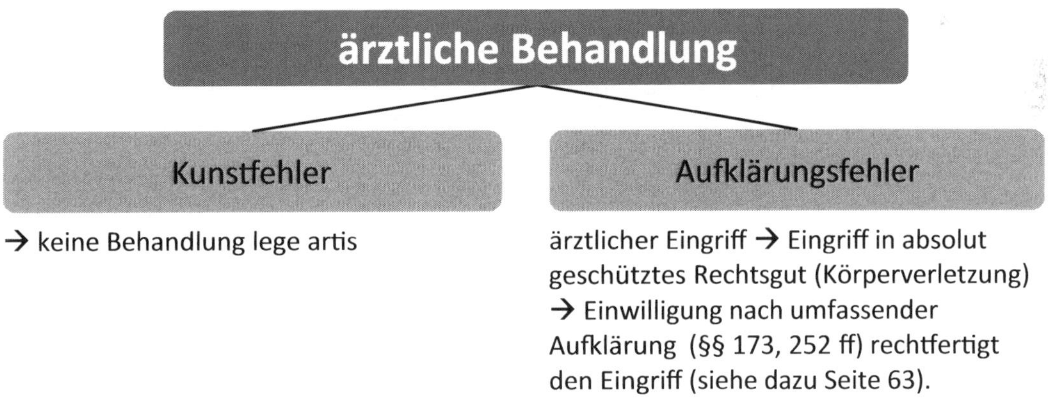

10. Spezialbestimmungen im ABGB

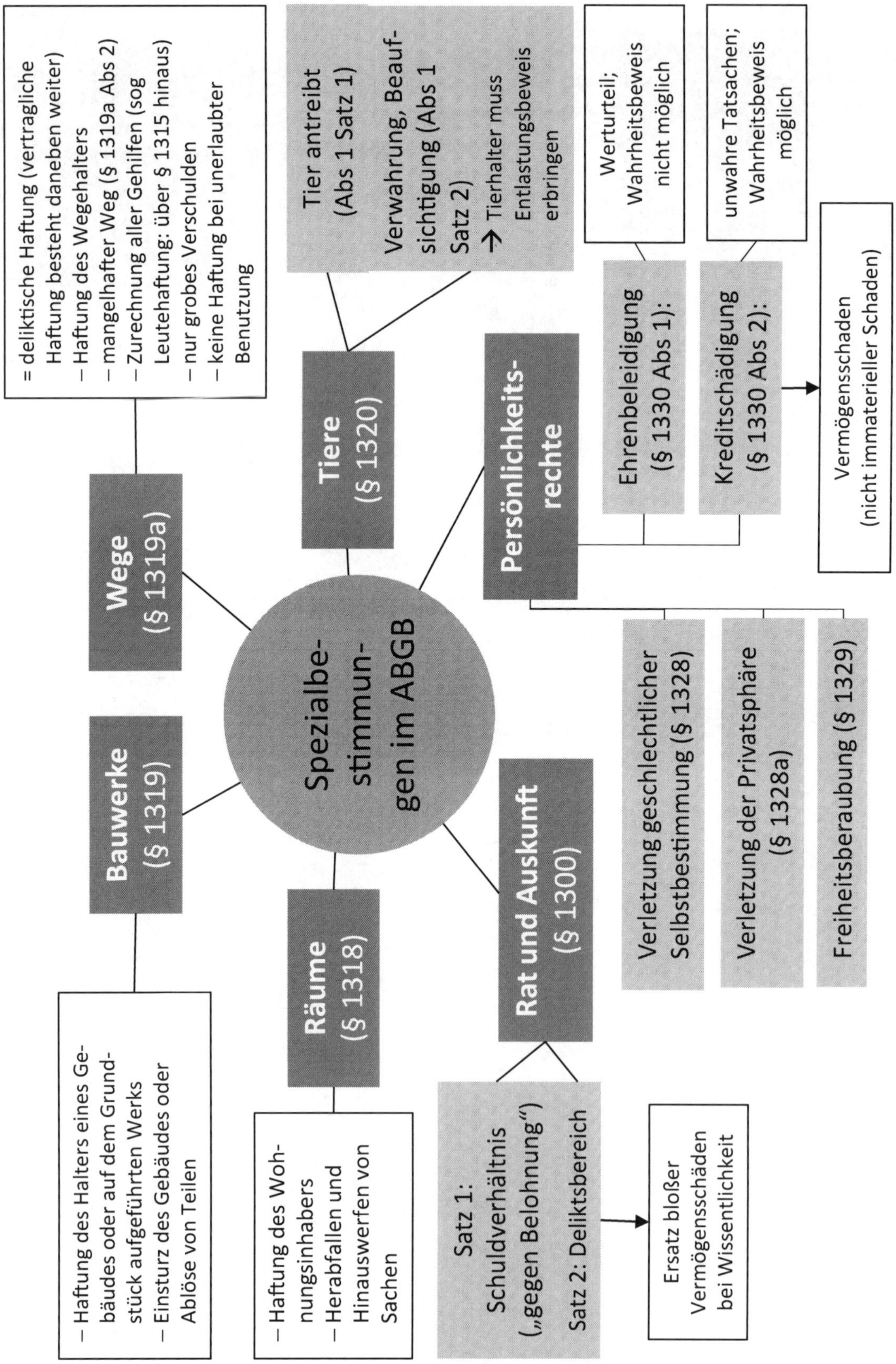

11. Eisenbahn- und Kraftfahrzeughaftpflicht (EKHG)

Eine besondere Haftung besteht für Sach- und Personenschäden durch einen Unfall beim Betrieb eines Kfz oder einer Eisenbahn. Gehaftet wird auch ohne rechtswidriges und schuldhaftes Verhalten. Zurechnungsmoment ist die Gefährlichkeit, die für gewöhnlich von Kfz oder Eisenbahnen ausgeht (Gefährdungshaftung).

1) Anwendungsbereich:

2) Haftpflichtige Person:

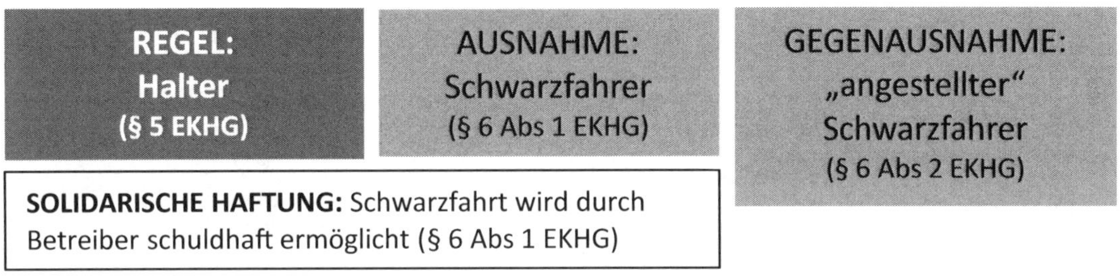

3) Gegenstand des Ersatzes:

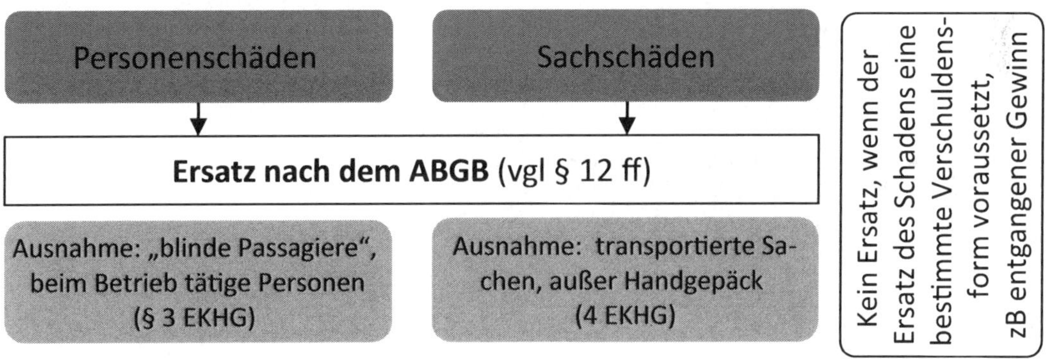

4) Prüfungsschema EKHG:

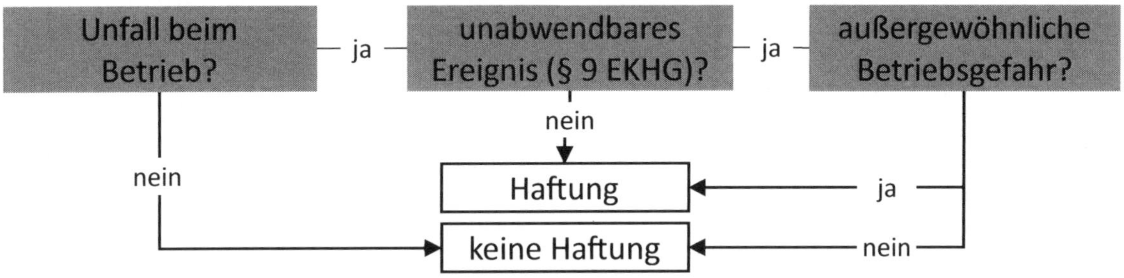

12. Produkthaftung (PHG)

1) Schaden
- **Sachschäden**
  - an einer vom Produkt verschiedenen körperlichen Sache (§ 1 PHG); kein „Weiterfresserschaden"
  - nicht unternehmerisch genutzt
  - Selbstbehalt iHv € 500
- **Personenschäden**
  - Ersatz nach ABGB: § 1325, § 1327; § 14 PHG
- kein Ersatz des entgangenen Gewinns, bloßer Vermögensschäden

2) Produkt
- beweglich körperliche Sache, auch wenn sie Teil einer anderen beweglichen Sache oder mit einer unbeweglichen Sache verbunden wird (§ 4 PHG)

3) Fehler
- der nicht die Sicherheit bietet, die man zu erwarten berechtigt ist (§ 5 PHG)

4) Inverkehrbringen
- Produkt wurde einem anderen in dessen Verfügungsmacht oder zum Gebrauch übergeben (§ 6 PHG)
- Werktorprinzip

5) Kein Haftungsausschluss
- keine Haftung, wenn auf dem Stand der Technik; keine Haftung für das Entwicklungsrisiko (§ 8 PHG)

6) Keine Verjährung
- § 1489: drei Jahre ab Kenntnis von Schaden und Schädiger
- § 13 PHG: zehn Jahre ab Inverkehrbringen

Haftpflichtige:
→ Hersteller (§ 1 Abs 1 Z 1 PHG)
→ Importeur (§ 1 Abs 1 Z 2 PHG)
→ subsidiär: Händler (§ 1 Abs 2 PHG)

III. Bereicherungsrecht

Das Bereicherungsrecht soll ungerechtfertigte Vermögensverschiebungen rückgängig machen. Wann eine Vermögensverschiebung ungerechtfertigt ist, hängt von vielen Faktoren ab und ist nicht immer leicht zu beantworten. Jedenfalls gerechtfertigt sind vertragliche oder gesetzliche Vermögensverschiebungen.

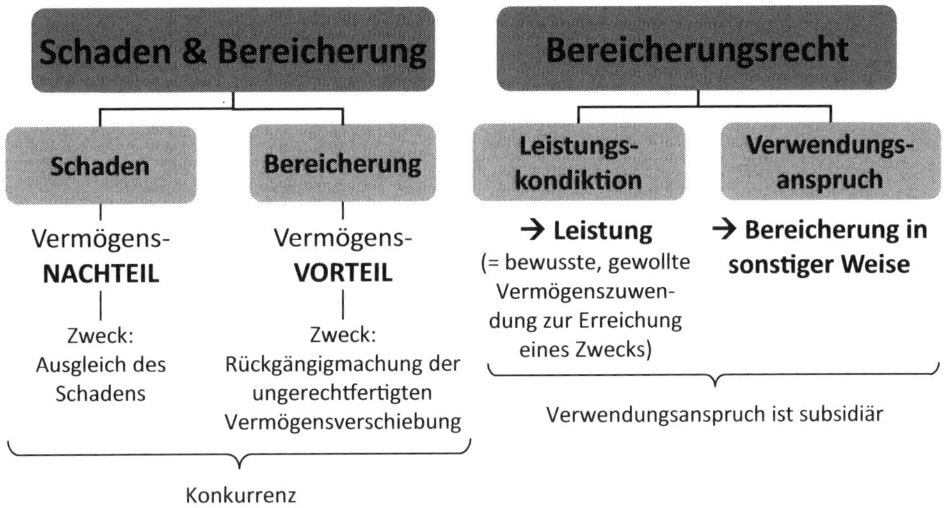

1. Leistungskondiktionen

Folgende Grafiken geben einen Überblick über die wichtigsten Leistungskondiktionen:

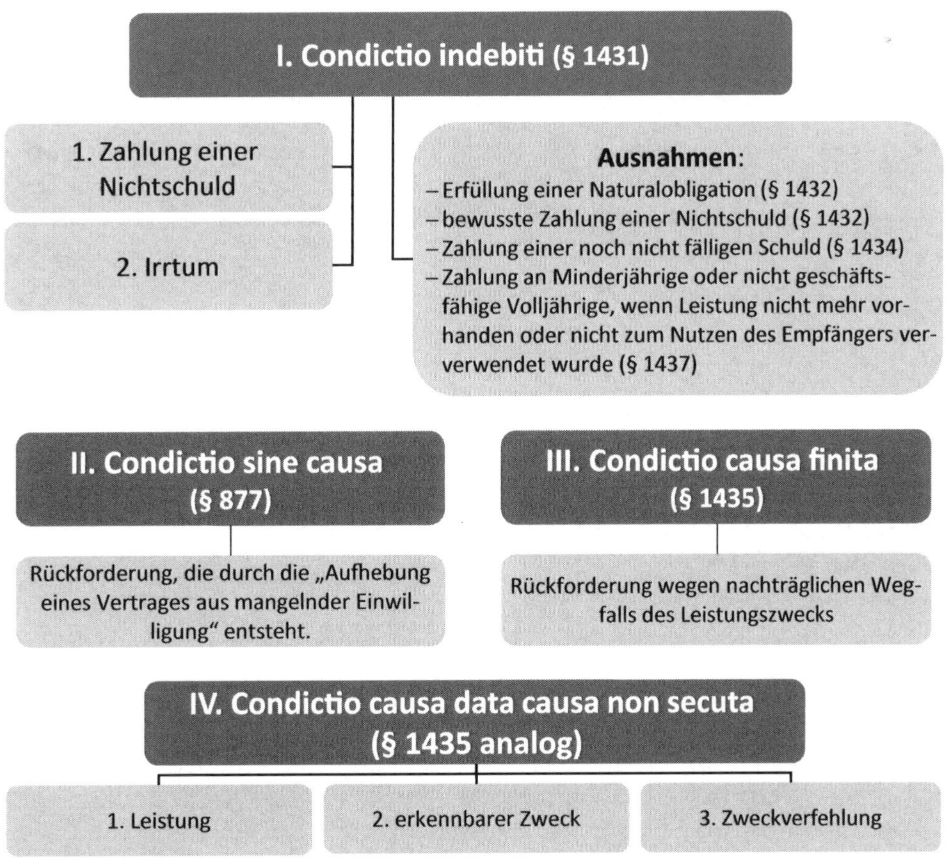

Welche Leistungskondiktion geltend gemacht werden kann, hängt davon ab, aus welchem Grund die Leistung ungerechtfertigt ist:

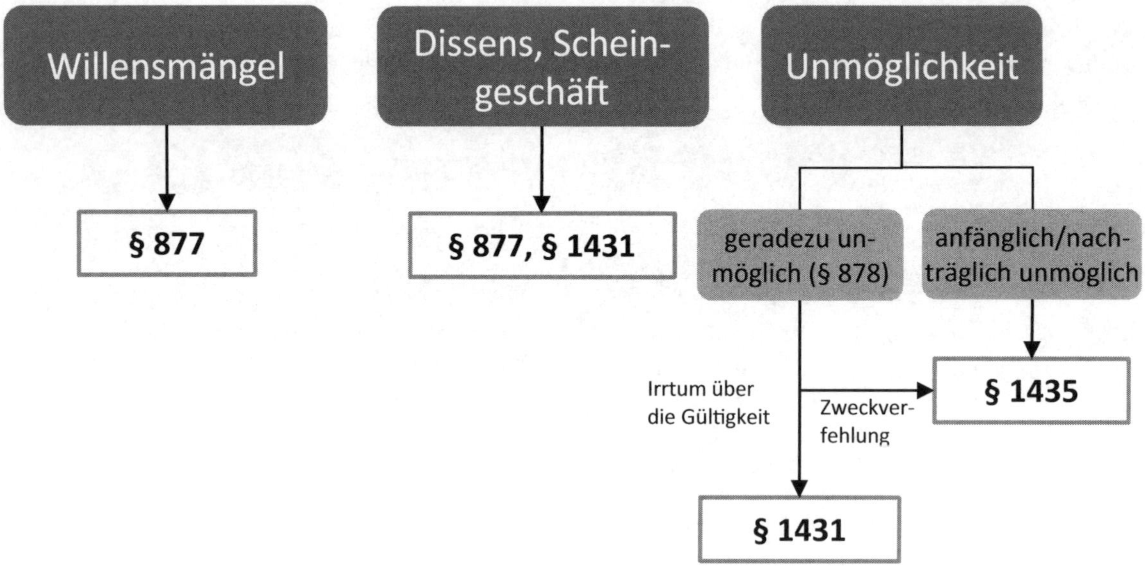

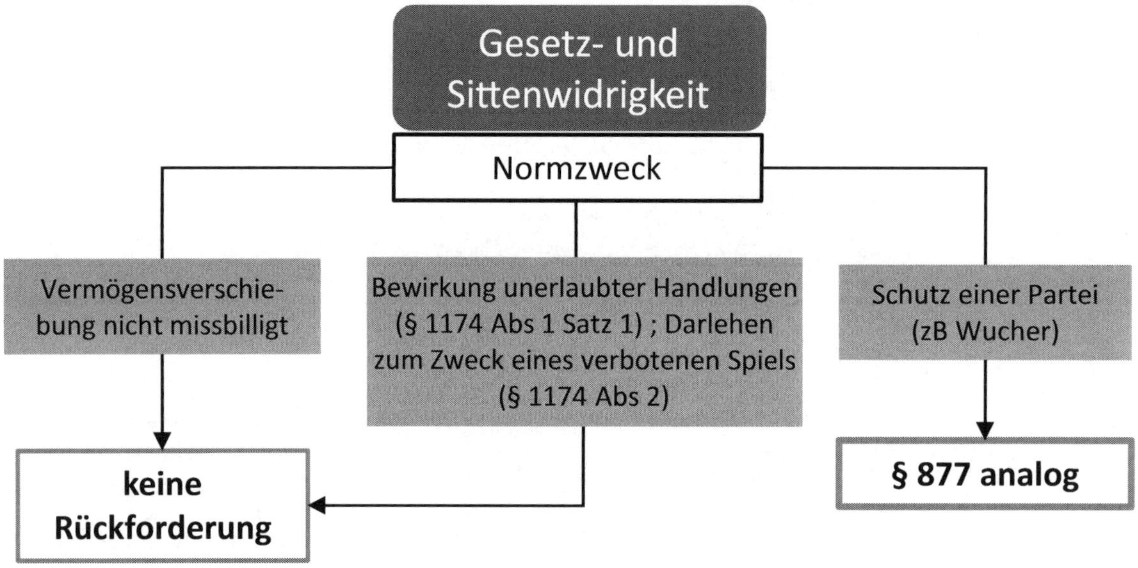

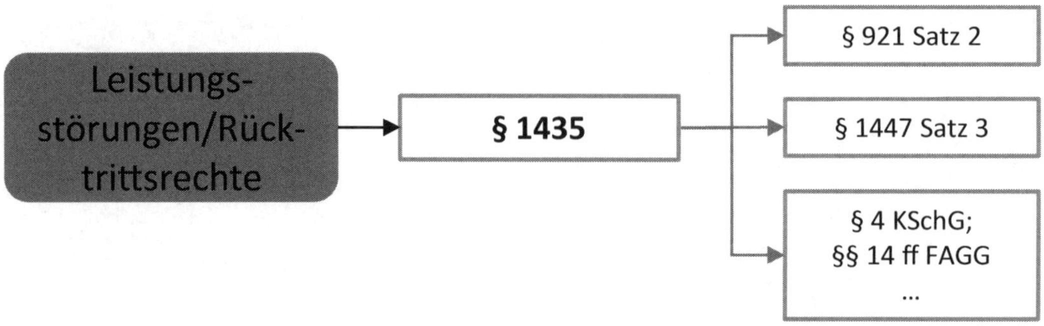

2. Verwendungsanspruch

Neben den Leistungskondiktionen sind die Verwendungsansprüche die zweite Schiene des Bereicherungsrechts. Sie knüpfen nicht an eine „Leistung“, sondern an eine Bereicherung in sonstiger Weise an:

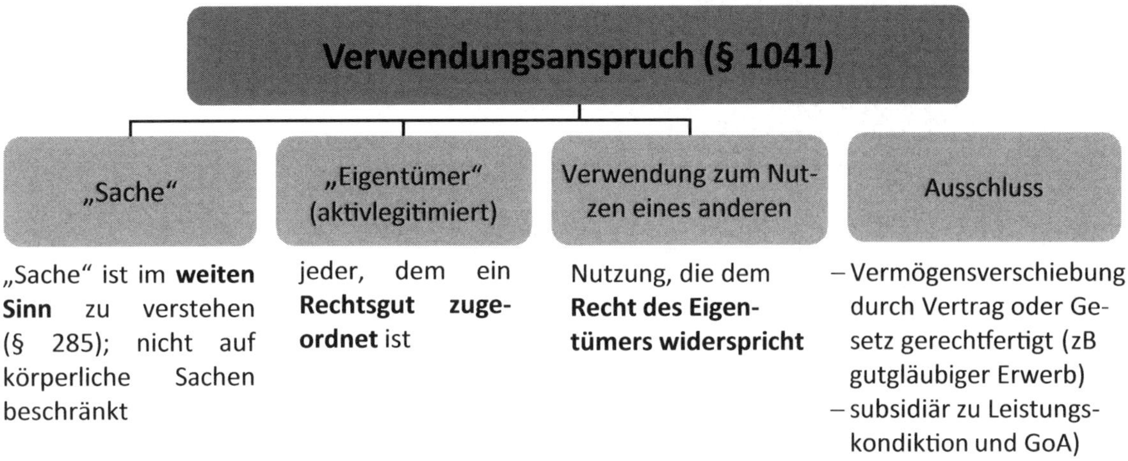

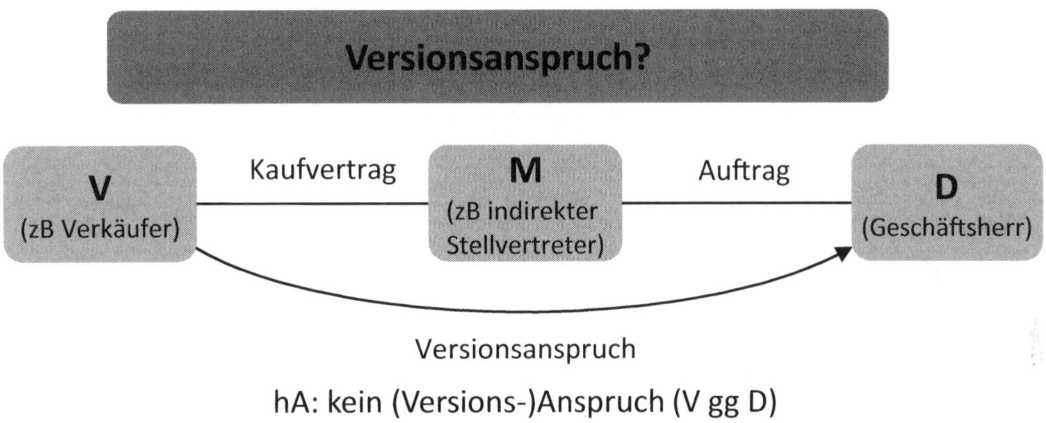

Ein Unterfall des Verwendungsanspruchs ist der Aufwandersatzanspruch nach § 1042. In diesem Fall wird eine Leistung erbracht, die nicht der Leistende, sondern ein anderer erbringen müsste. Dem Leistenden steht nicht nur eine Leistungskondiktion gegen den Leistungsempfänger zu, sondern auch ein Verwendungsanspruch (§ 1042) gegen denjenigen, der leisten müsste. Zur Veranschaulichung dient als Beispiel die Unterhaltszahlung des Scheinvaters:

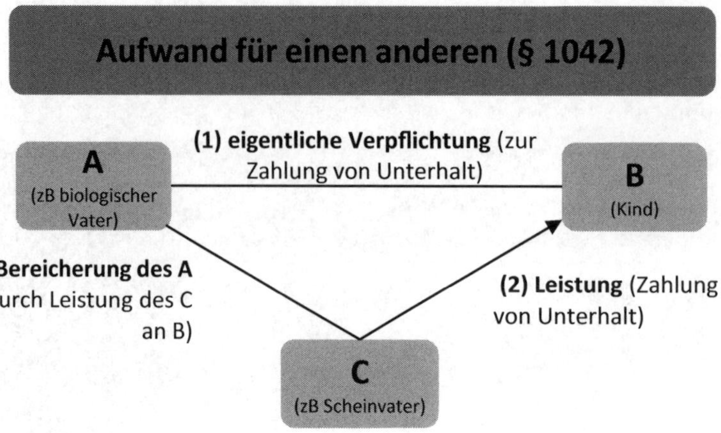

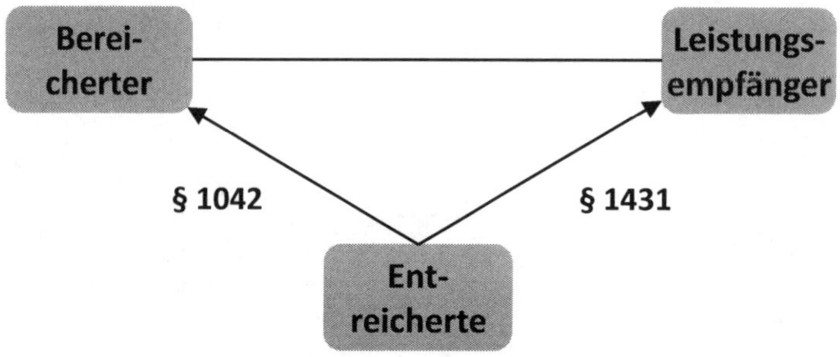

IV. Geschäftsführung ohne Auftrag

Die Geschäftsführung ohne Auftrag (GoA) ist die eigenmächtige Besorgung der Angelegenheiten fremder Personen in der Absicht, deren Interessen zu fördern.

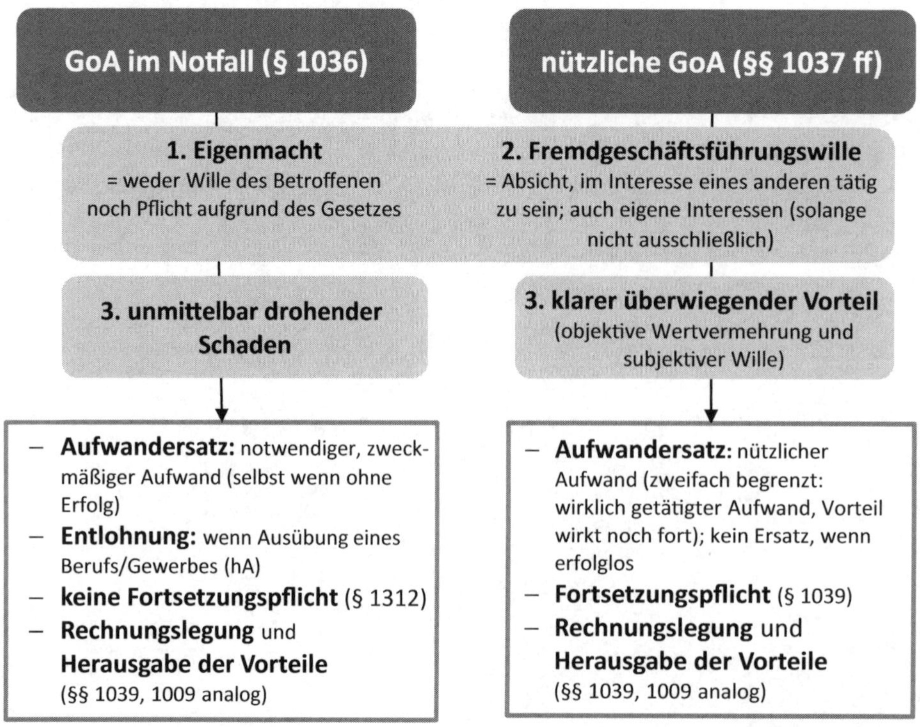

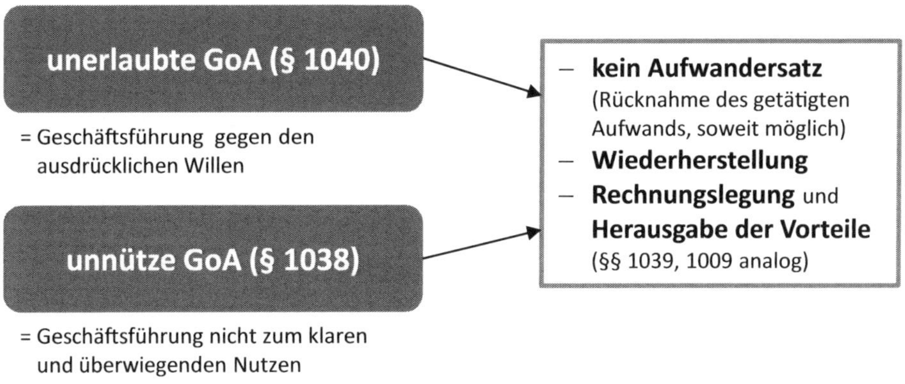

An manchen Stellen behandelt das ABGB jemanden wie einen Geschäftsführer ohne Auftrag, obwohl die zentrale Voraussetzung des Fremdgeschäftsführungswillens fehlt:

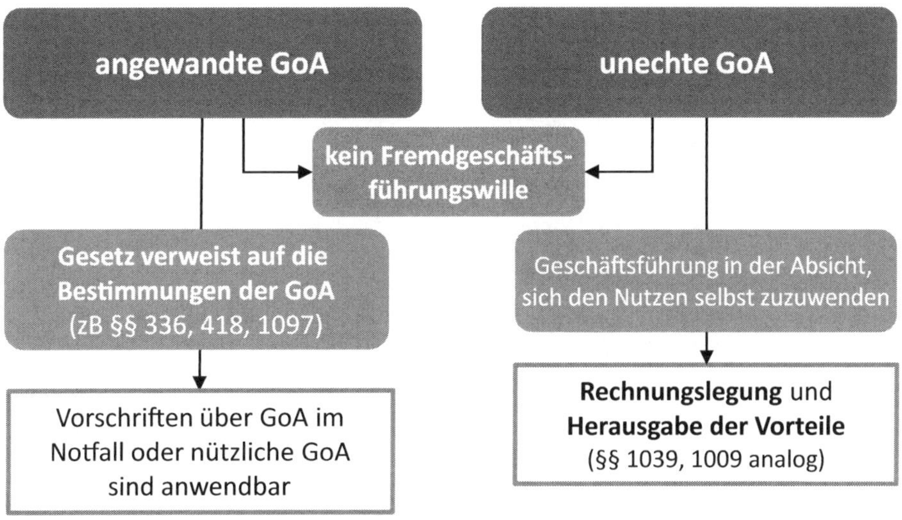

D. Sachenrecht

I. Grundlagen

1. Sachenrechte und Sachbegriff

Aufgabe des Sachenrechts ist zu bestimmen, wem eine Sache zugeordnet ist. Sachenrechte charakterisieren sich durch die unmittelbare Sachherrschaft über eine Sache und werden daher auch dingliche Recht genannt. Sie sind darüber hinaus absolute Rechte (siehe dazu Seite 25). Sachenrechte können nicht frei vereinbart werden, sondern sind gesetzlich vorgegeben (numerus clausus).

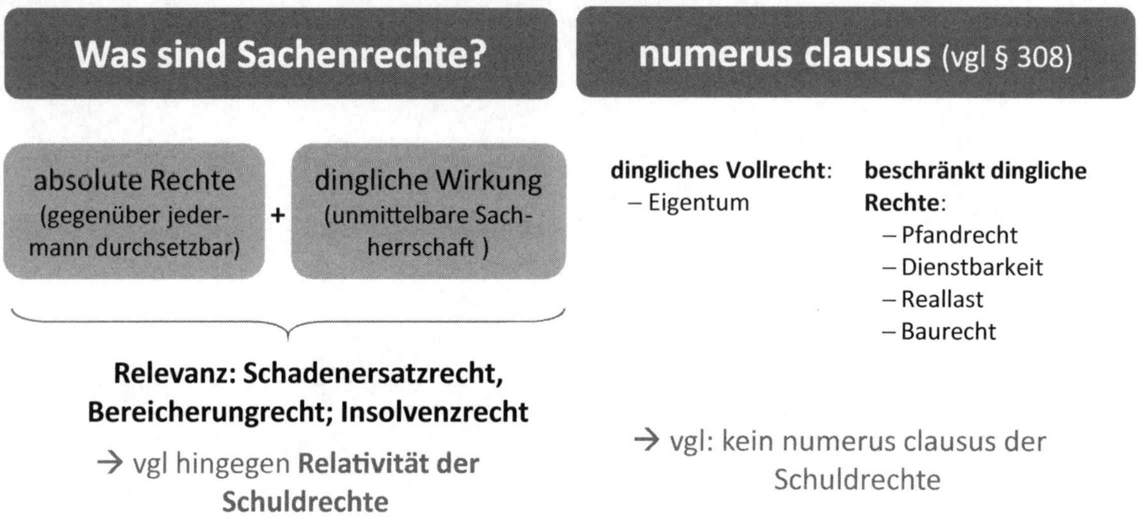

Wenn das ABGB den Begriff „Sache“ verwendet, meint es damit nicht immer absolut wirkende dingliche Rechte (Sachenrechte). Der Sachbegriff des ABGB ist weiter:

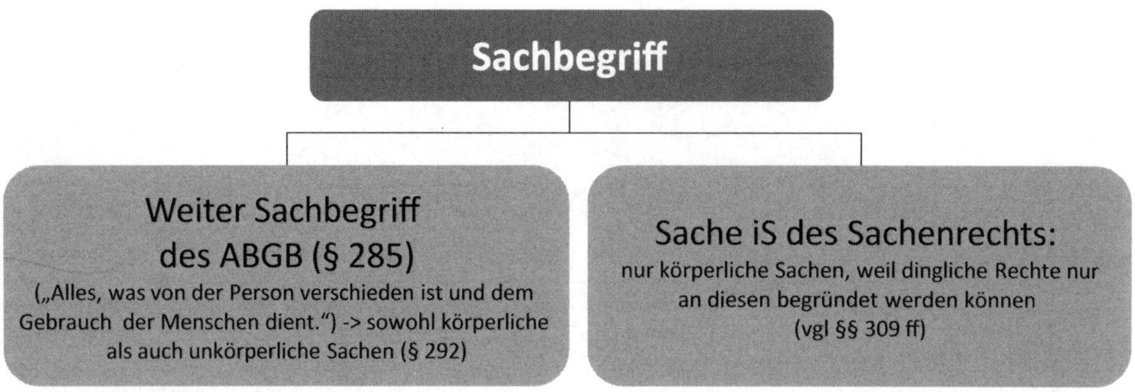

2. Prinzip der kausalen Tradition

Für einen derivativen Erwerb eines Sachenrechts bedarf es eines gültigen Rechtsgrundes, der die Verfügung rechtfertigt (Verpflichtungsgeschäft). Zusätzlich ist noch ein Verfügungsgeschäft notwendig, das auf das bestehende Recht einwirkt. Verfügungs- und Verpflichtungsgeschäft sind kausal miteinander verbunden (Prinzip der kausalen Tradition). Daher ist mit Wegfall des Verpflichtungsgeschäftes auch das kausale Verfügungsgeschäft unwirksam (vgl Aufhebung ex nunc bzw ex tunc). Schließlich bedarf die Rechtsübertragung der dinglichen Berechtigung des Vormanns, da niemand mehr Rechte übertragen kann, als er hat (nemo plus iuris ...).

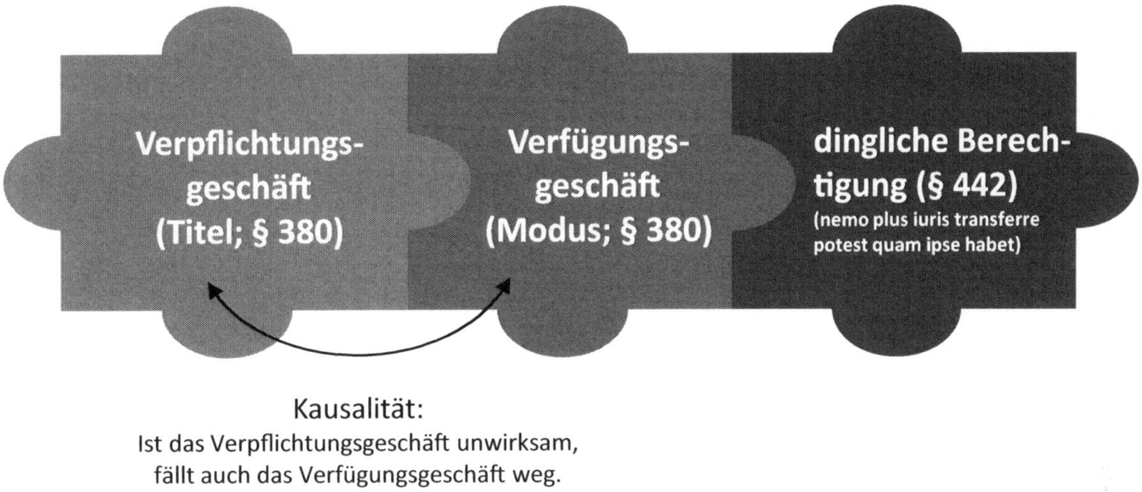

3. Bestandteile, Zubehör, Früchte

Die Unterscheidung, ob eine einfache Sache oder Sachverbindungen vorliegen, ist für ihre Verkehrsfähigkeit relevant, vor allem, ob an ihnen gesondert Eigentum erworben werden kann oder ob sie verpfändet werden können. Einfache Sachen sind Einheiten, die ohne vollkommene Zerstörung nicht zerlegt werden können. An ihnen kann gesondert Eigentum oder ein Pfandrecht begründet werden. Ob dies bei Sachverbindungen möglich ist, hängt von der Beziehung der Nebensache zur Hauptsache ab:

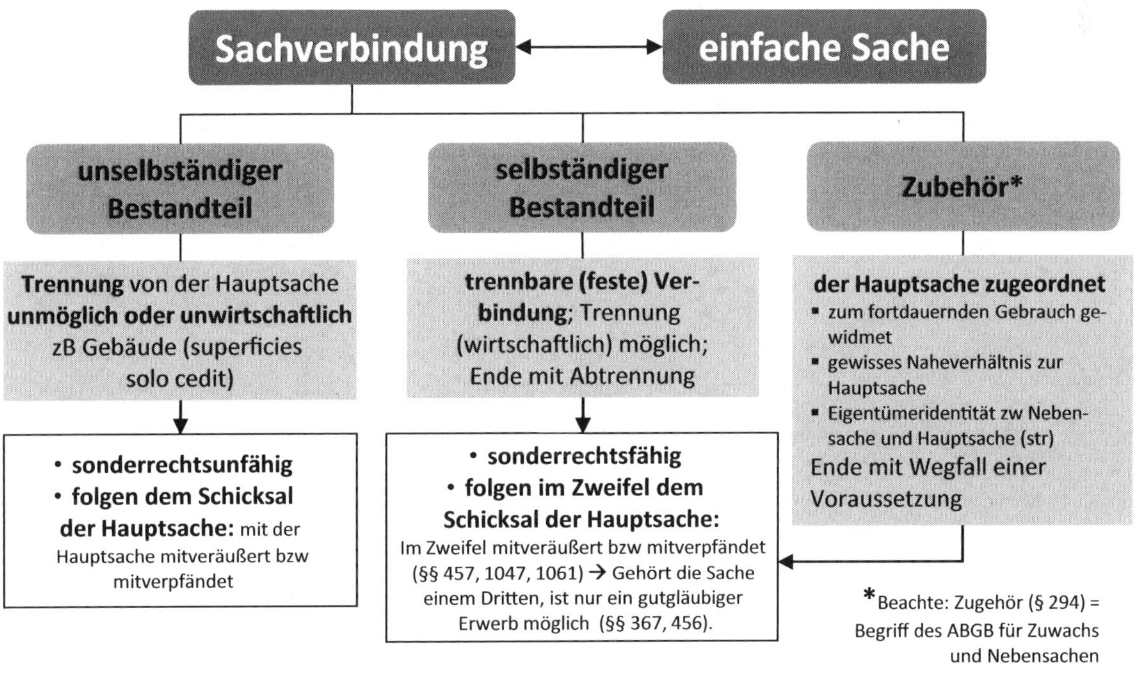

Früchte

- **natürliche Früchte**
  - vor Absonderung: unselbständiger Bestandteil (§ 295)
  - nach Absonderung: Früchte fallen dem Eigentümer der Hauptsache zu (§ 405)
  - nach Absonderung: redlicher Besitzer (§ 330), dinglich (Fruchtnießer, § 519), oder obligatorisch Berechtigter (zB Pächter) dürfen Früchte behalten
- **Zivilfrüchte**

4. Superficies solo cedit

Das Gesetz steht einer Trennung von Grundeigentum und Gebäudeeigentum skeptisch gegenüber (superficies solo cedit). Gebäude sind unselbständige Bestandteile und daher sonderrechtsunfähig (siehe oben, zur Bauführung, siehe Seite 91). Nur in Ausnahmefällen kann es zu einer Trennung von Grund- und Gebäudeeigentum kommen.

Grundsatz

Eigentum am Gebäude folgt dem Eigentum am Grundstück:

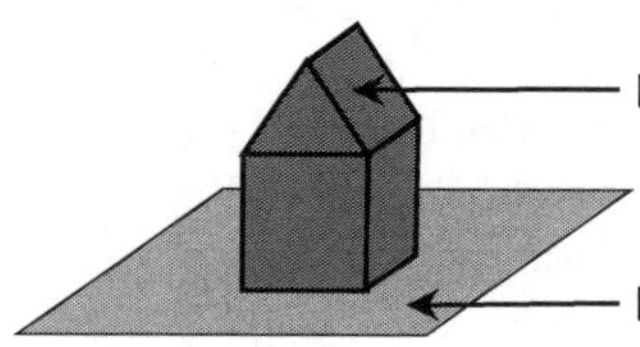

Ausnahmen

Superädifikate (§ 435)

- Bauwerk
- fremder Grund (str)
- feste Verbindung
- ohne Belassungsabsicht (labile Bauweise oder Grundbenutzungsverhältnis)

→ Begründung durch Errichtung
→ Übertragung, Verpfändung durch Urkundenhinterlegung
→ gutgläubiger Erwerb nach § 367

Kellereigentum (§ 300)

- Raum oder Bauwerk unter der Oberfläche
- dient nicht der Fundierung
- Eigentümerverschiedenheit

→ eigener Grundbuchskörper

Baurecht (§ 1 BauRG)

- dingliches Recht auf oder unter der Bodenfläche eines fremden Grundstücks ein Bauwerk zu haben

→ Begründung durch Eintragung im Grundbuch

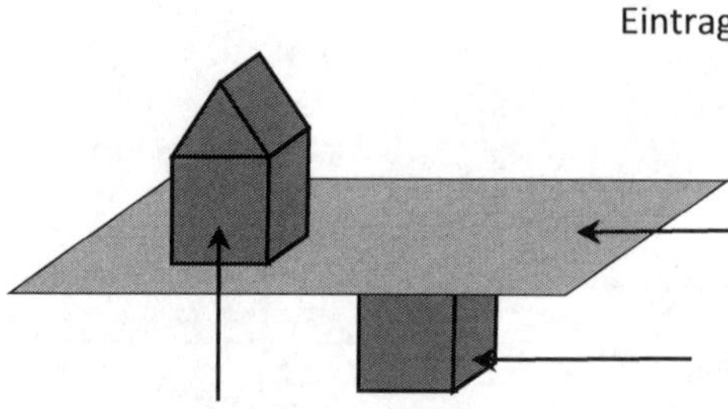

5. Maschineneigentum

Eine komplizierte Sonderregelung kennt das ABGB für Maschinen (§ 297a). Regelungszweck ist der Schutz des Hypothekargläubigers und des Eigentumsvorbehaltsverkäufers: Wird eine Liegenschaft verpfändet, auf der sich Maschinen befinden, gelten diese grundsätzlich als mitverpfändet (selbständiger Bestandteil, Zubehör, siehe oben). Gehören sie aber einem Dritten (zB Eigentumsvorbehaltsverkäufer), gilt dies nicht. Für den Hypothekargläubiger ist dies nicht erkennbar. Um sein Vertrauen auf den Haftungsfonds zu schützen, gilt die Maschine als Zubehör (und somit als mitverpfändet), wenn keine Anmerkung im Grundbuch (GB) erfolgt, dass sie nicht dem Grundeigentümer gehört.

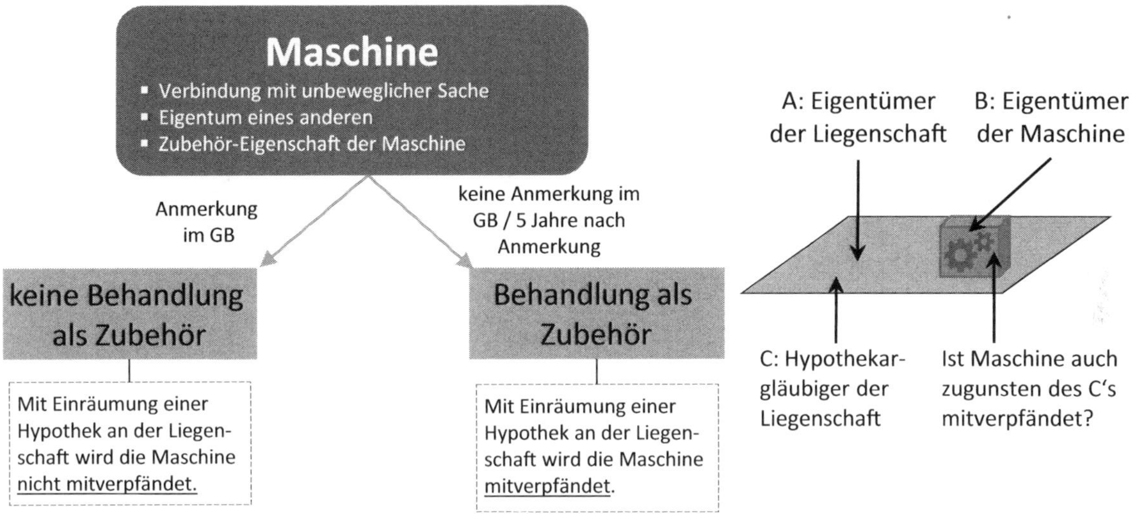

II. Besitz

Besitz sagt noch nichts über die Eigentumsverhältnisse aus. Besitzer ist, wer die Sache in seiner Gewahrsame hat (corpus) und den Willen hat, die Sache als die seinige für sich zu haben (animus). Wer sie bloß faktisch in seiner Macht hat, ist ihr Innehaber (§ 309 Satz 1):

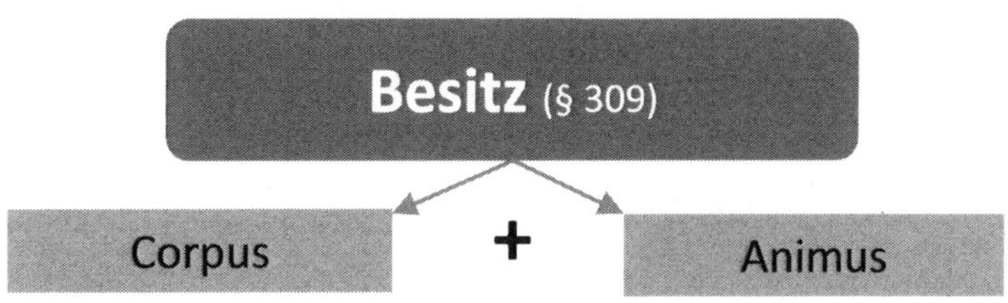

1. Arten und Qualifikationen des Besitzes

Der Besitz ist kein dingliches Recht. Wer eine körperliche Sache innehat und den Willen hat, sie als die eigene zu behalten, ist Sachbesitzer. Besitz ist auch an einer unkörperlichen Sache (zB Rechten) möglich, jedoch nur unter eingeschränkten Voraussetzungen (Rechtsbesitzer):

Sachbesitz

= Besitz einer **körperlichen** Sache

Rechtsbesitz

= Besitz einer **unkörperlichen** Sache

- Ausübung (anstelle von Gewahrsame; § 312) eines Rechts
- an besitzfähiger Sache oder „besitzfähiges Recht"
- dauernde Ausübung (zB Miete, Pacht, Pfandrecht)
  - nicht Rechte, die durch einmalige Ausübung erlöschen, zB Kaufpreisforderung

Buchbesitz

= Entstehung durch Eintragung im GB

Der Besitz kann von verschiedener „Beschaffenheit" sein (§ 339). Ist der Besitz rechtmäßig, redlich und echt, spricht man vom rechtlichen bzw dreifach qualifizierten Besitz. Die „Beschaffenheit" des Besitzes ist zB für den Besitzschutz (siehe dazu Seite 84) oder die Ersitzung (siehe dazu Seite 90) relevant.

rechtmäßiger Besitz

gültiger Titel (§§ 316 ff); Vermutung (§ 323)

redlicher Besitz

guter Glaube, dass man die Sache für die seinige hält (§§ 326 ff); Vermutung (§ 328)

echter Besitz

Besitzerwerb **nicht** durch **Gewalt**, **List**, **Heimlichkeit**, oder **„Bitte"** (§§ 345 ff)

rechtlicher Besitz (§ 339)

2. Übergabe

Die Übergabe ist der Modus für den Erwerb dinglicher Rechte oder des Besitzes an beweglichen Sachen. Das ABGB kennt vier Übergabsarten. Die Übergabe durch Erklärung unterteilt sich wiederum in drei besondere Übergabsformen:

körperliche Übergabe (§ 426)

→ **Idealfall**

Übergabe durch Zeichen (§ 427)

→ subsidiär zur körperlichen Übergabe, wenn diese unmöglich oder untunlich ist

Übergabe durch Erklärung (§ 428)

- Übergabe kurzer Hand (§ 428 Halbsatz 2)
- Besitzkonstitut (§ 428 Halbsatz 1)
- Besitzanweisung

Versendung (§ 429, § 7b KSchG)

Grundregel = Besitzerwerb mit Aushändigung an den Transporteur:

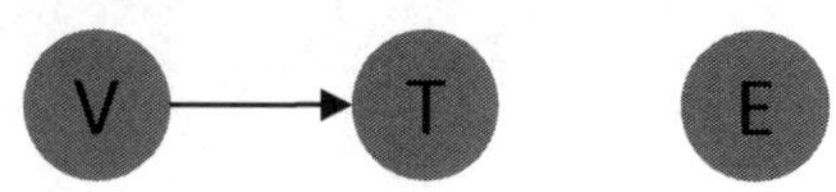

Ausnahme (Verbrauchergeschäft) = Besitzerwerb mit Ablieferung:

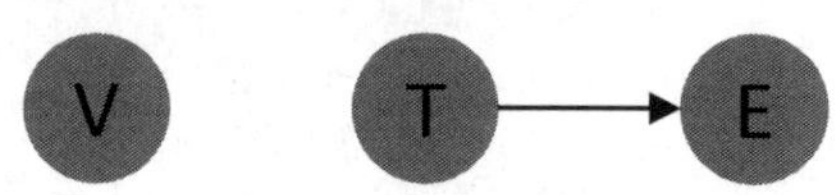

V Veräußerer T Transporteur E Erwerber

Die Übergabe bei einer Versendung an den Erwerber (zB durch einen Transporteur, nicht Erfüllungsgehilfen) ist differenziert geregelt: Die sachenrechtliche Übergabe erfolgt grds mit Aushändigung an den Transporteuer (§ 429). Anders verhält es sich bei Versendung von einem Unternehmer an einen Verbraucher. Hier kommt es zur sachenrechtlichen Übergabe, wenn die Sache beim Erwerber einlangt (vgl die gleichlaufenden Erfüllungs- und Gefahrtragungsregelungen oben Seite 27, § 905 Abs 3).

Die verschiedenen Übergabsformen der Übergabe durch Erklärung bedürfen einer genaueren Darstellung:

1. Besitzkonstitut

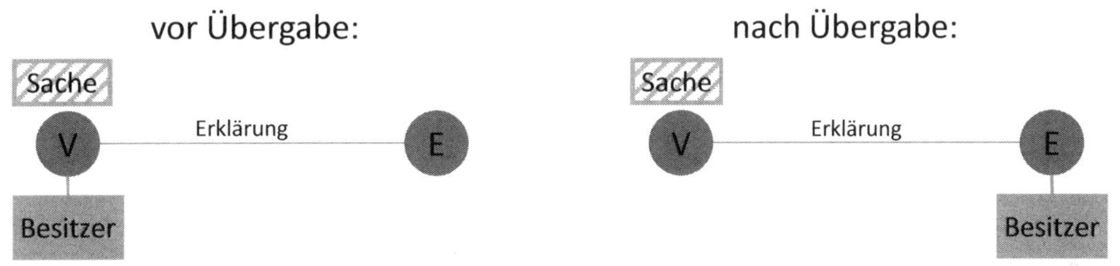

2. Übergabe kurzer Hand

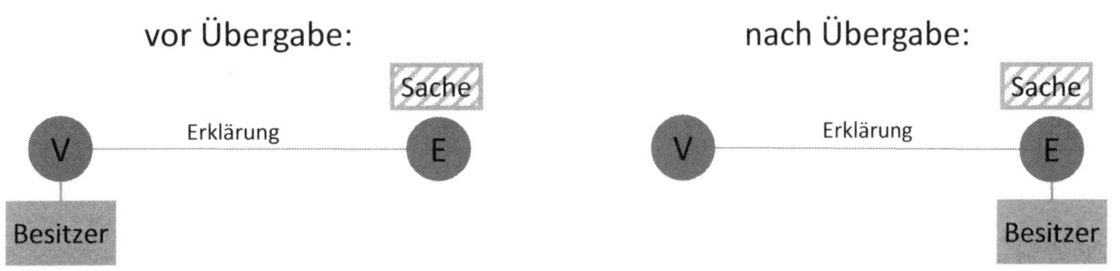

3. Besitzanweisung

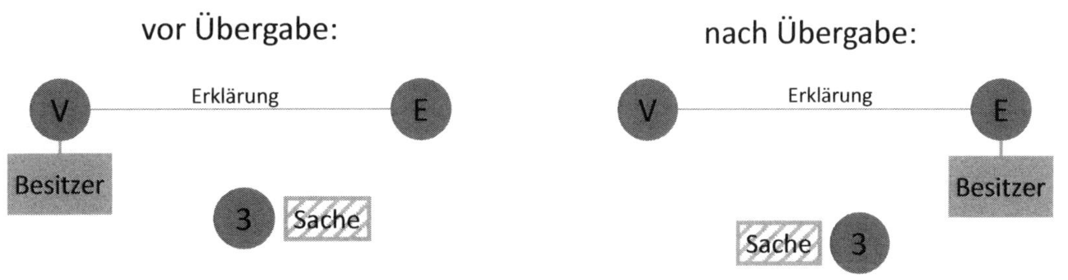

3. Besitzschutz

Die wichtigste Funktion des Besitzes ist der gerichtliche Besitzschutz, va das Besitzstörungsverfahren. Sowohl Besitzstörungsklage als auch die actio publiciana können vom Eigentümer geltend gemacht werden, was für ihn den Vorteil hat, dass er nicht den oft schwierigen Beweis des Eigentums erbringen muss (teuflischer Beweis).

Besitzstörungsklage
(§§ 339, 454 ff ZPO)

Voraussetzungen:

1. **Besitz des Klägers**
   – letzter ruhiger Besitzstand
   – Rechtsmäßigkeit und Redlichkeit werden nicht geprüft; Echtheit wird erörtert
2. **Besitzverletzung**
   – Störung, Entziehung
3. **Eigenmacht**
   – Besitzer stimmt dem Eingriff nicht zu
4. **Frist: 30 Tage**

- Wiederherstellung des Besitzes
- Untersagung künftiger Eingriffe (bei Wiederholungsgefahr)
- kein SE

Selbsthilfe
(§§ 19, 344)

1. gerichtliche Hilfe kommt zu spät
2. unverzügliches Handeln

actio publiciana
(§ 372)

Voraussetzungen:

1. Aktivlegitimation: **rechtlicher Besitzer** (redlich, rechtmäßig, echt)
2. Passivlegitimation: Innehaber oder **schwächerer Besitzer**
   – Schutz des relativ besseren Rechts zum Besitz
   – bei gleich starken Titeln gebührt dem aktuellen Besitzer der Vorzug (§ 374, „beatus possidens“)

- Herausgabe der Sache
- Unterlassung

Analoge Anwendung:
– **dinglich Berechtigte** hinsichtlich ihrem Recht (publizianische Pfand- oder Servitutsklage)
– **Rechtsbesitzer**, der die körperliche Sache tatsächlich inne hat, zB Faustpfandgläubiger, Mieter, Eigentumsvorbehaltskäufer

III. Eigentum

1. Immissionen

Beschränkungen des Grundsatzes, das Eigentum nach Willkür ausüben zu können, ergeben sich va aus dem Nachbarrecht. Dieses regelt vor allem, welche Immissionen ein Liegenschaftseigentümer dulden muss, die von einem Nachbarsgrundstück ausgehen. Im Nachbarrecht bestehen Wechselwirkungen zwischen Privatrecht und öffentlichem Recht: Eine nach privatrechtlichen Vorschriften unzulässige Immission (§ 364) ist zu dulden, wenn sie aus einer behördlich genehmigten Anlage stammt (§ 364a) und sich in den Grenzen der Genehmigung hält. Für den Nachteil, dass solche Immissionen zu dulden sind, besteht ein (privatrechtlicher) Anspruch auf Schadenersatz.

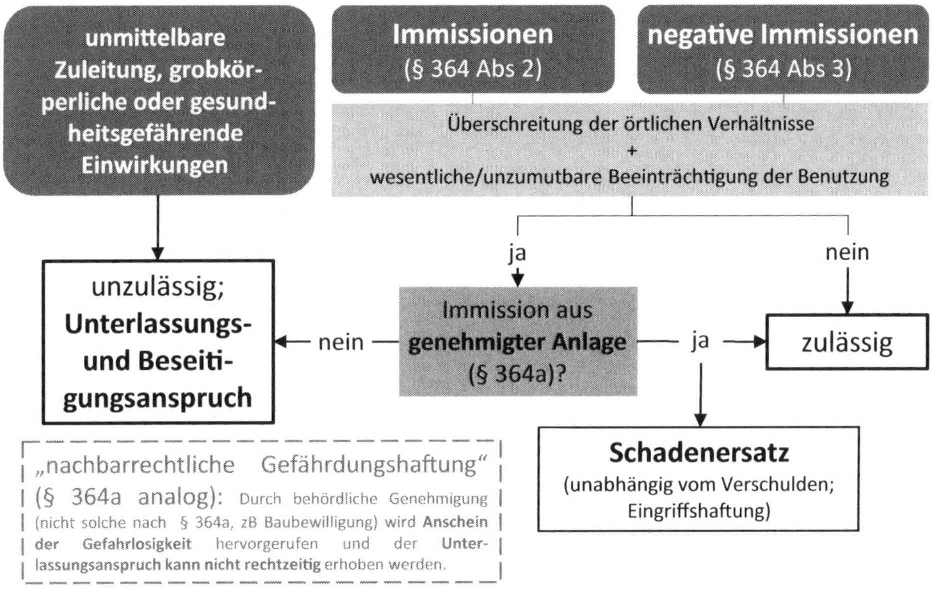

2. Belastungs- und Veräußerungsverbot

Oft besteht ein Interesse daran, dass der Eigentümer die Sache nicht veräußert oder belastet (va mit Hypotheken), zB um das „Familienvermögen" zu erhalten. Vereinbarungen mit dem Eigentümer die Sache nicht zu veräußern oder zu belasten sind gegenüber einem Dritten, der die Sache erwerben oder belasten will, nicht wirksam, außer die Vereinbarung wurde im Grundbuch eingetragen, was aber nur zwischen nahen Angehörigen möglich ist:

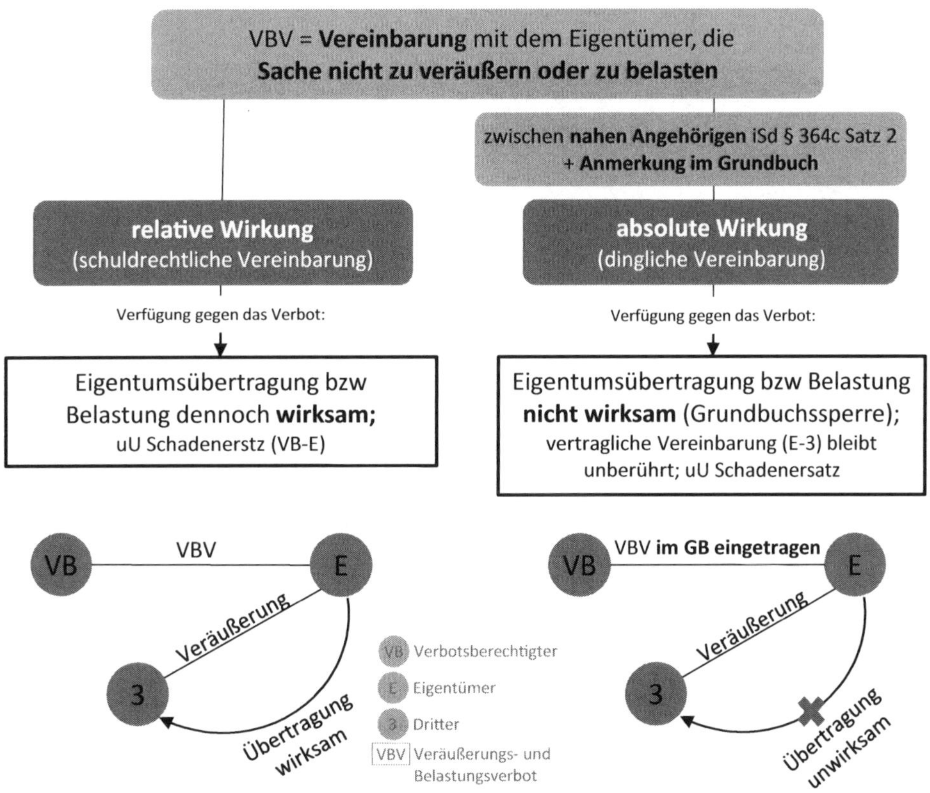

3. Miteigentum und Wohnungseigentum

Gewöhnlich steht das Eigentumsrecht an einer Sache nur einer Person zu (Alleineigentum). Sind mehrere Personen Eigentümer der gleichen Sache, spricht man von Miteigentum. Geteilt ist nicht die Sache (real geteiltes Eigentum), sondern das Recht (ideelle Anteile, zB 1/3). Jeder Miteigentümer kann frei über seine Quote verfügen. Steht das ungeteilte Eigentum mehreren Personen zu und können sie nur gemeinsam darüber verfügen, so spricht man von Gesamthandeigentum. Das ABGB kennt das Gesamthandeigentum nicht.

Eine Sonderform des Miteigentums ist das Wohnungseigentum: Wie beim „schlichten" Miteigentum hat jeder Miteigentümer ideelle Anteile (Quoten) an einer Liegenschaft. Die Besonderheit liegt darin, dass mit dem Miteigentumsanteil (Mindestanteil) das Recht verbunden ist, ein Wohnungsobjekt ausschließlich zu nutzen und darüber zu verfügen (§ 2 Abs 1 WEG).

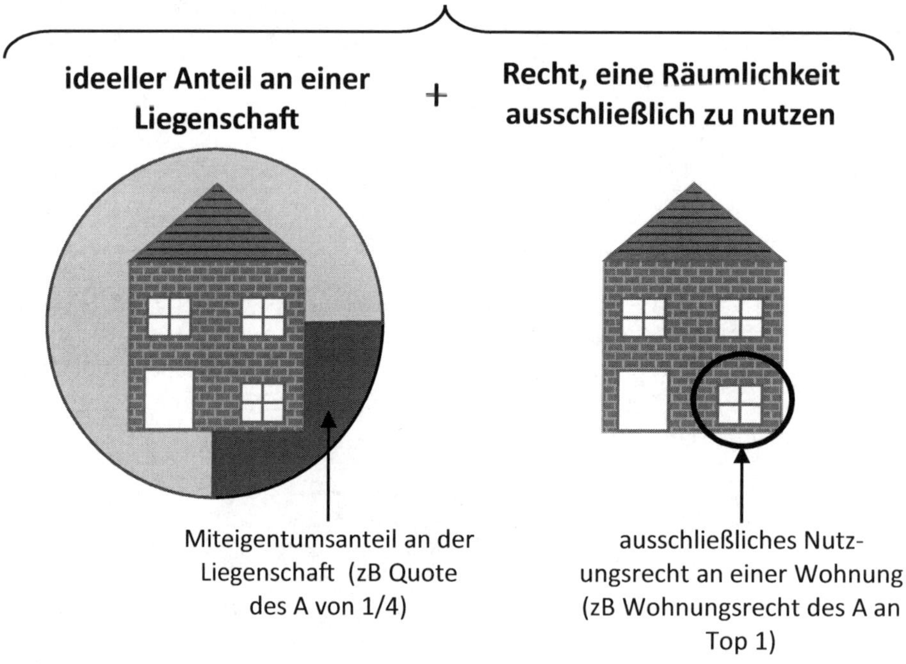

4. Derivativer Eigentumserwerb

Der Eigentumserwerb erfolgt in aller Regel derivativ, also von der Rechtsposition des Vormanns abgeleitet. Er setzt Titel, Modus und dingliche Berechtigung des Vormanns voraus (vgl § 380):

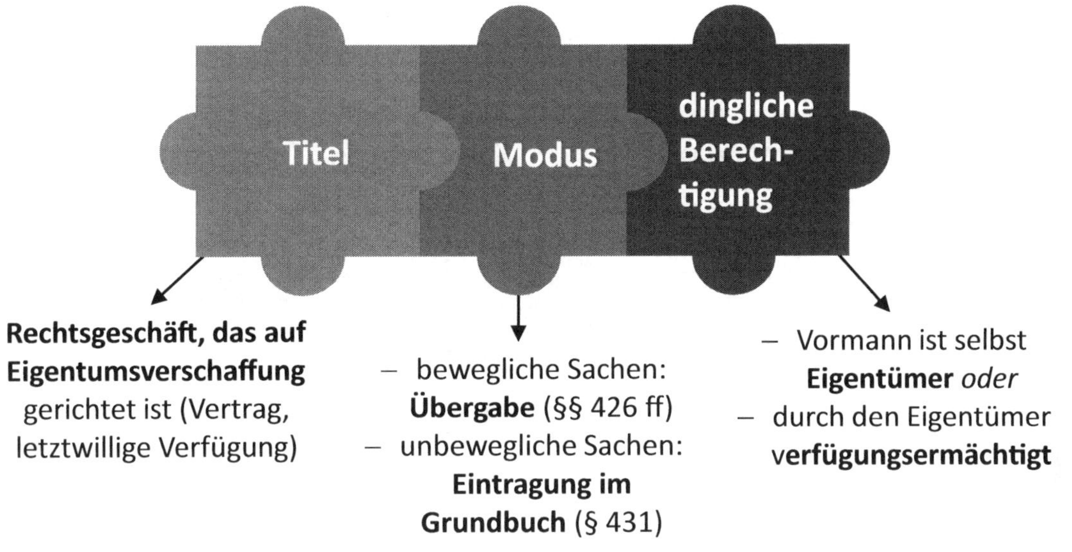

5. Originärer Eigentumserwerb

a) Gutgläubiger Erwerb beweglicher Sachen

Der gutgläubige Erwerb vom Nichtberechtigten ist eine Durchbrechung des Grundsatzes, dass niemand vom Nichtberechtigten Eigentum erwerben kann. An die Stelle der dinglichen Berechtigung treten die drei Alternativvoraussetzungen und die Redlichkeit des Erwerbers. Geschützt ist nur der entgeltliche Erwerb. Fehlen Titel (daher nicht bei Geschäftsunfähigkeit oder Scheinvertretung) oder Modus, ist ein gutgläubiger Erwerb ausgeschlossen.

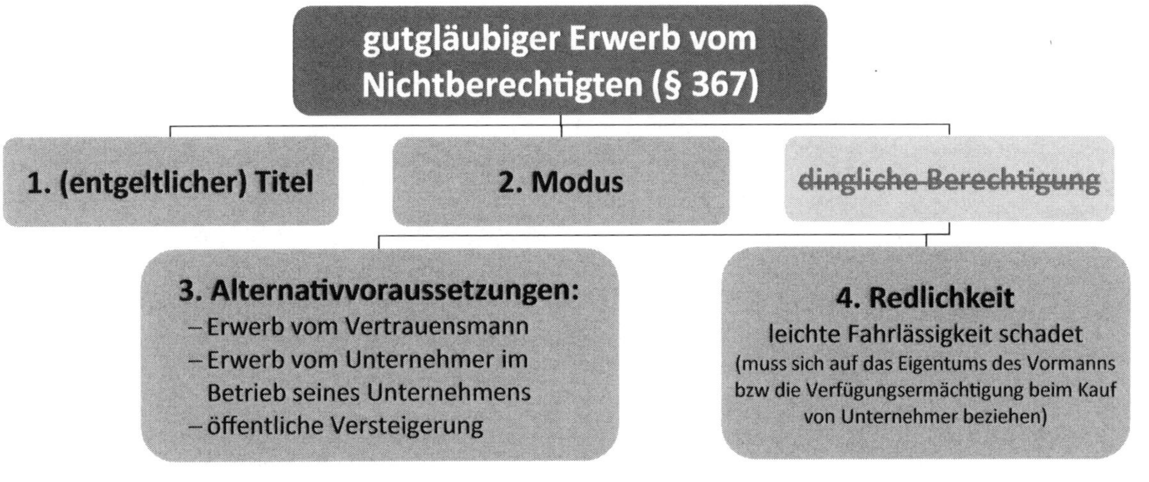

Eine Sondervorschrift für den gutgläubigen Erwerb von Geld oder Inhaberpapieren enthält **§ 371**. Der gutgläubige Erwerb tritt bei Vorliegen eines gültigen Titels und einer Übergabe aufgrund des guten Glaubens ein.

b) Gutgläubiger Erwerb von Liegenschaften

Der gutgläubige Erwerb von Liegenschaften umfasst zwei Aspekte, die beide aus dem grundbücherlichen Vertrauensgrundsatz resultieren: den gutgläubigen Erwerb vom Nichtberechtigten und den gutgläubigen lastenfreien Erwerb. Beides ist nur möglich, wenn das Grundbuch eine materiell-rechtlich falsche Rechtslage aufweist und der Dritte vertraut, dass diese richtig ist. Nach hA ist nur der entgeltliche Erwerb geschützt.

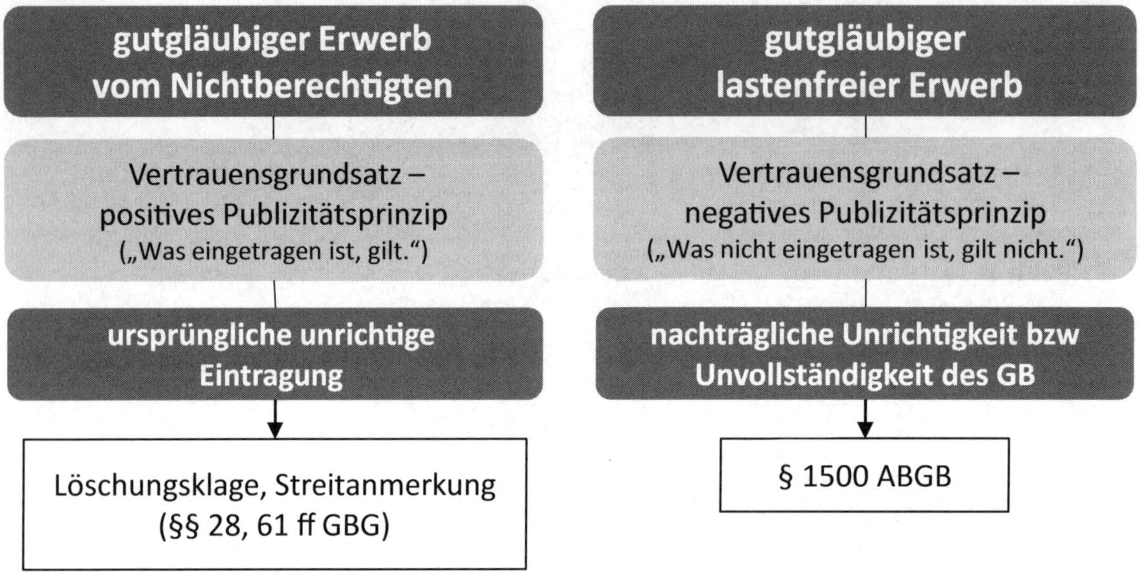

Von einem gutgläubigen Erwerb einer Liegenschaft vom Nichtberechtigten kann genau genommen nur gesprochen werden, wenn der ursprüngliche Eigentümer gegen den gutgläubigen Dritten nicht mehr mit der Löschungsklage durchdringt (sog Verschweigung). Zu unterscheiden ist die Löschungsklage gegen den unmittelbaren Nachmann (B) und – der hier interessierende Fall – gegen den Dritten (C):

Löschungsklage gegen den unmittelbaren Nachmann:

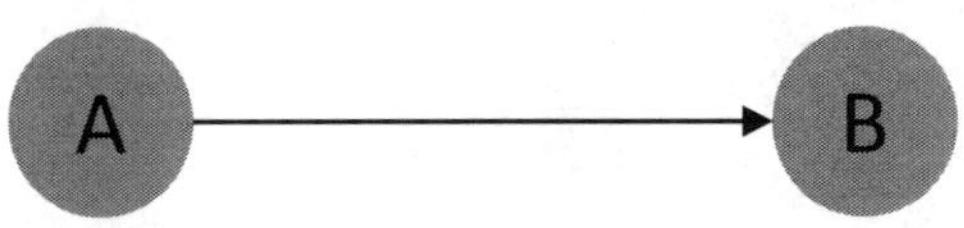

A hat gegen B so lange die Löschungsklage, als er auch den zugrundeliegenden Vertrag anfechten kann: Die **Frist zur Anfechtung des Vertrags ist daher auch die Frist zur Berichtigung des GB.**

Bsp Anfechtung wegen Irrtums: Anfechtungsfrist 3 Jahre (§ 1487), Löschungsklage 3 Jahre (§ 62 GBG)

Löschungsklage gegen Dritten:

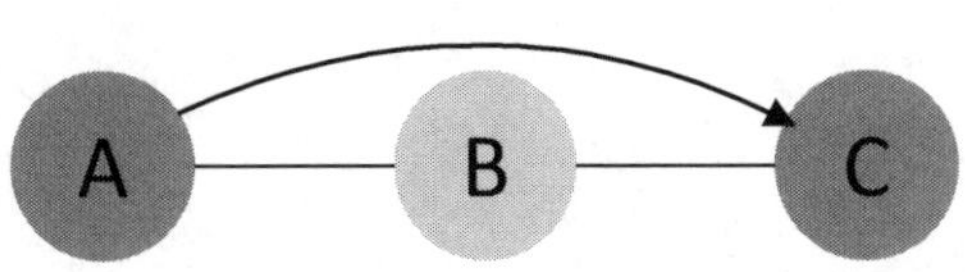

A hat gegen C (der von B erworben hat) die Löschungsklage, wenn:

- die Eintragung des B **ursprünglich unrichtig** war,
- die **Frist** für die Löschungsklage noch **nicht abgelaufen** ist.

Die Frist zur Löschung ist davon abhängig, ob

- **C gut- oder schlechtgläubig** war und
- A von der **Eintragung des B verständigt** wurde.

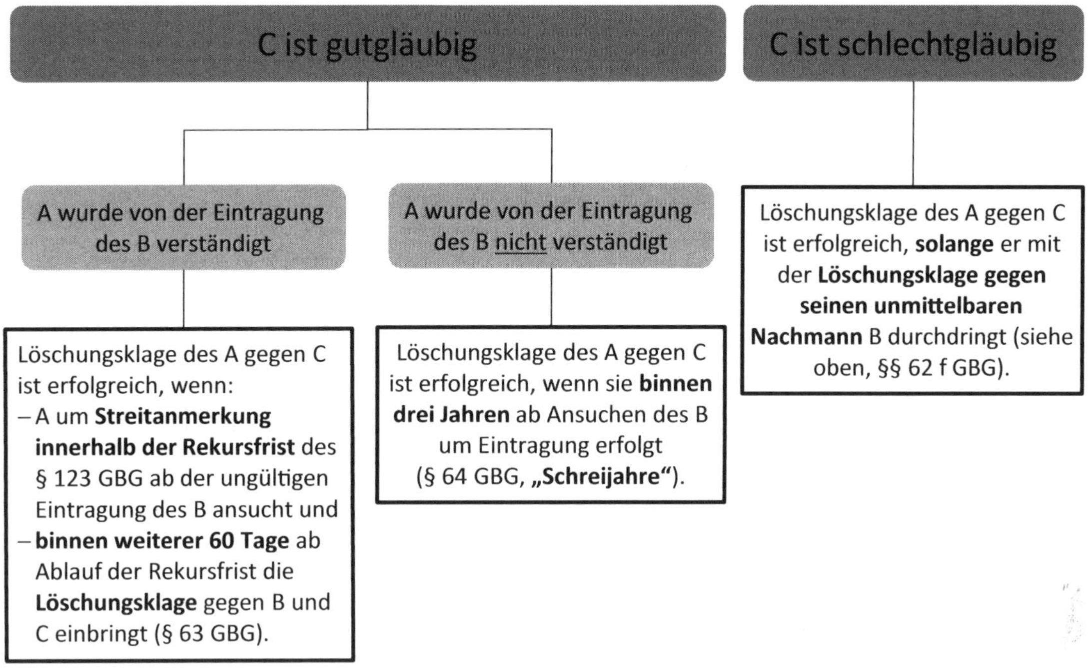

c) Gutgläubiger Erwerb vom Scheinerben

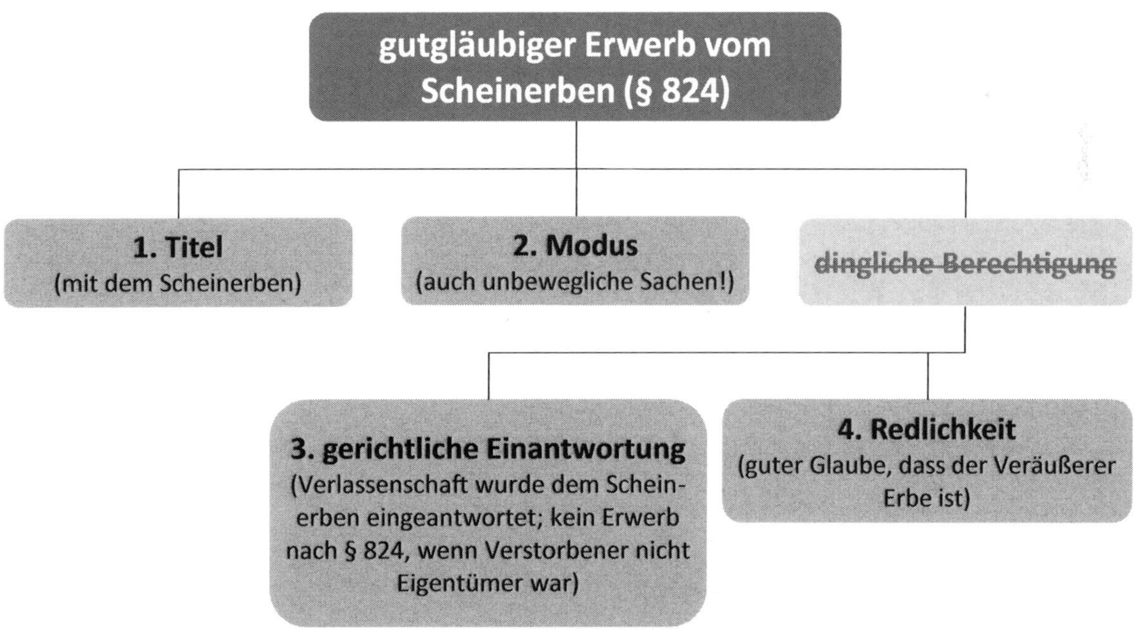

d) Ersitzung

Die Ersitzung ist der Erwerb eines Rechts durch kontinuierliche Besitzausübung (§ 1460):

e) Verarbeitung, Vereinigung, Vermengung

Wird eine Sache verändert, stellt sich die Frage, wem die veränderte Sache gehört und welche Ansprüche daraus entstehen. Die §§ 414 ff regeln diese:

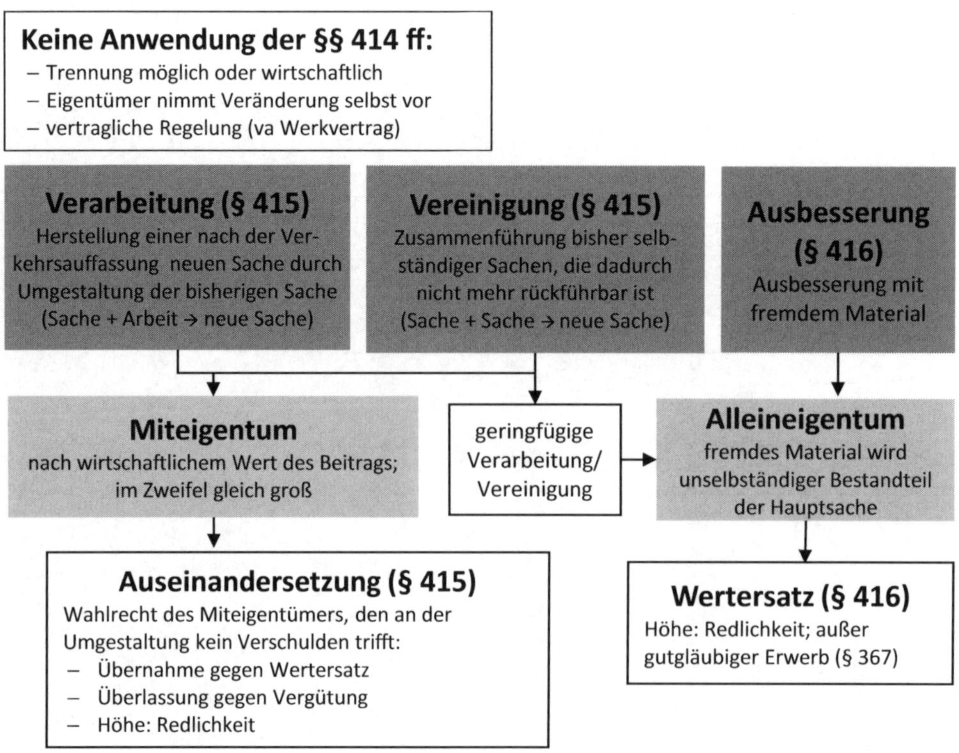

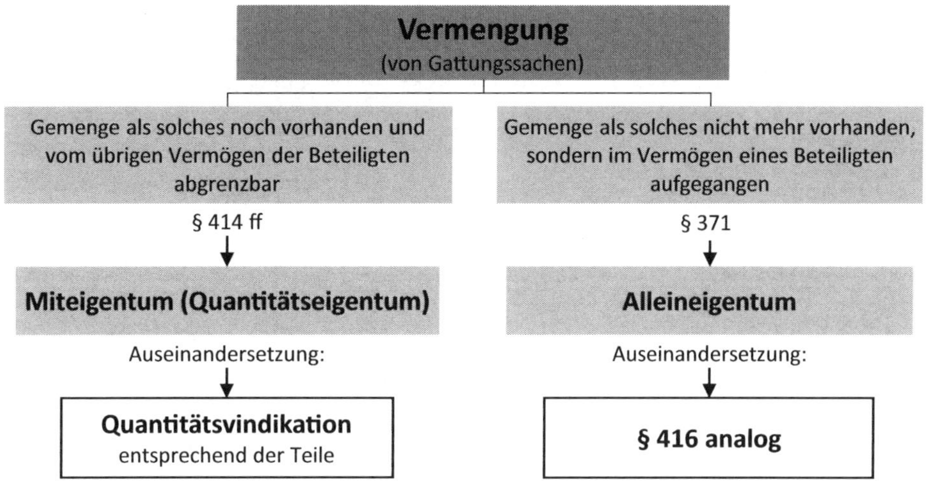

f) Bauführung

Nach dem Grundsatz superficies solo cedit (siehe oben Seite 80) fallen Überbauten samt den dafür verwendeten Materialien dem Grundeigentümer zu. Diesem Grundsatz folgen auch die Vorschriften über die Bauführung (§§ 417 ff). Sie klären, unter welchen Umständen der Bauführer Grundeigentümer werden kann und welche Ersatzansprüche derjenige hat, der durch die Bauführung sein Eigentum verliert (Grund oder Materialien). Das Gesetz regelt drei Fälle der Bauführung:

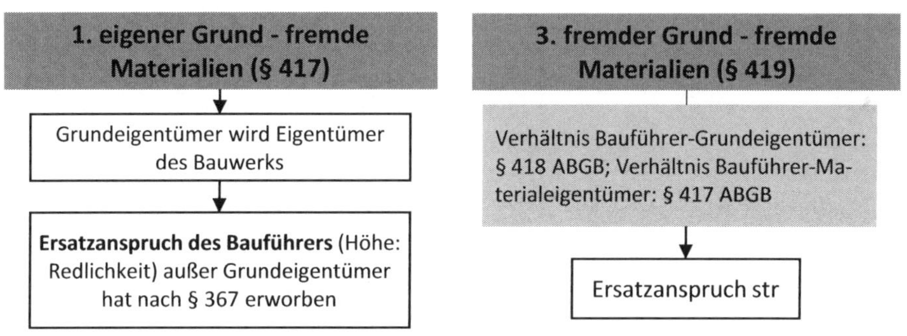

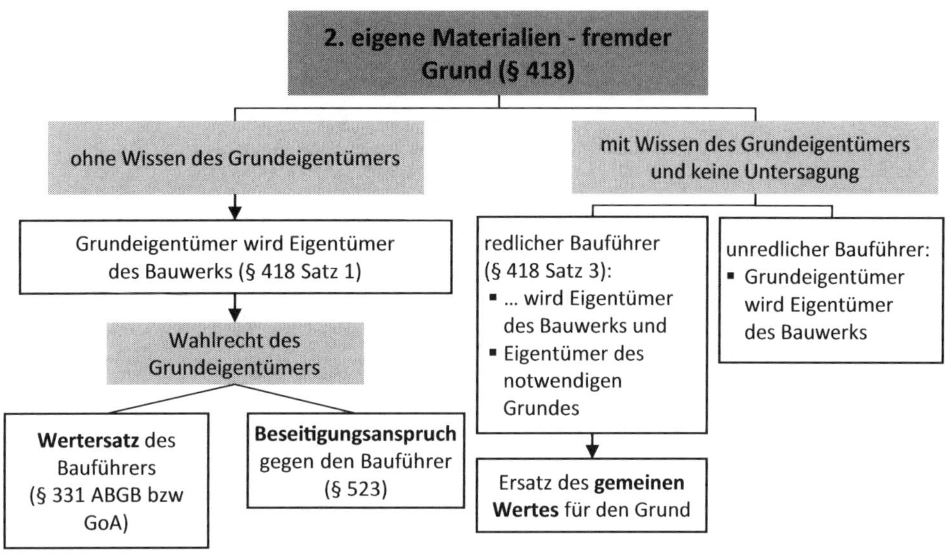

Gesetzlich nicht klar geregelt sind Fälle, in denen ein Gebäude auf eigenem Grund errichtet wird und teilweise in das Nachbarsgrundstück hineinragt. Zu unterscheiden ist, ob ein „normaler" Überbau oder ein „geringfügiger" Überbau vorliegt. In der Skizze baut B auf seinem Grundstück ein Gebäude, das teilweise in die Liegenschaft des A hineinragt:

Überbau:

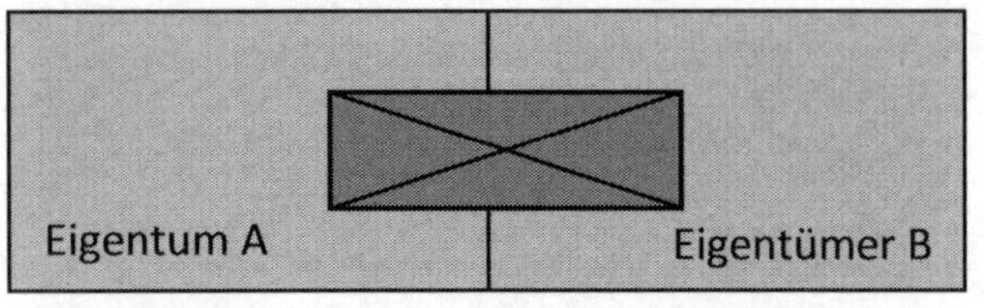

→ **§ 418 Satz 3** (Wissen des Grundeigentümers A von der Bauführung des B und keine Untersagung): Ist B redlich, wird er Eigentümer der verbauten Liegenschaftsfläche samt Gebäude. Er muss dem A den gemeinen Wert der überbauten Fläche vergüten.

→ **§ 415 analog** (wenn kein Fall des § 418 Satz 3 vorliegt): Miteigentum am gesamten Gebäude und beiden verbauten Liegenschaftsflächen. Auflösung des Miteigentums nach § 415.

geringfügiger Überbau:

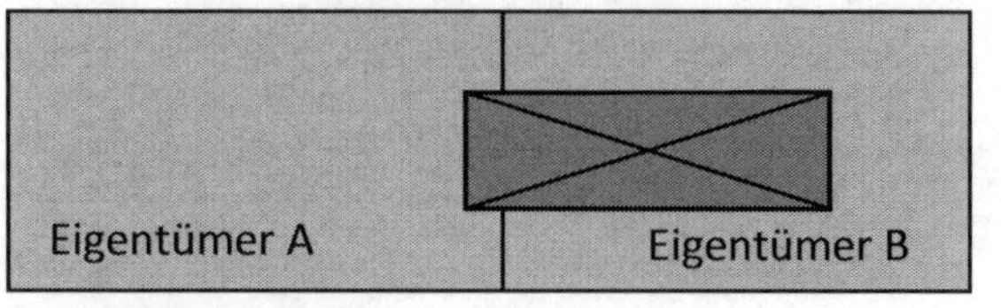

→ **§ 418 Satz 3**

→ **§ 416 analog** (wenn kein Fall des § 418 Satz 3 vorliegt): Alleineigentum des Bauführers B am Überbau, samt verbauter Liegenschaftsfläche (nach Rsp nur bei Redlichkeit, nach aA Miteigentum nach § 415 analog).

g) Sonstiger originärer Eigentumserwerb

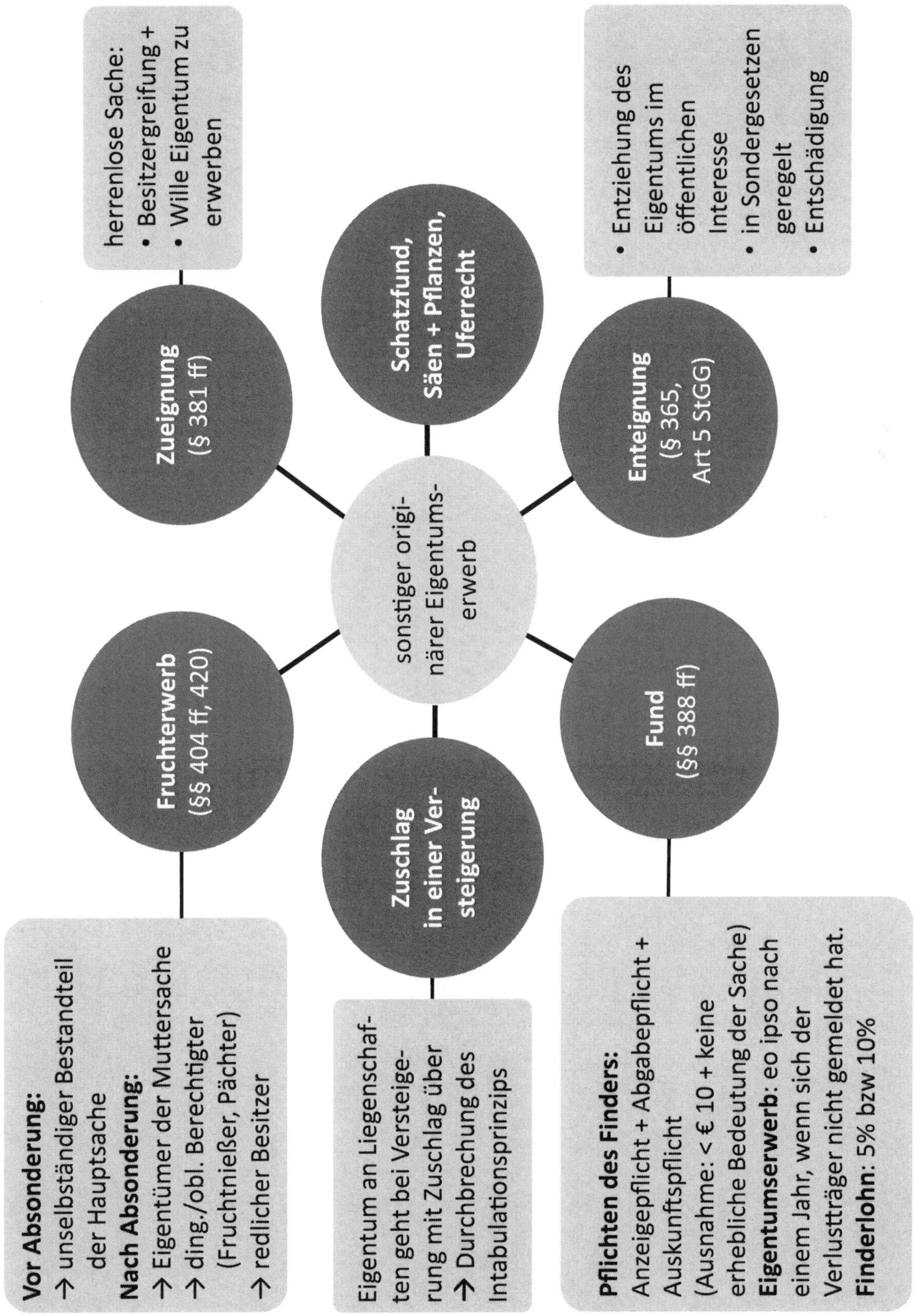

6. Eigentumserwerb im Streckengeschäft

Das Problem:

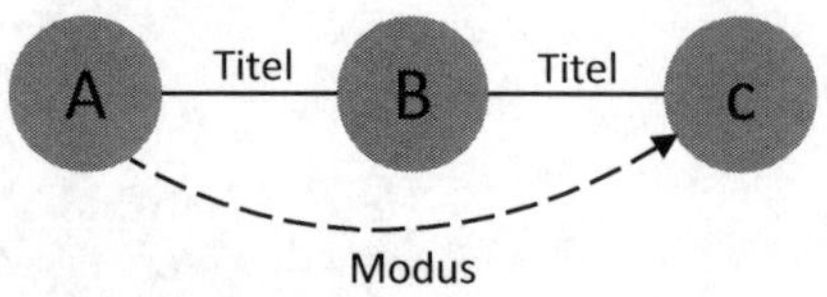

B kauft von A; C von B. A soll nicht an B, sondern direkt an C liefern. Mit diesem hat er aber keinen Titel. Nach dem **Prinzip der kausalen Tradition** ist eine Übereignung nur wirksam, wenn sie auf einem gültigen Titel beruht. Kann C dennoch Eigentum erwerben?

Schuldrechtlich: Anweisung

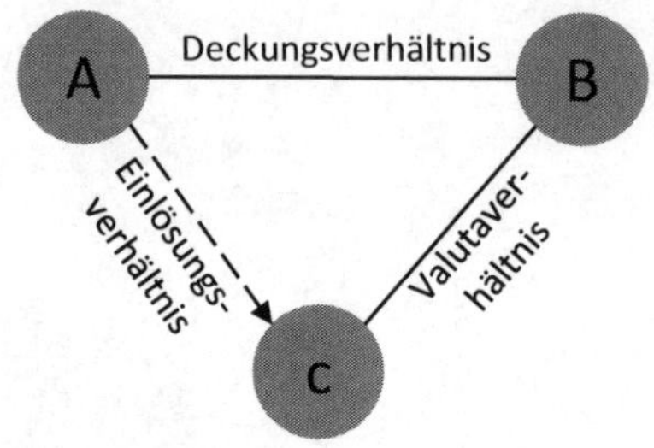

Schuldrechtlich liegt dem Streckengeschäft meist eine Anweisung zugrunde: B weist A an, direkt an C zu liefern.

Szenario 1: **beide Verträge sind gültig**

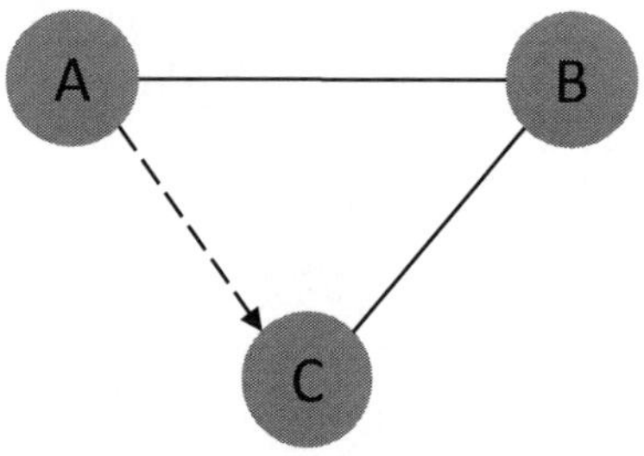

Eigentumserwerb des C?
- **derivativer Eigentumserwerb**
- Begründung: **geschlossene Titelkette** (A–B und B–C) reicht aus (für unbewegliche Sachen explizit in § 22 GBG geregelt)

Szenario 2: **beide Verträge sind ungültig**

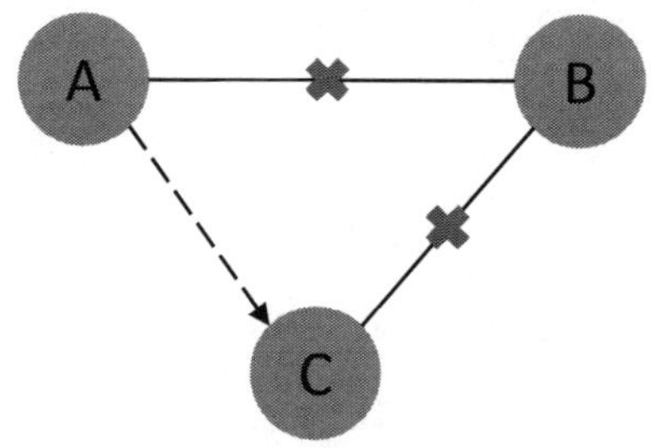

Eigentumserwerb des C?
- **kein Eigentumserwerb**

→ A bleibt Eigentümer

Szenario 3: **Deckungsverhältnis ist ungültig**

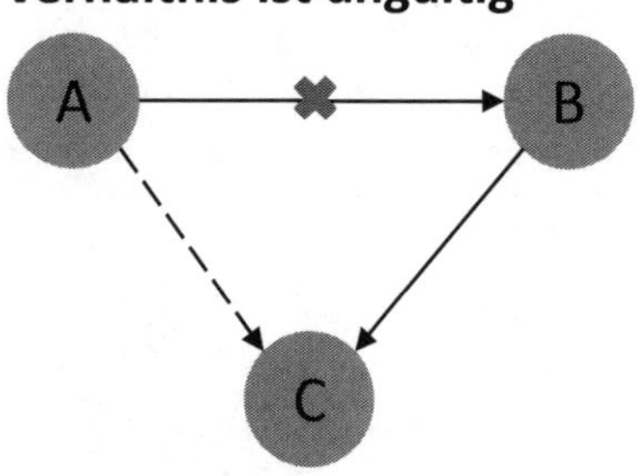

Eigentumserwerb des C?
- kein derivativer Eigentumserwerb
- **originärer Erwerb**: Erwerb kraft guten Glaubens, wenn auf die Gültigkeit des Deckungsverhältnisses vertraut wird **(§ 367 analog)**

Szenario 4: **Valutaverhältnis ist ungültig**

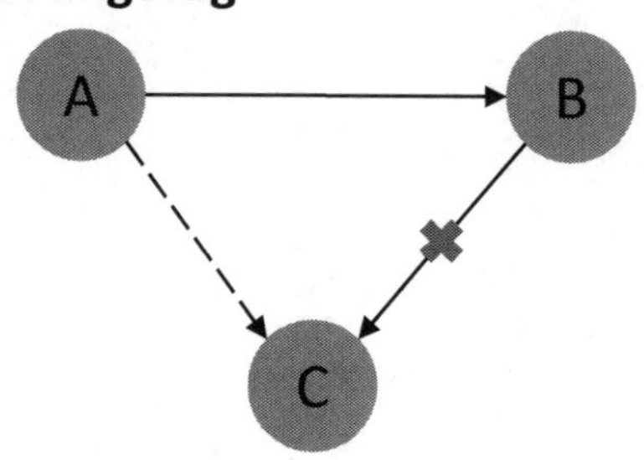

Eigentumserwerb des C?
- **kein Eigentumserwerb** möglich

→ A bleibt Eigentümer

Rückabwicklung:

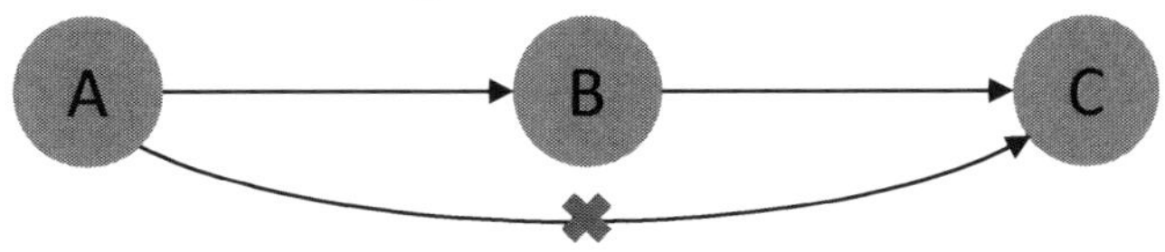

Die bereicherungsrechtliche Rückabwicklung erfolgt immer im jeweiligen Vertragsverhältnis (A – B; B – C). Kondiktionen zwischen A–C gibt es nicht, selbst wenn Deckungs- und Valutaverhältnis ungültig sind.

7. Eigentumsvorbehalt

Der Eigentumsvorbehalt ist ein Sicherungsrecht des Gläubigers. Er veräußert die Sache, behält sich aber das Eigentum bis zur vollständigen Kaufpreiszahlung zurück. Erst mit Bezahlung der letzten Rate erfolgt der Eigentumsübergang. Gerät der Schuldner in Verzug oder sogar in die Insolvenz, kann der Gläubiger sein Eigentumsrecht geltend machen und die Sache zurückfordern (nach Rücktritt).

Grundfall: § 1063

- Verpflichtungsgeschäft: Zahlung des Kaufpreises
- Verfügungsgeschäft: Übergabe der Sache

→ **Eigentumserwerb mit Übergabe (§ 1063)**

Eigentumsvorbehalt

- Verpflichtungsgeschäft: Zahlung des Kaufpreises (meist in Raten)
- Verfügungsgeschäft: Übergabe der Sache mit der Bedingung, dass Eigentum erst mit vollständiger Kaufpreiszahlung übergeht

→ **Eigentumserwerb durch vollständige Kaufpreiszahlung**

Weiterveräußerung durch den Verkäufer:

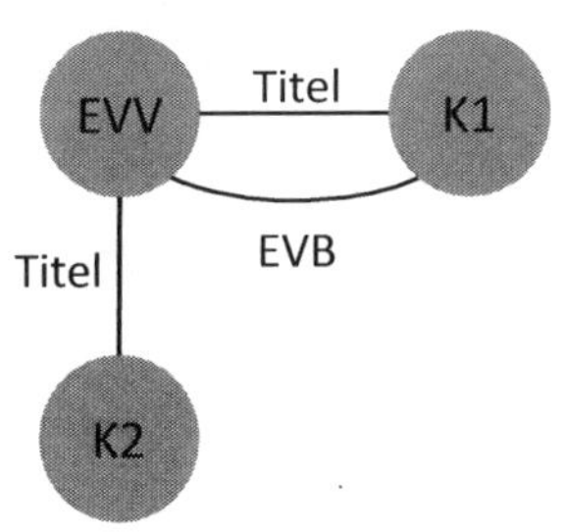

Rechtsposition des K2:
- derivativer Erwerb des belasteten Eigentums; Modus: Besitzanweisung
- verliert sein Eigentum, wenn K1 bezahlt

Rechtsposition K1:
- muss an EVV bezahlen (in den meisten Fällen aber Zession der Kaufpreisforderung)
- Eigentumserwerb mit vollständiger Bezahlung

Weiterveräußerung durch den Käufer:

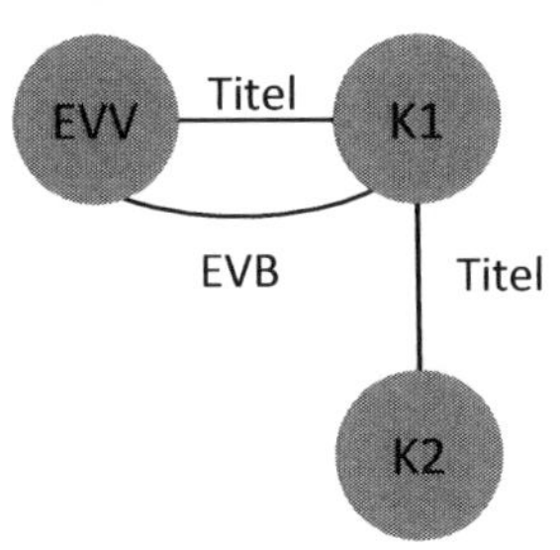

Rechtsposition des K2:
- erwirbt unbelastetes Eigentum, wenn er gutgläubig von K1 erwirbt (§ 367)
- ansonsten nur Erwerb des Anwartschaftsrechtes möglich (**weitergeleiteter Eigentumsvorbehalt**)

Rechtsposition K1:
- muss an EVV bezahlen
- mit Bezahlung verschafft er K2 Eigentum

Verlängerter Eigentumsvorbehalt

Beim verlängerten Eigentumsvorbehalt spielen neben sachenrechtlichen auch zessionsrechtliche Aspekte ein Rolle. Es kommt zu einer **Kombination zwischen Eigentumsvorbehalt und Sicherungszession** (siehe dazu Seiten 41, 102). Die Varianten eines verlängerten Eigentumsvorbehalts sind vielfältig. In der Grafik wird der Standardfall gezeigt:

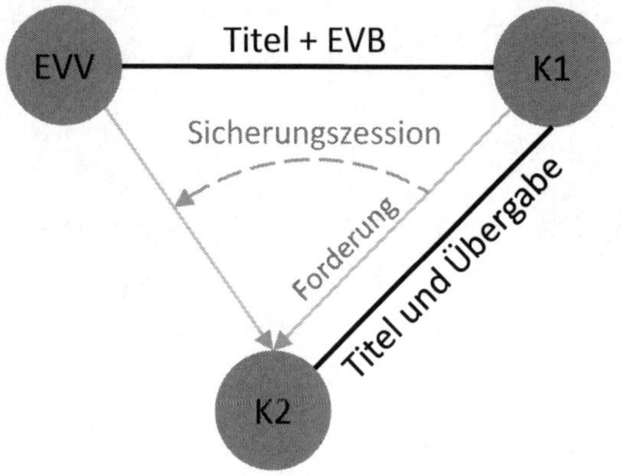

Charakteristika:
- **Weiterveräußerung** der Sache durch K1 (Verfügungsermächtigung)
- **Sicherungsabtretung** der Forderung aus der Weiterveräußerung **zugunsten des EVV**

Rechtsposition des K1:
- erwirbt vorbehaltenes Eigentum und darf die Sache weiterveräußern
- tritt schon im Voraus die Ansprüche aus dem Weiterverkauf (K1-K2) zur Sicherung an EVV ab (Sicherungszession; Publizitätsakt notwendig: Drittschuldnerverständigung, Buchvermerk)

Rechtsposition des K2:
- erwirbt (derivativ) Eigentum
- solange er von der (Sicherungs-)Zession nicht verständigt wird, kann er schuldbefreiend an K1 zahlen (§§ 1395 f)

Rechtsposition des EVV:
- verliert mit Übergabe der Sache an K2 sein vorbehaltenes Eigentum
- erhält stattdessen die Forderung K1 gg K2 als Sicherheit für seine Forderung gegenüber K1

8. Eigentumsklage (§ 366)

IV. Pfandrecht

Das Pfandrecht ist ein dingliches Sicherungsrecht an einer fremden Sache. Der Pfandbesteller, der nicht zugleich Personalschuldner ist, haftet nur mit der verpfändeten Sache. Der Vorteil des Pfandrechts gegenüber der persönlichen Haftung zeigt sich in der Insolvenz des Schuldners. Während sich bei der persönlichen Haftung der Gläubiger mit einer Quote begnügen muss, hat der Pfandgläubiger ein bevorzugtes Befriedigungsrecht an der Sache, vor allen anderen Gläubigern.

1. Prinzipien und Umfang

2. Erwerb

Der Erwerb eines Pfandrechts bedarf – wie die Begründung jedes Sachenrechts – Titel, Modus und dingliche Berechtigung:

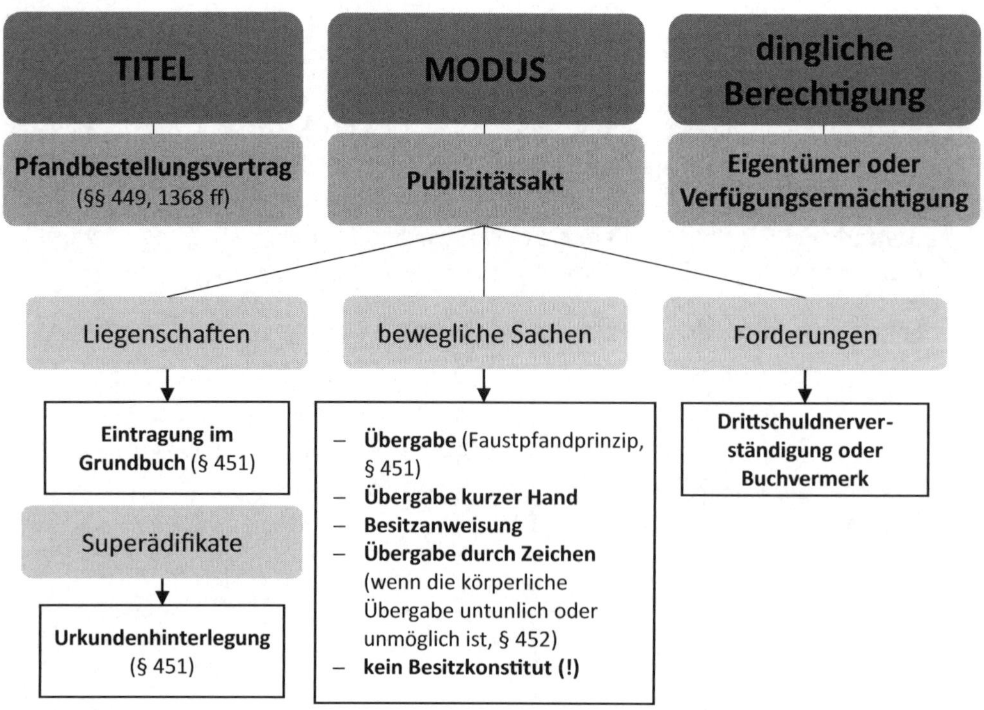

Besondere Bedeutung hat der Modus bei der Pfandbestellung. Ein nach außen sichtbarer Publizitätsakt ist beim Pfandrecht besonders wichtig, weil zukünftige (potentielle) Gläubiger dadurch nicht darauf vertrauen können, dass die verpfändete Sache ihnen zur Befriedigung bereitsteht. Bei Verpfändung beweglicher Sachen gilt der Grundsatz, dass sich die Sache nicht beim Pfandschuldner befinden darf. Deshalb ist das Besitzkonstitut (siehe dazu oben Seite 83) kein tauglicher Publizitätsakt.

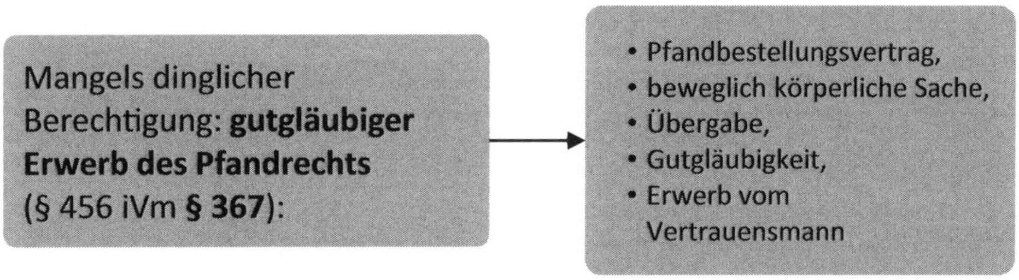

3. Hypotheken

Große Bedeutung haben Pfandrechte an Liegenschaften (Hypotheken). Sie folgen den allgemeinen pfandrechtlichen Vorschriften, haben aber einige Besonderheiten.

a) Höchstbetragshypothek

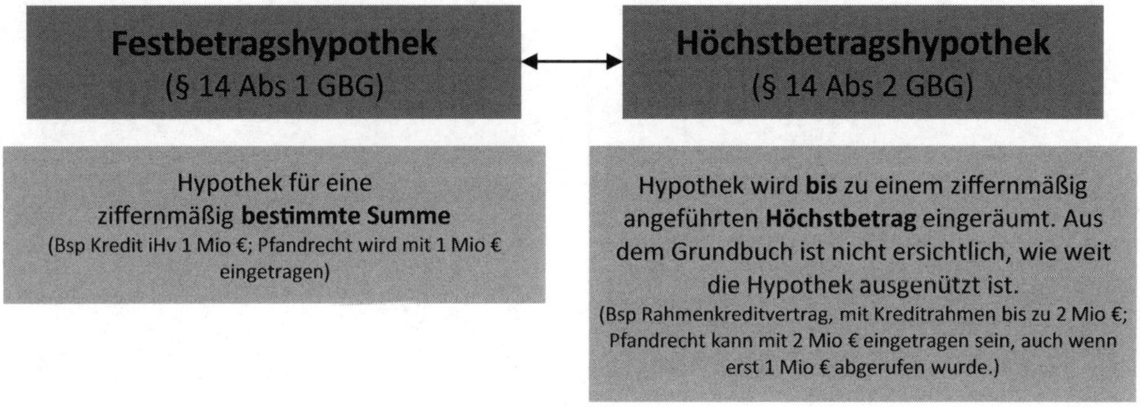

b) Simultanhypothek

Für eine Forderung können mehrere Sachen verpfändet werden (Gesamtpfand). Werden mehrere Liegenschaften verpfändet, spricht man von Simultanhypotheken. Der Gläubiger kann aussuchen, ob er alle oder einzelne Liegenschaften verwerten möchte und gegebenenfalls, in welchem Verhältnis diese haften sollen (§ 15 GBG). Für die Nachhypothekare besteht Unsicherheit, da nicht feststeht, ob der Simultanhypothekargläubiger gerade auf die Liegenschaft greifen will, an der auch sie eine Hypothek haben. § 222 EO regelt daher, wie die Versteigerungsmassen optimal zu verteilen sind und welche Rechte die Nachhypothekargläubiger haben, wenn von diesem Verteilungsschlüssel abgewichen wird.

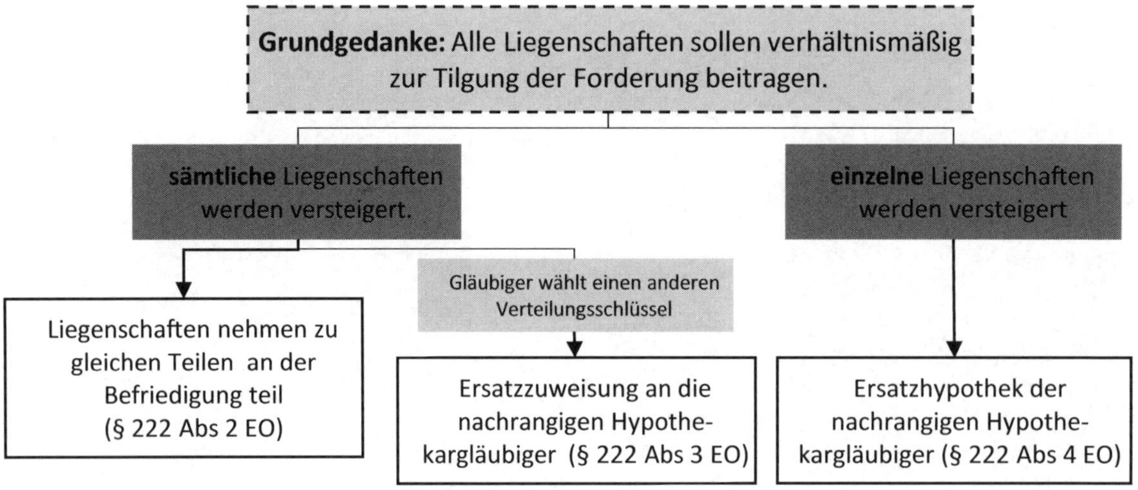

c) Eigentümerhypothek

Eigentümerhypotheken sind Hypotheken, die dem Liegenschaftseigentümer selbst zustehen. Sie sind eine Ausnahme vom Akzessorietätsgrundsatz und dem Grundsatz, dass ein Pfandrecht nur an einer fremden Sache bestehen kann.

Forderungsentkleidete Eigentümerhypothek:

Von einer forderungsentkleideten Eigentümerhypothek (§§ 469 f) spricht man, wenn die gesicherte Forderung erloschen ist (zB Erfüllung), die Hypothek aber weiter im Grundbuch aufscheint. Aus dieser Situation ergeben sich mehrere Möglichkeiten für den Eigentümer, es bestehen aber auch Gefahren:

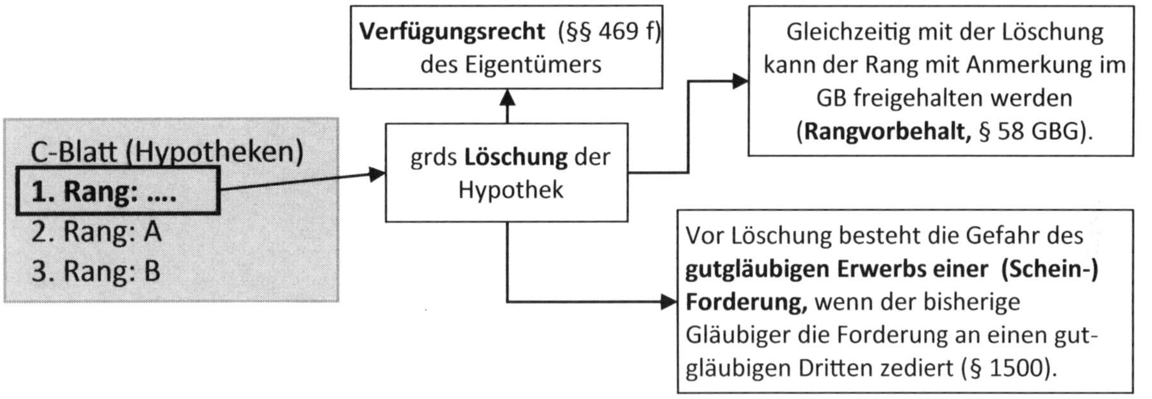

Forderungsbekleidete Eigentümerhypothek:

Bei der forderungsbekleideten Eigentümerhypothek (§§ 470, 1446), wird der (Dritt)- Pfandbesteller (P) Gläubiger einer Forderung, die durch eine Hypothek an seiner eigenen Liegenschaft besichert ist:

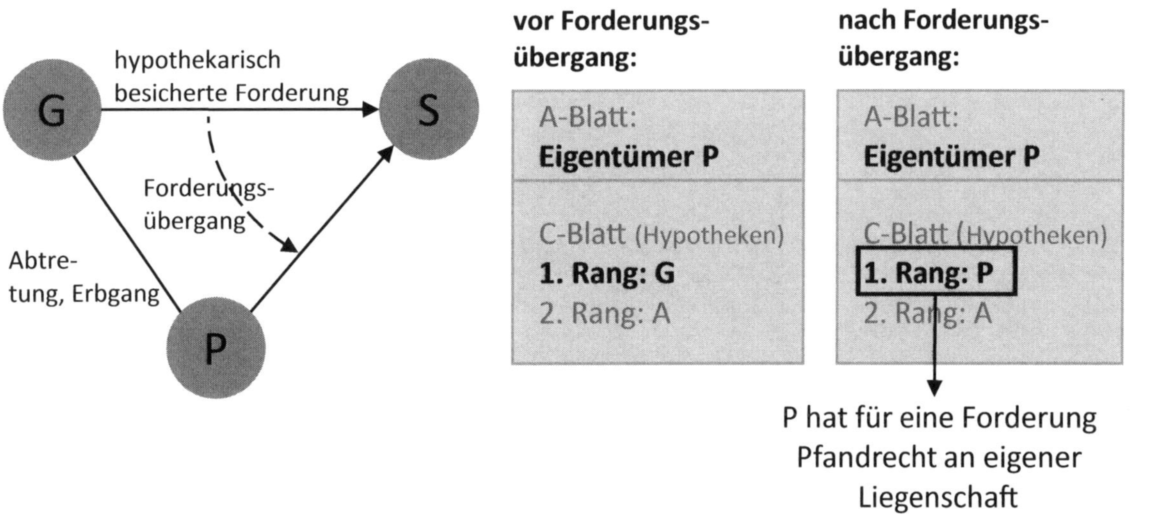

4. Weitere Sicherungsmittel

Neben Pfandrecht und Eigentumsvorbehalt sind das Sicherungseigentum und die Sicherungszession weitere Sicherungsmittel. Beiden Rechtsinstituten ist gemein, dass sie nach außen eine Übertragung des vollen Rechts darstellen (Eigentumsübertragung bzw Forderungsabtretung). Im Innenverhältnis besteht die Absprache, das Eigentum bzw die Forderung nur zu verwerten, wenn die Schuld nicht hereingebracht werden kann (Sicherungszweck). Da Sicherungseigentum und Sicherungszession Sicherungszweck haben, benötigen sie analog zu den pfandrechtlichen Publizitätsvorschriften einen nach außen tretenden Modus.

a) Sicherungseigentum

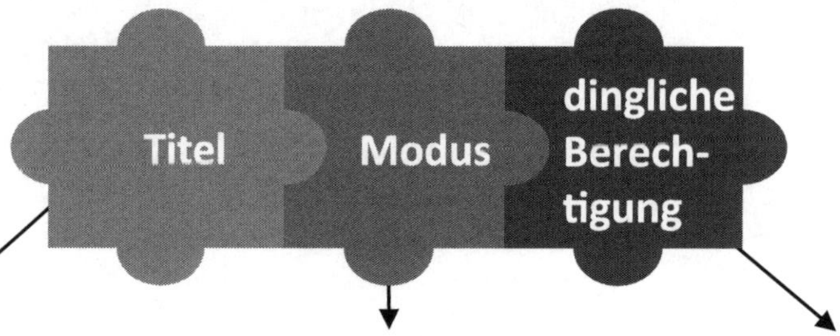

Sicherungsabrede: Übertragung des Vollrechts Eigentum. Zusätzlich besteht die Vereinbarung, dass der Gläubiger/Erwerber die Sache nur verwerten darf, wenn der Schuldner nicht zahlt (Sicherungszweck).

Übergabe gem § 451 f analog (nicht §§ 426 ff): Da das Sicherungseigentum den gleichen Zweck hat wie das Pfandrecht, sind die pfandrechtlichen Übergabevorschriften anzuwenden; dh, eine Übergabe durch **Besitzkonstitut ist nicht möglich.**

Der Vormann ist selbst Eigentümer oder verfügungsermächtigt durch den Eigentümer.

b) Sicherungszession

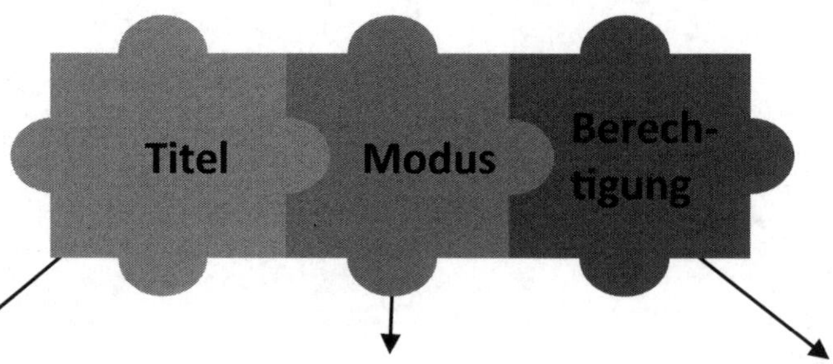

Sicherungsabtretung: Gläubiger darf die zedierte Forderung nur einlösen, wenn sein Schuldner in Zahlungsverzug gerät.

Publizitätsakt: Drittschuldnerverständigung, Buchvermerk

Der Vormann ist selbst rechtszuständig.

V. Servitut

Servituten (Dienstbarkeiten) sind beschränkt dingliche Nutzungsrechte an einer fremden Sache. Der Eigentümer ist verpflichtet, etwas zu dulden oder zu unterlassen. Besteht die Pflicht hingegen in einem aktiven Tun, kann eine Reallast vorliegen.

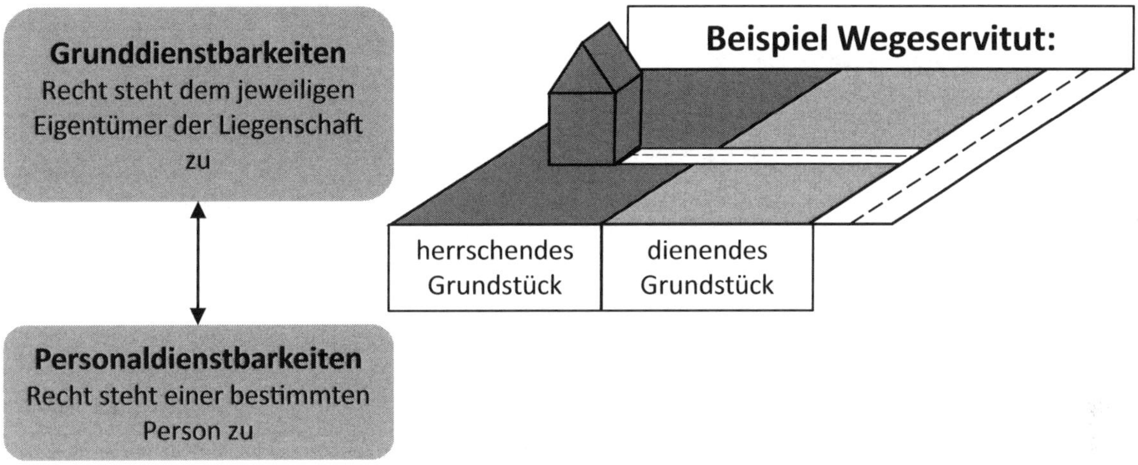

1. Erwerb

Auch der Erwerb von Dienstbarkeiten erfordert Titel, Modus und die dingliche Berechtigung des Vormanns. Bei Servituten an Liegenschaften – die den größten Teil darstellen – bedarf es der Eintragung im Grundbuch.

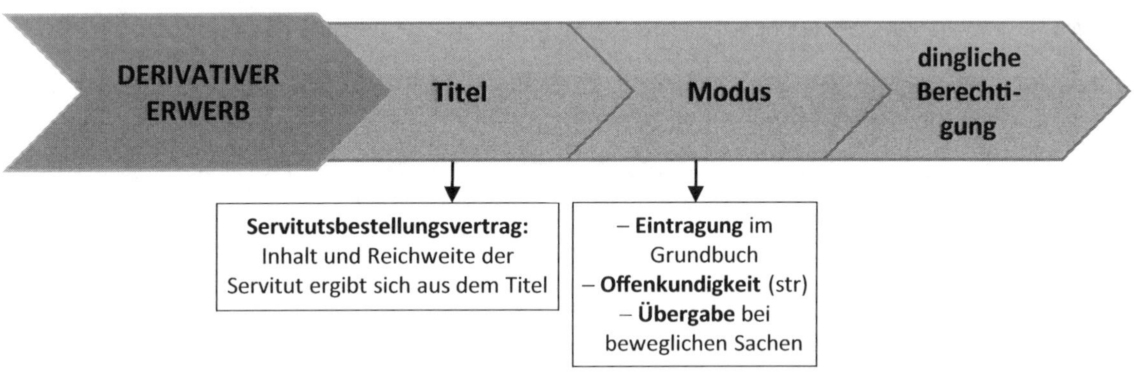

Bedeutsam ist der Erwerb durch Ersitzung. Diese kommt vor allem in Betracht, wenn kein Titel vorliegt oder die Grundbuchseintragung nicht vorgenommen wurde. Da Servituten vor allem an Liegenschaft vorkommen, beträgt in beiden Fällen die Ersitzungszeit 30 Jahre.

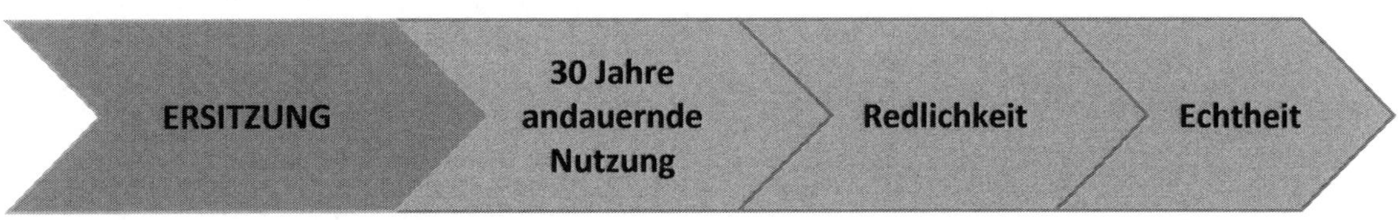

Ein gutgläubiger Erwerb von Servituten ist zwar denkbar, kommt aber kaum vor. Bedeutsam ist der gutgläubige lastenfreie Erwerb eine Liegenschaft, bei dem aber nicht eine Servitut erworben wird, sondern erlischt. Ein solcher liegt zB vor, wenn an einer Liegenschaft eine Servitut ersessen wurde, aber keine Eintragung im GB erfolgte (nachträglich unrichtige Eintragung, § 1500, siehe dazu Seite 88). Veräußert der Eigentümer die Liegenschaft, kann der gutgläubige Dritte im Vertrauen auf die Richtigkeit des Grundbuchs unbelastetes Eigentum erwerben. Die ersessene Servitut erlischt.

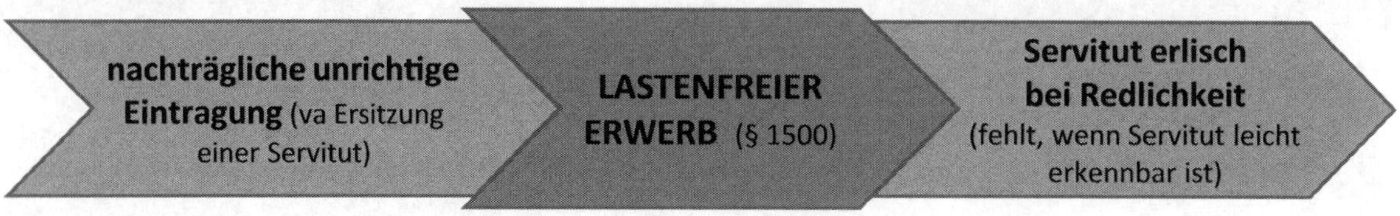

2. Erlöschen

Servituten können auch durch „Freiheitsersitzung“ erlöschen. Hier wird nicht die Servitut ersessen, sondern der Eigentümer kann sich von der Last der Servitut frei ersitzen. Eine Servitut kann aber auch verjähren oder untergehen.

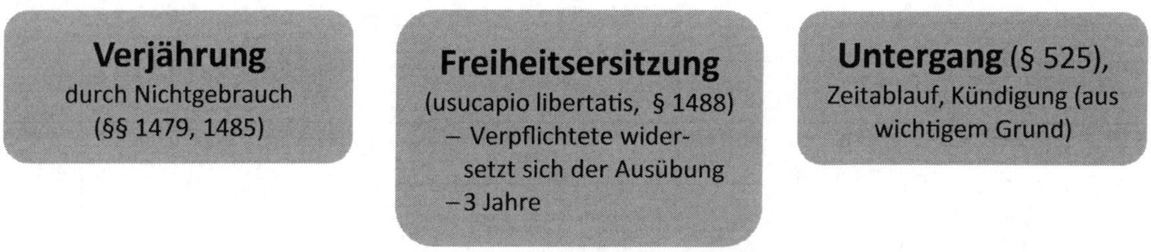

Beispiel Freiheitsersitzung:

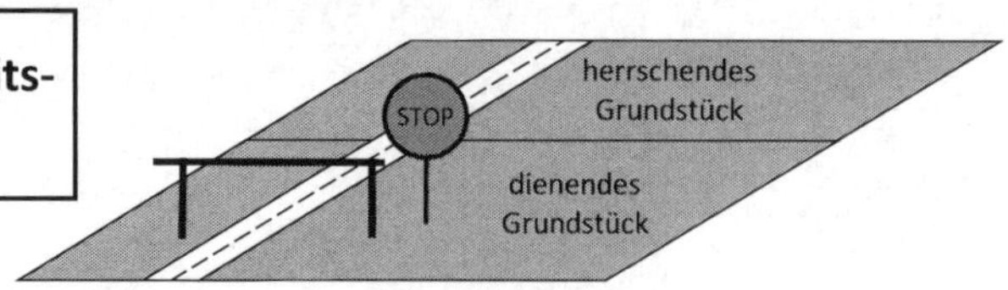

E. Erbrecht

I. Grundlagen und Verlassenschaft

Das Erbrecht beschäftigt sich mit der Rechtsnachfolge einer natürlichen Person nach deren Tod. Alles, was vererbt werden kann, heißt zusammen „Nachlass“ oder „Verlassenschaft“ (§ 531). Die Rechte und Pflichten des Verstorbenen gehen nicht direkt auf die Erben über, sondern erst mit der (gerichtlichen) Einantwortung. In der Zwischenzeit „gehören“ sie dem ruhenden Nachlass, der eine juristische Person ist. Der ruhende Nachlass (bzw Verlassenschaft) ist damit selbst Rechtssubjekt, er wird von Personen, die ihr Erbrecht hinreichend ausweisen, vertreten (§ 810). Zum ruhenden Nachlass gehören va Vermögensrechte, wie zB Eigentumsrechte (als Aktiva) und Schulden (als Passiva). Jedoch fallen nicht alle Rechte in den ruhenden Nachlass, wie zB die meisten Persönlichkeits- und Familienrechte.

„Eigentümer“ der Rechte und Pflichten:

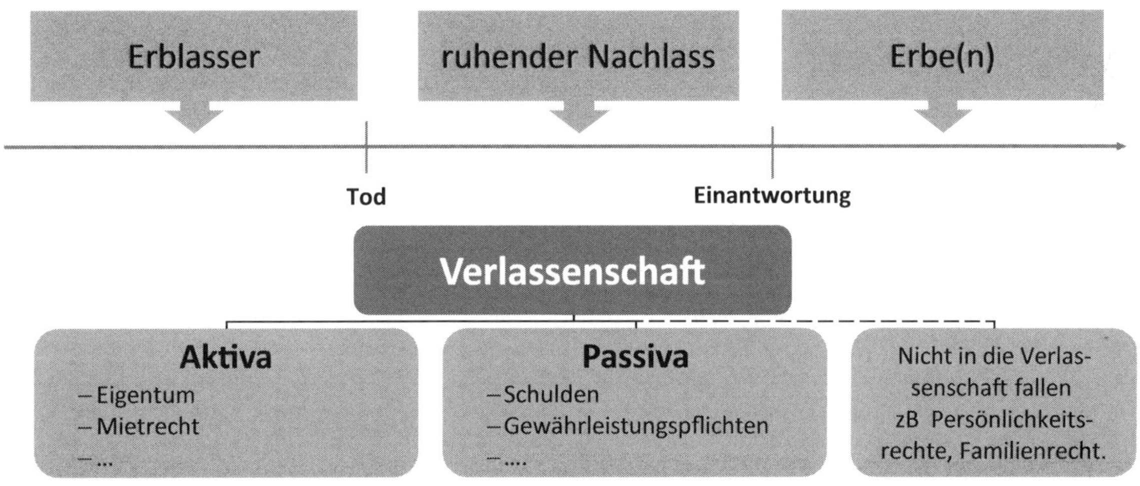

1. Berufung zur Erbfolge

Nicht jede beliebige Person kann den Nachlass in Anspruch nehmen. Vielmehr muss sie folgende Voraussetzungen vorweisen:

I. Erleben des Erbfalls
Überlebensbedingung (§ 536); Nasciturus unter Bedingung der Lebendgeburt (§ 22)

II. kein Verzicht (§ 551)
Entschlagung eines künftigen Erbrechts durch Vertrag (Beseitigung des Erbanfalls)

III. Berufungsgrund
Erbvertrag, Testament oder gesetzliche Erbfolge

IV. Erbfähigkeit
rechtsfähig und **kein Erbunwürdigkeitsgrund**

V. keine Ausschlagung

a) Erbunwürdigkeit

Das Gesetz sieht für die Erbunwürdigkeit ein abgestuftes Konzept vor. Nach der Schwere wird zwischen absoluten und relativen Erbunwürdigkeitsgründen unterschieden. Jede Erbunwürdigkeit kann durch Verzeihung beseitigt werden. Zur Enterbung siehe (unten Seite 116).

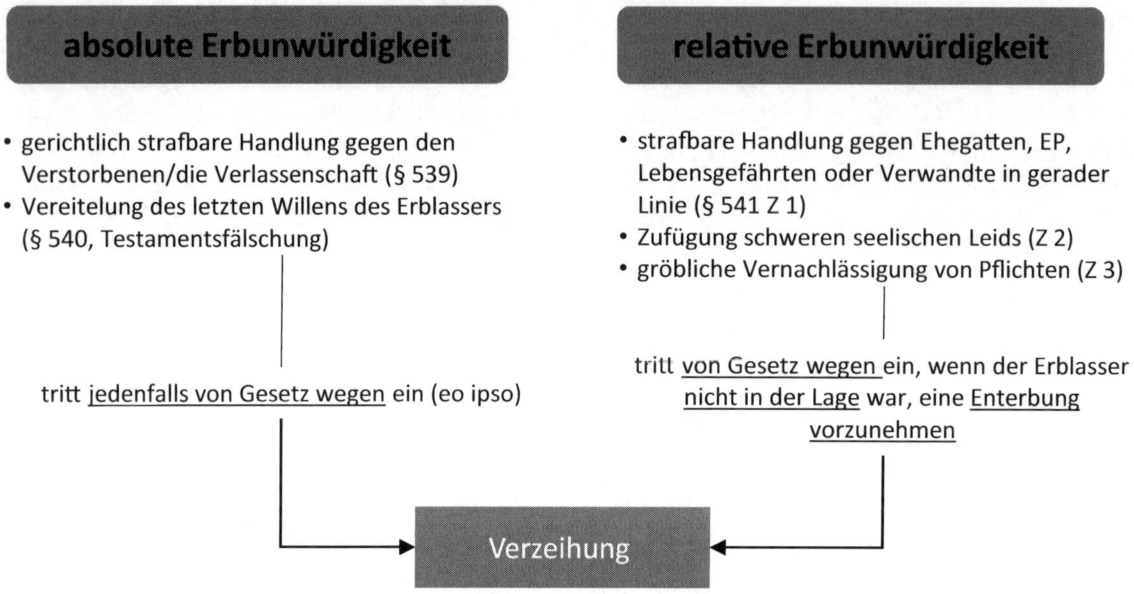

b) Transmission

Der Berufene erwirbt sein (subjektives) Erbrecht idR mit dem Tod des Erblassers (Erbfall) und wird Eigentümer des Nachlasses mit Einantwortung. Stirbt er selbst zwischen Erbfall und Einantwortung, vererbt er sein Erbrecht an seine Erben weiter (Transmission, Vererbung des Erbrechts). Wurde ein Ersatzerbe eingesetzt (siehe dazu unten Seite 115), ist die Transmission ausgeschlossen, wenn noch keine Erbantrittserklärung abgegeben wurde (Transmission im engeren Sinn). In diesem Fall kommt der Ersatzerbe zum Zug.

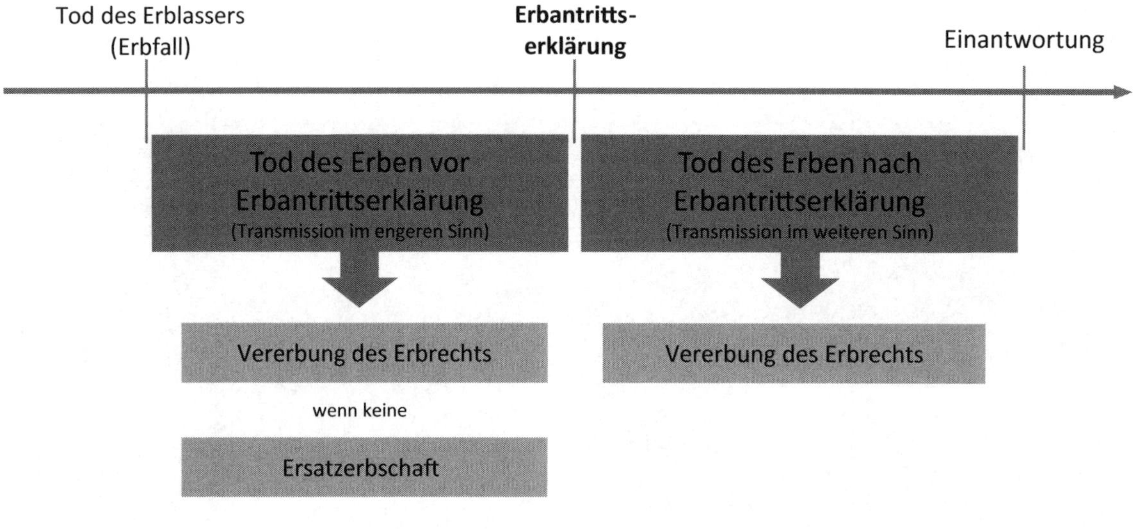

2. Prüfungsschema Ermittlung der Erben

Bei Ermittlung des(r) Erben kann schrittweise vorgegangen werden: Der stärkste Berufungsgrund ist der Erbvertrag, anschließend die testamentarische und letztlich die gesetzliche Erbfolge. Kann anhand dieser Dreiteilung immer noch kein Erbe bestimmt werden, wird der Vermächtnisnehmer Erbe. Ist auch das nicht möglich, kann sich der Bund die Verlassenschaft aneignen.

Kommt der testamentarisch eingesetzte Erbe nicht zum Zug, ist zu prüfen, ob ein Ersatzerbe vorliegt oder das Erbrecht weitervererbt werden kann (siehe dazu oben). Zu beachten ist, dass sich die Transmission nicht auf die testamentarische Erbfolge beschränkt. Liegt beides nicht vor, kann es zur Anwachsung an die anderen Testamentserben kommen (siehe dazu Seite 114). Liegt keine privatautonome Regelung über die Erbschaft vor, kommt die gesetzliche Erbfolge zum Zug. Es erben die Verwandten nach der Parentelordnung bzw der Ehegatte/EP (siehe dazu Seiten 108 f). Mangels Erben nach der Parentelenordnung und Ehegatten/EP ist der Lebensgefährte (gesetzlicher) Erbe.

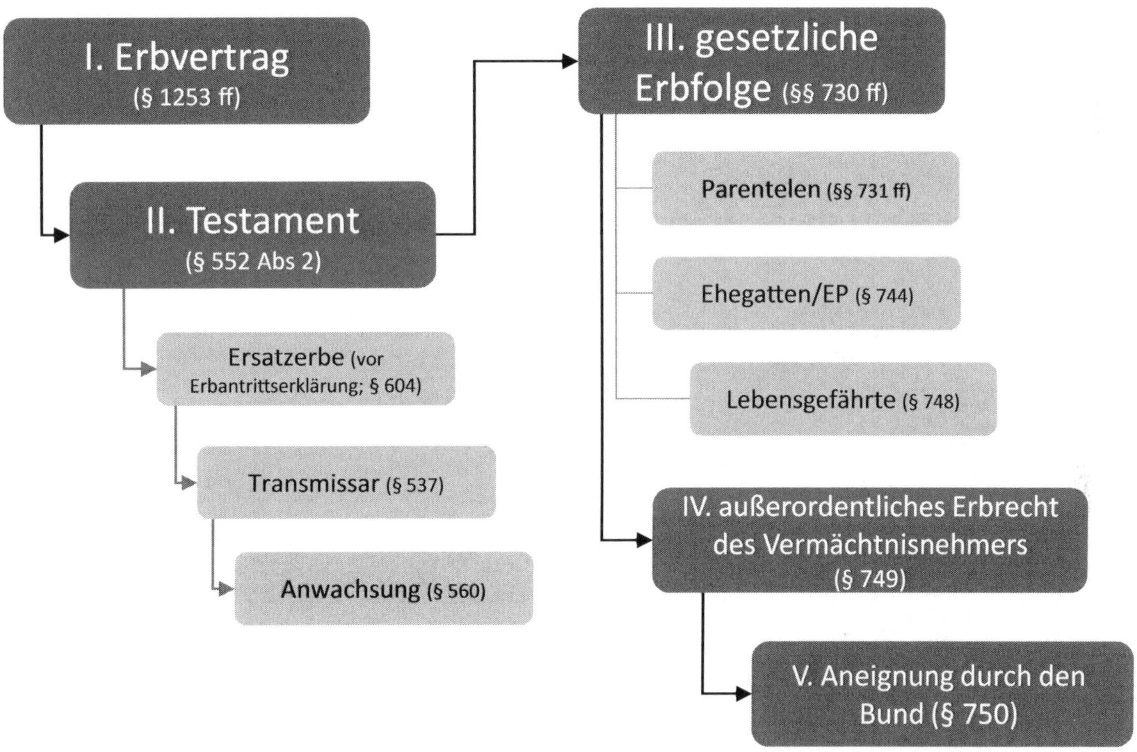

II. Gesetzliche Erbfolge

1. Parentelordnung

Regelt der Erblasser seine Erbfolge nicht (oder nur teilweise), erben die Verwandten nach der Parentelenordnung (§§ 730 ff). Es gibt vier Parentelen, die der Reihe nach zum Zugkommen (**„jung vor alt“**):

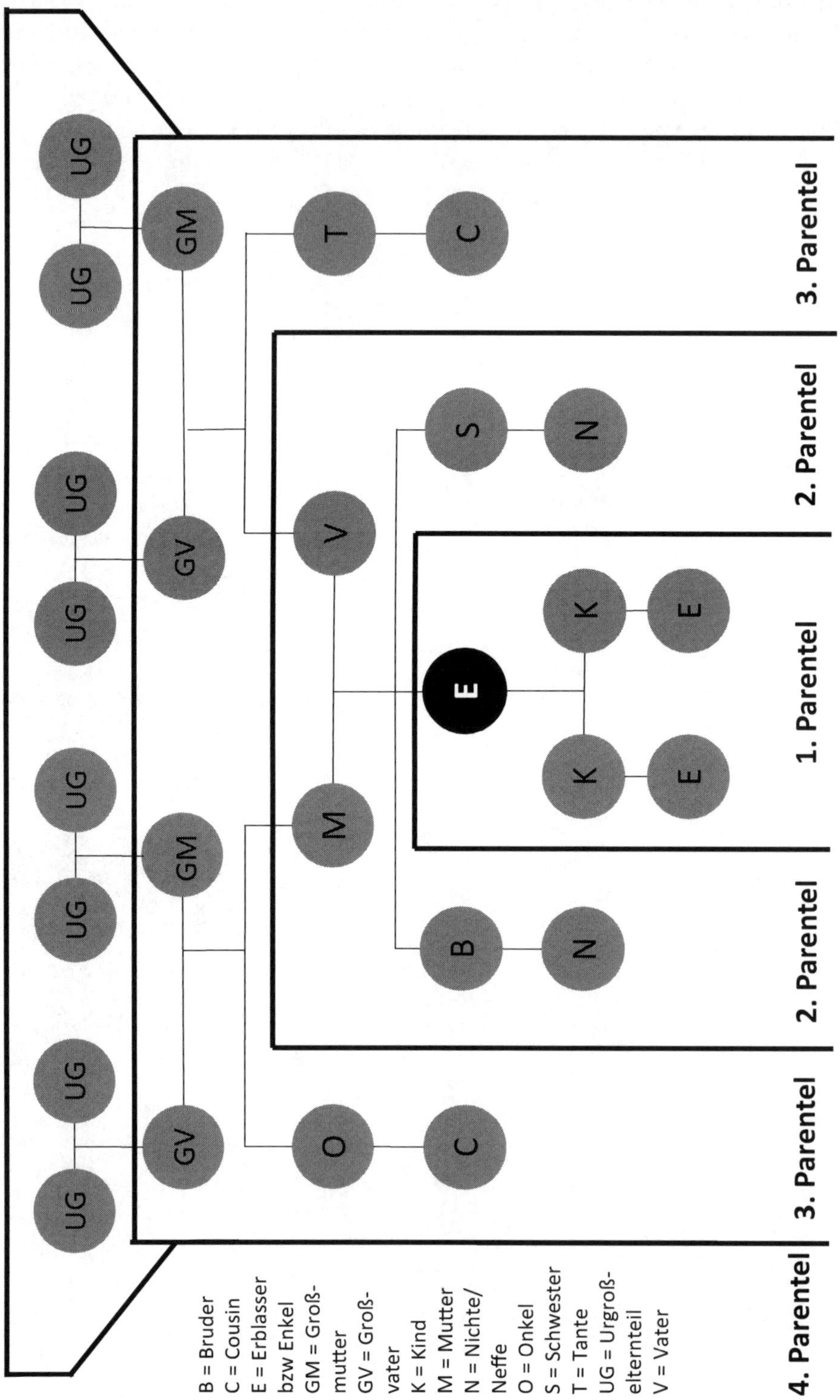

1. Parentel:

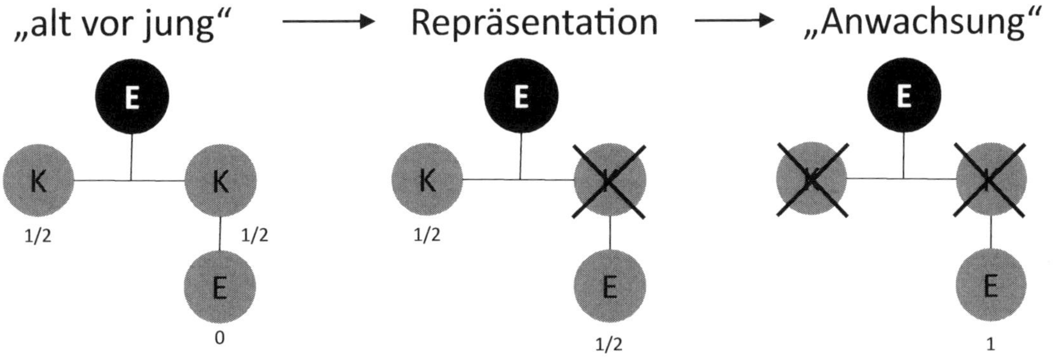

In der ersten Parentel (§ 732 ff) erben zuerst die Kinder zu gleichen Teilen („alt vor jung"). Ist ein Kind vorverstorben, das selbst Kinder hat (aus Sicht des Erblassers seine Enkel), kommen diese zum Zug (Repräsentation). Kann ein vorverstorbenes Kind nicht repräsentiert werden, fällt dessen Erbe anteilig den anderen Kindern bzw deren Repräsentanten zu.

2. Parentel:

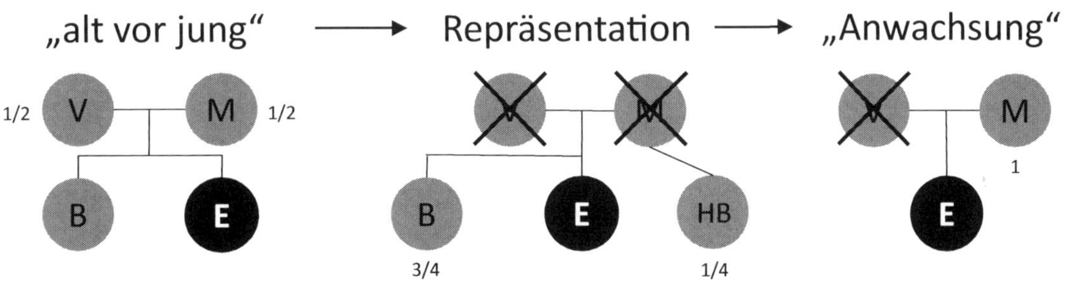

In der zweiten Parentel (§ 735 ff) erhält jeder Elternteil die Hälfte. Auch hier gilt zunächst „alt vor jung": Die Eltern erben vor den Geschwistern. Sind die Eltern vorverstorben, werden sie von ihren Kindern (aus Sicht des Erblassers seine Geschwister) repräsentiert. Es kommt dabei nicht auf die gemeinsamen Kinder der Eltern an. Kann ein Elternteil nicht repräsentiert werden, fällt sein Anteil dem anderen Elternteil bzw dessen Repräsentaten zu.

3. Parentel:

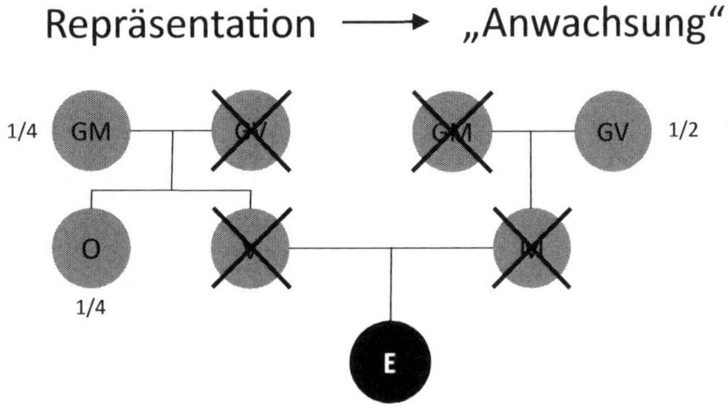

In der dritten Parentel (§ 738 ff) fällt jedem Großelternteil 1/4 zu. Ist ein Großelternteil vorverstorben, wird er zunächst repräsentiert (aus Sicht des Erblassers durch seine/n Tante/Onkel bzw seine/n Nichte/Neffen). Ist eine Repräsentation nicht möglich, wächst der Teil dem anderen Großelternteil (väter- oder mütterlicherseits), wenn auch das nicht mehr möglich ist, dem anderen Großelternpaar an (§ 740).

4. Parentel:

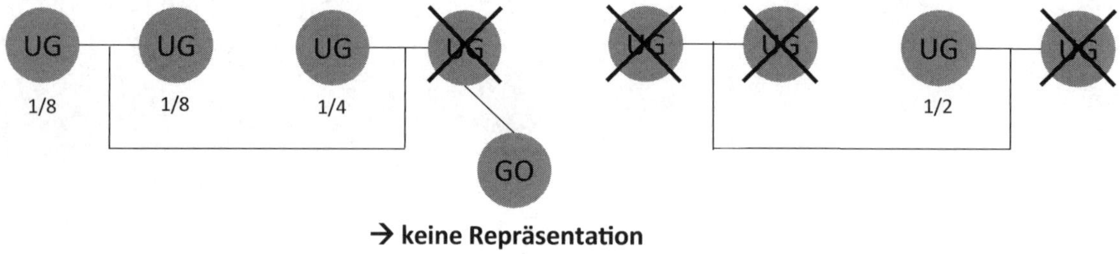

In der vierten Parentel (§§ 741, 743) erbt jeder Urgroßelternteil 1/8. Ist ein Urgroßelternteil vorverstorben, kommt es **nicht zur Repräsentation.**

2. Ehegatten/eingetragene Partner

Der Ehegatte (oder eingetragene Partner) hat im Erbrecht eine besondere Stellung: Abhängig von der Parentel, mit der er konkurriert, hat er ein Erbrecht. Unabhängig davon hat er das Recht in der Ehewohnung weiter zu wohnen (Vorausvermächtnis). Nicht ausschließlich – faktisch jedoch in vielen Fällen – steht dem Ehegatten das Eintrittsrecht in den Mietvertrag bei gemeinsamer Wohnung nach § 14 MRG oder die wohnungseigentumsrechtliche Anwachsung nach § 14 WEG zu.

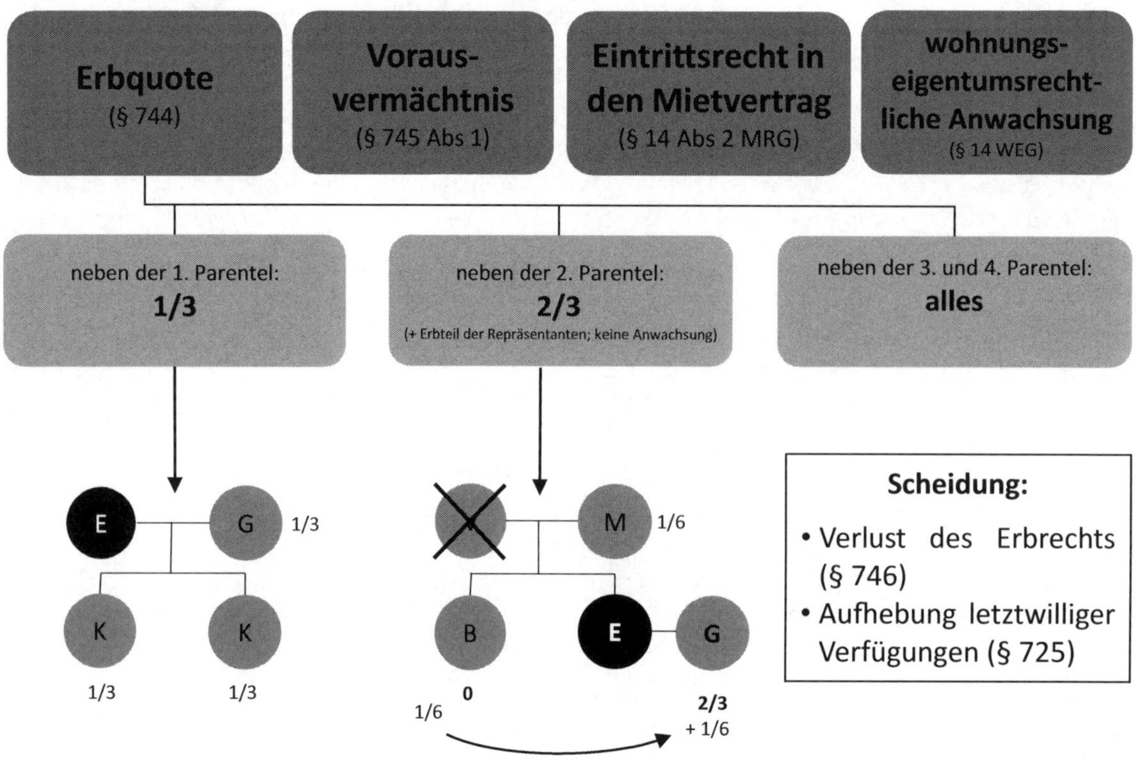

Scheidung:

- Verlust des Erbrechts (§ 746)
- Aufhebung letztwilliger Verfügungen (§ 725)

3. Lebensgefährten

Die Stellung des Lebensgefährten im Erbrecht ist weniger stark als die des Ehegatten. Er hat nur dann ein gesetzliches Erbrecht, wenn kein gesetzlicher Erbe nach der Parentelenordnung zum Zug kommt. Er ist erst gesetzlicher Erbe, wenn nicht einmal mehr die Urgroßeltern zum Zug kommen. Wie dem Ehegatten steht ihm ein Vorausvermächtnis zu, das aber befristet ist. Gleichgestellt ist er dem Ehegatten beim Eintrittsrecht in die gemeinsame Wohnung nach § 14 MRG.

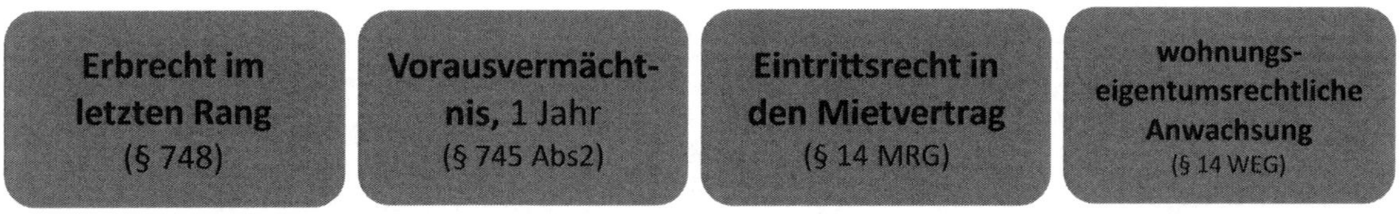

4. Anrechnung auf den Erbteil

Gibt der Erblasser bereits vor seinem Tod Vermögenswerte unentgeltlich weiter, fallen diese nicht in die Verlassenschaft. Die gesetzlichen Erben müssen sich die schon zu Lebzeiten erhaltenen Schenkungen des Erblassers anrechnen lassen. Die Anrechnung beim Erbteil hat große Überschneidungen mit der Hinzu- und Anrechnung beim Pflichtteilsrecht (siehe dazu Seite 117).

Rechenmethode (§ 755): Zur Verlassenschaft werden die anrechnungspflichtigen Posten hinzugeschlagen. Von dieser Bemessungsgrundlage werden anhand der gesetzlichen Erbquoten die gesetzlichen Erbteile berechnet. Abzuziehen sind die eigenen erhaltenen Schenkungen. Bei der Anrechnung unter Kindern sind einige Besonderheiten zu beachten (§ 753): Der Ehegatte nimmt nicht an der Anrechnung teil. Seine Erbquote (1/3) ist vorab abzuziehen. Außerdem sind Schenkungen, die aus Einkünften ohne Schmälerung des Stammvermögens stammen, nicht anzurechnen. Ebenso wenig, wenn die Anrechnung vertraglich ausgeschlossen oder letztwillig erlassen wurde.

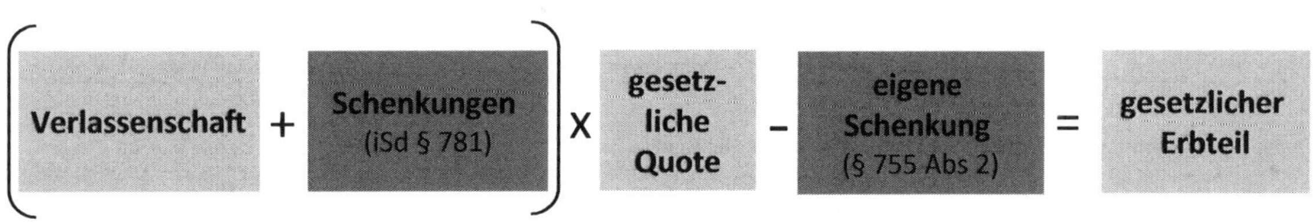

III. Gewillkürte Erbfolge

1. Letztwillige Verfügungen allgemein

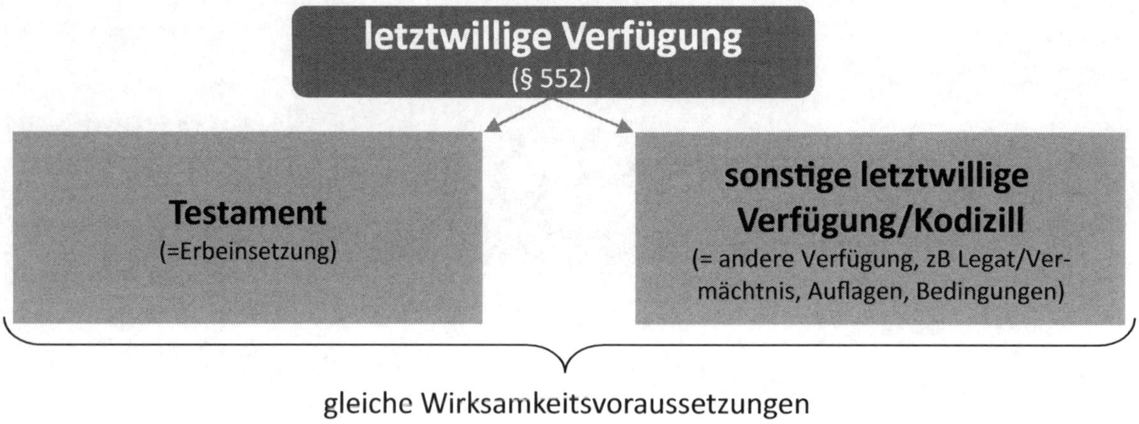

a) Gültigkeitserfordernisse

Die Gültigkeit einer letztwilligen Verfügung hängt von einer Reihe von Voraussetzungen ab. Liegen diese nicht vor, ist die Verfügung ungültig (nichtig). Davon zu unterscheiden ist, ob sie nachträglich angefochten werden kann (zB wegen eines Willensmangels).

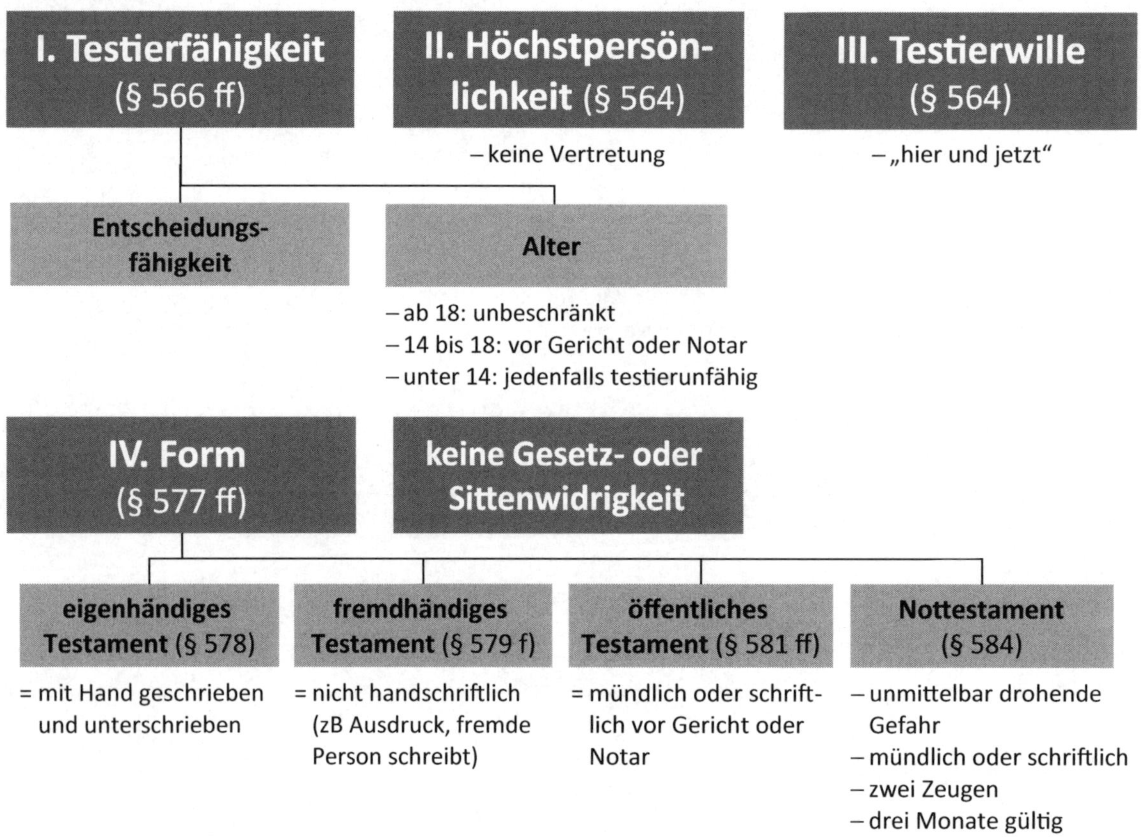

b) Auslegung

Die Auslegung letztwilliger Verfügungen ist in § 553 geregelt und weicht von den allgemeinen Auslegungsregelungen (§§ 914 ff, siehe dazu unten Seite 5) teilweise ab: Ausgangspunkt ist der gewöhnliche Wortlaut der letztwilligen Verfügung, wobei auch das besondere Wortverständnis des Erblassers zu berücksichtigen ist. Jedoch darf die Auslegung nicht am Wortlaut haften bleiben, sondern es ist der wahre Wille des Erblassers maßgeblich. Dieser Wille muss im Wortlaut der Verfügung zumindest angedeutet sein. Die Auslegung soll weiters so erfolgen, dass die letztwillige Verfügung so lange wie möglich aufrecht erhalten bleibt. Letztlich bietet das Gesetz eine Reihe von Vermutungsregeln.

c) Irrtum

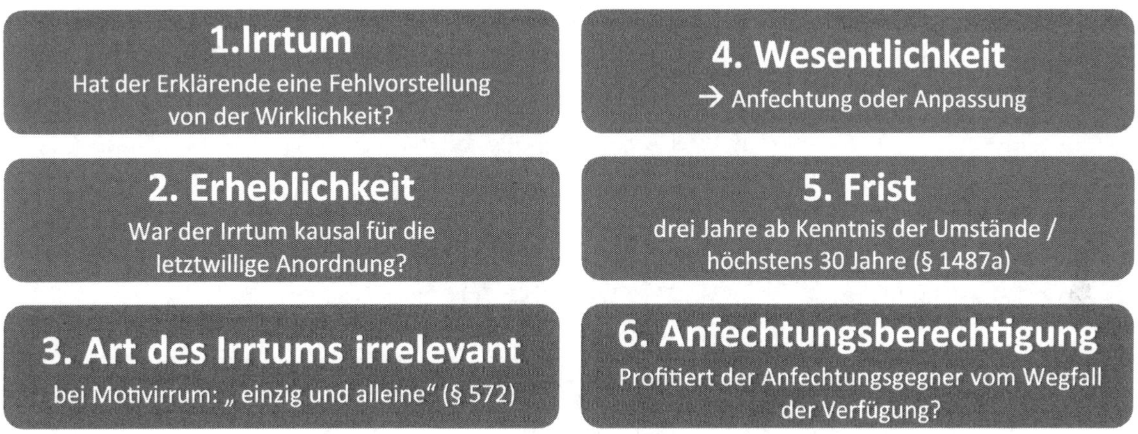

d) Aufhebung

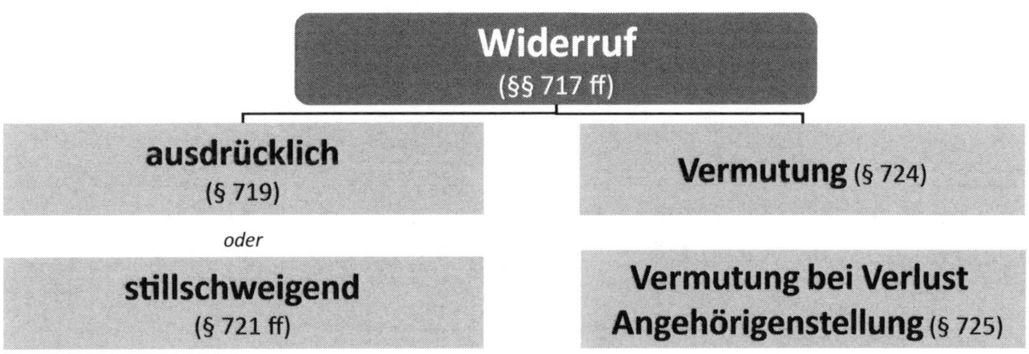

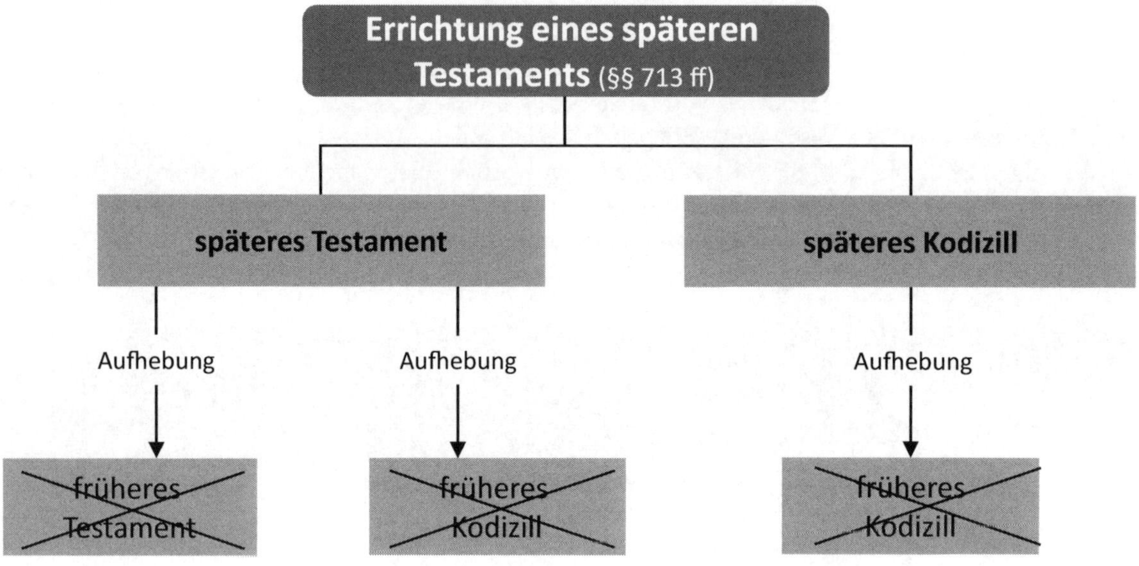

- § 713 Abs 1
- Aufhebung der Erbeinsetzung und der übrigen Anordnungen
- sofern der Erblasser nichts anderes zu erkennen geben hat

- § 713 Abs 2
- im Zweifel Aufhebung, wenn über gesamte Verlassenschaft verfügt wird

- § 714
- Aufhebung der früheren Verfügung, wenn angeordnet *oder*
- erste Verfügung der zweiten widerspricht

2. Erbeinsetzung

a) Anwachsung

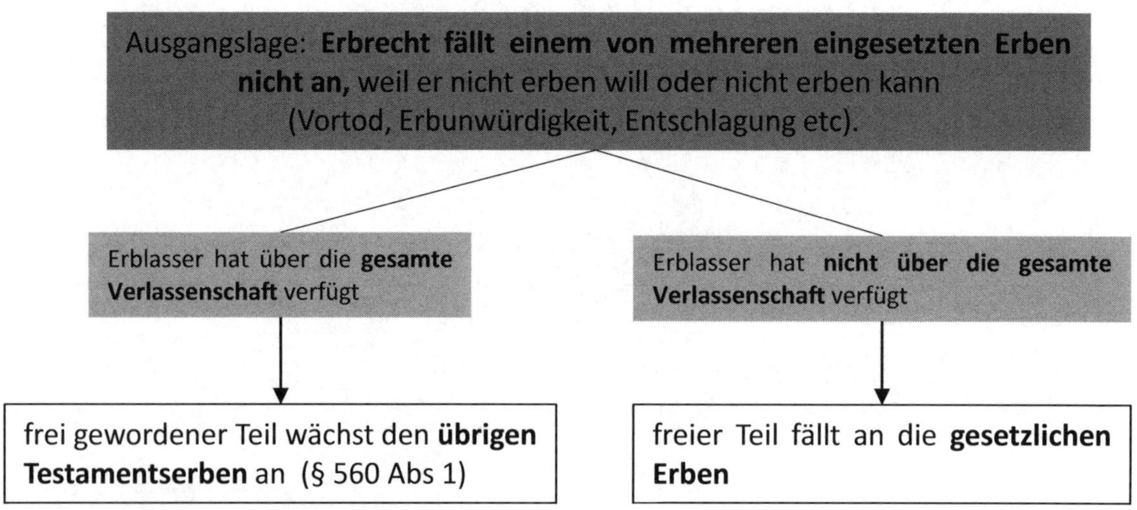

→ keine Anwachsung bei Ersatzerbschaft (§ 560 Abs 1), Transmission (§ 537 Abs 2) oder Ausschluss (§ 560 Abs 2)

b) Ersatz- und Nacherbschaft

Ersatzerbschaft

Erblasser trifft Vorsorge für den Fall, dass der ersteingesetzte Erbe die Verlassenschaft nicht erwirbt und bestimmt einen Ersatzerben, der an die Stelle des zuerst eingesetzten Erben tritt (§ 604 ff).

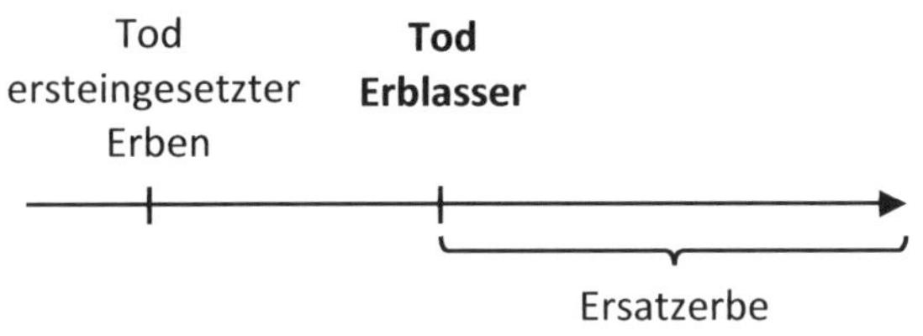

Nacherbschaft

Erblasser bestimmt einen Vorerben und einen Nacherben. Der Vorerbe soll die Verlassenschaft bekommen und bei Eintritt des Nacherbfalls an den Nacherben übergeben (§ 608 ff).

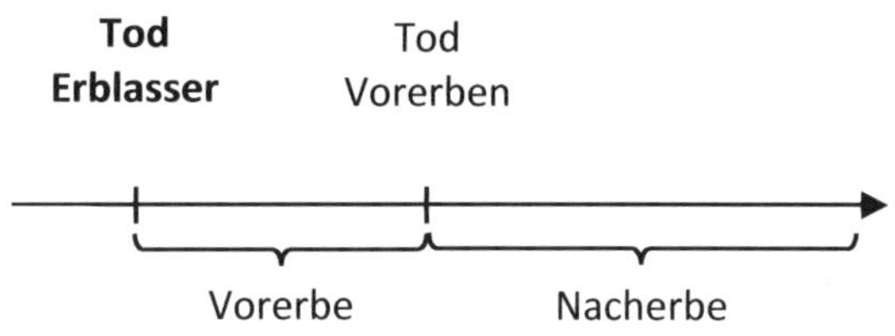

3. Vereinbarungen von Todes wegen

Erbvertrag (§ 1252)

- nur zwischen Ehegatten/EP
- Ehepakt + letztwillige Verfügung
- freies Viertel (§ 1253)
- erlischt mit Scheidung (§ 1266)

Schenkung auf den Todesfall (§ 603)

- mit Tod befristete Schenkung
- kein Widerrufsvorbehalt (keine sinngleiche Bedingung)
- freies Viertel (§ 1253)
- Hinzu- und Anrechnung (§ 781 Abs 1)

Übergabe / Auftrag auf den Todesfall

- unzulässig

IV. Pflichtteilsrecht

Auch wenn der Erblasser frei entscheiden kann, wem er etwas hinterlässt, muss er bestimmten Personen einen Mindestanteil zukommen lassen, den sogenannten Pflichtteil. Tut er dies nicht, haben die Pflichtteilsberechtigten einen Geldanspruch gegen die Verlassenschaft bzw nach Einantwortung gegen die Erben:

Pflichtteilsberechtigung
(§ 757 f)

abstrakt pflichtteilsberechtigt
- Nachkommen (1. Parentel)
- Ehegatten

+

konkret pflichtteilsberechtigt
- wer ohne letztwillige Verfügung gesetzlicher Erbe wäre

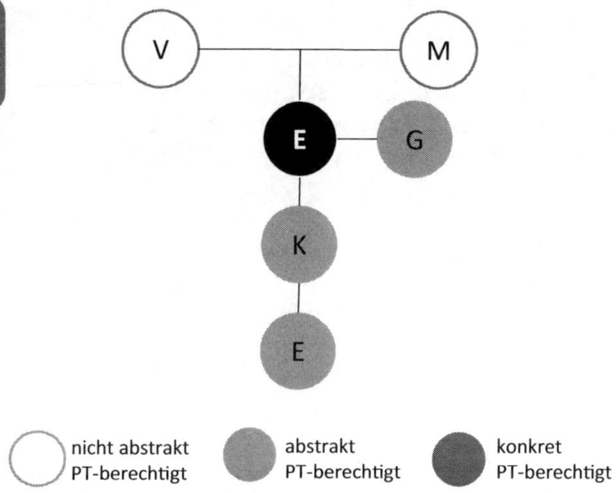

Pflichtteilshöhe
(§ 759)

½ des (hypothetischen) gesetzlichen Erbteils

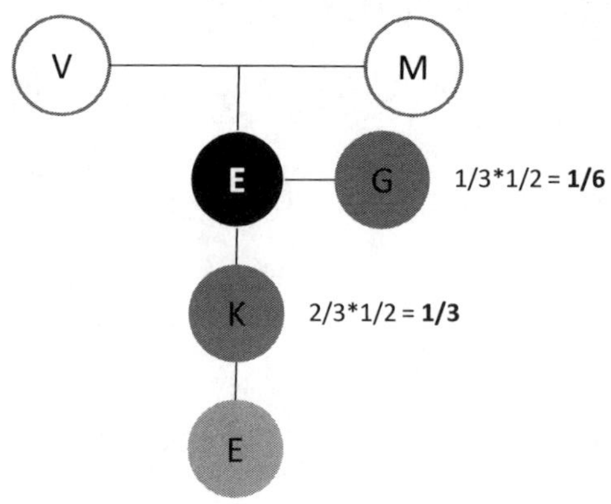

Enterbung
(§ 769)

= gänzliche oder teilweise Entziehung des Pflichtteils durch letztwillige Verfügung

Enterbungsgründe (§§ 770 f)

Pflichtteilsminderung (§ 776)

1. Berechnung

Der Pflichtteil wird vom reinen Nachlass berechnet. Dazu müssen die Passiva von den Aktiva abgezogen werden. Von diesem Betrag (reine Verlassenschaft) wird anhand der Pflichtteilsquoten der Pflichtteil berechnet. Der Pflichtteilsberechtigte muss sich alles anrechnen (abziehen) lassen, was ihm aus der Verlassenschaft zukommt. Der Pflichtteilsberechtigte hat keinen Anspruch auf eine Erbquote oder eine bestimmte Sache, sondern einen Geldanspruch gegen die Verlassenschaft bzw die Erben, wenn sein Pflichtteil nicht durch eine Zuwendung des Erblassers gedeckt ist.

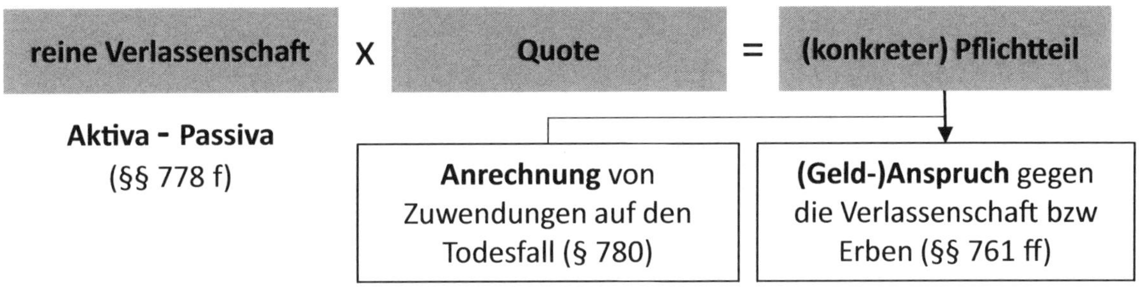

2. Hinzu- und Anrechnung

Damit der Erblasser die Pflichtteile durch unentgeltliche Veräußerung seines Vermögens zu Lebzeiten nicht aushöhlen kann, können die Pflichtteilsberechtigen die Hinzu- und Anrechnung von Schenkungen verlangen (§§ 781 ff). Zur reinen Verlassenschaft werden die anrechnungspflichtigen Schenkungen hinzugeschlagen. Von dieser erhöhten Bemessungsgrundlage wird anhand der Pflichtteilsquoten der erhöhte Pflichtteil bemessen. Die eigenen Schenkungen und alles, was der Pflichtteilsberechtigte aus der Verlassenschaft erhält, müssen wiederum abgezogen werden (§ 787):

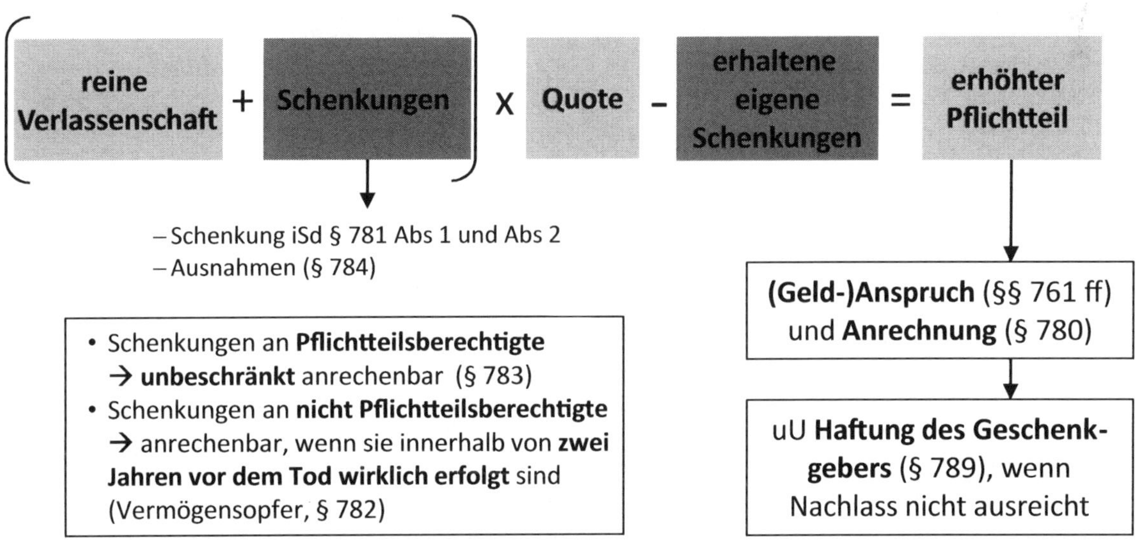

F. Familienrecht

I. Eherecht

Das Familienrecht ist nicht einheitlich im ABGB kodifiziert, sondern über mehrere Gesetze verteilt. Hervorzuheben ist das EheG, das den Großteil des Eherechts regelt. Lediglich die persönlichen Rechtswirkungen der Ehe, wozu auch der eheliche Unterhalt zählt (§ 94), sind im ABGB geregelt.

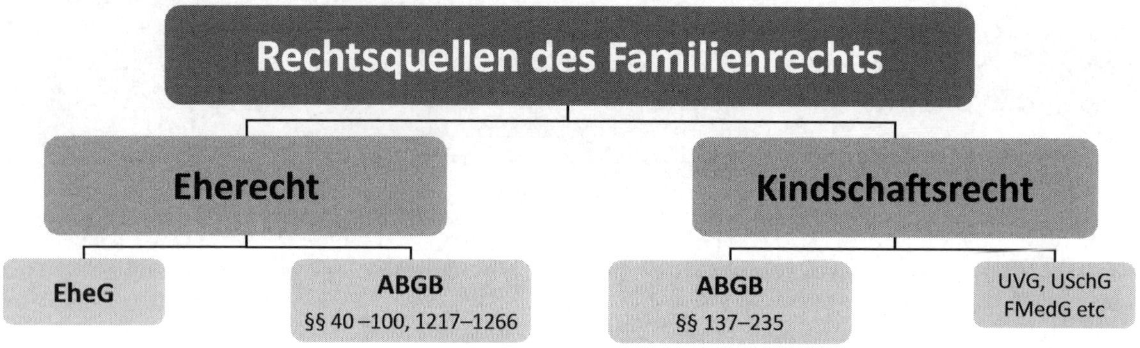

1. Eheschließung

a) Fehler und Folgen

Damit eine Ehe ohne Fehler zustande kommt, müssen folgende Voraussetzungen vorliegen:

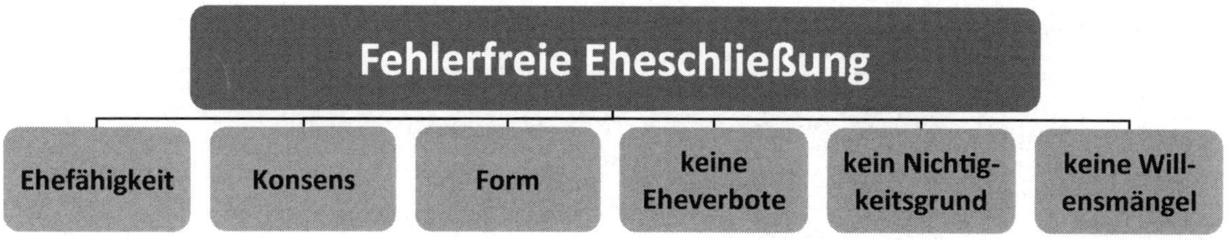

Nicht jeder Fehler bei der Eheschließung hat dieselbe Auswirkung. Folgende Konsequenzen können eintreten:

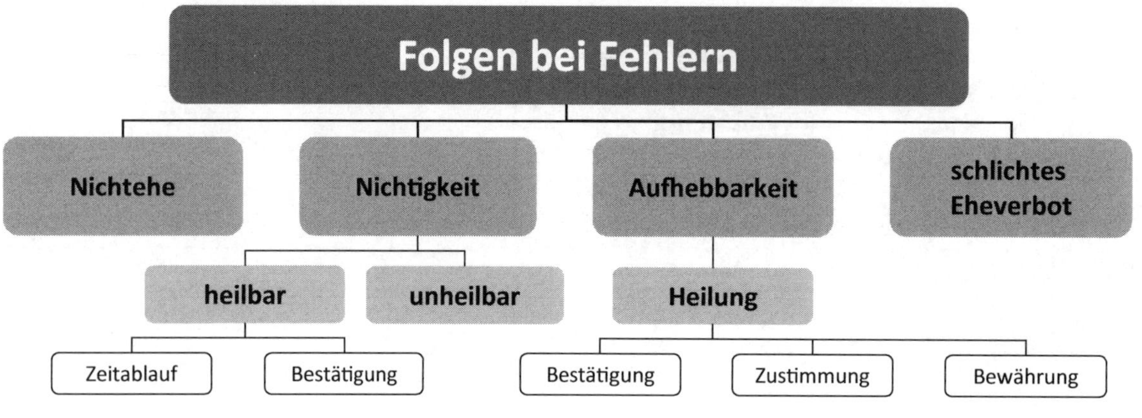

Bei bestimmten Fehlern kann nicht einmal von einer wirksamen Ehe gesprochen werden, weil die fundamentalsten Erfordernisse fehlen (Nichtehe). Solche Ehen sind absolut nichtig und müssen daher auch nicht angefochten oder geschieden werden. Andere schwerwiegende Fehler lassen die Ehe zwar wirksam werden, berechtigten aber zur Auflösung ex tunc (Nichtigkeit). Minderwichtige Fehler führen zu einer Anfechtbarkeit ex nunc (Aufhebbarkeit) und einige Fehler haben überhaupt keine eherechtlichen Konsequenzen (schlichtes Eheverbot).

b) Voraussetzungen

Die folgenden Grafiken illustrieren, welche Rechtsfolgen bei den jeweiligen Fehlern bei Eheabschluss eintreten:

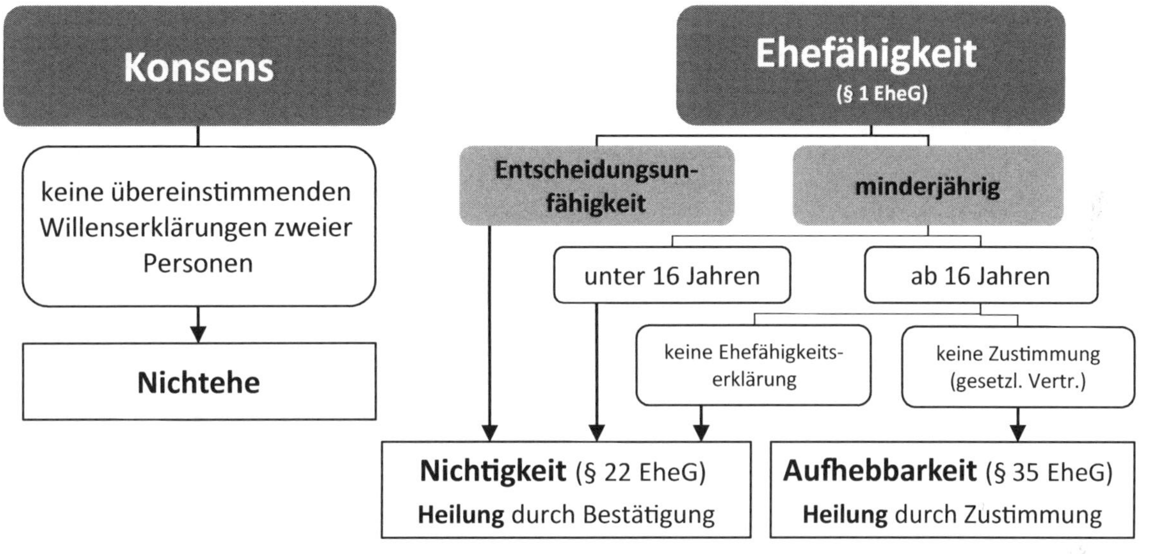

Die Ehe ist ein Vertrag, der nur zwischen zwei Personen abgeschlossen werden kann. Auf die Verschiedengeschlechtlichkeit kommt es nicht an. Die Ehefähigkeit setzt Entscheidungsfähigkeit und Volljährigkeit voraus. Minderjährige können ab 16 für ehefähig erklärt werden, benötigen dann aber noch immer die Zustimmung des gesetzlichen Vertreters (die durch das Gericht ersetzt werden kann; § 1 Abs 2 EheG). Nur wenn trotz Entscheidungsfähigkeit, Alter von 16 bis 18 Jahren und Ehefähigkeitserklärung keine Zustimmung vorliegt, ist ein Aufhebungsgrund gegeben. Ansonsten ist die Ehe (heilbar) nichtig.

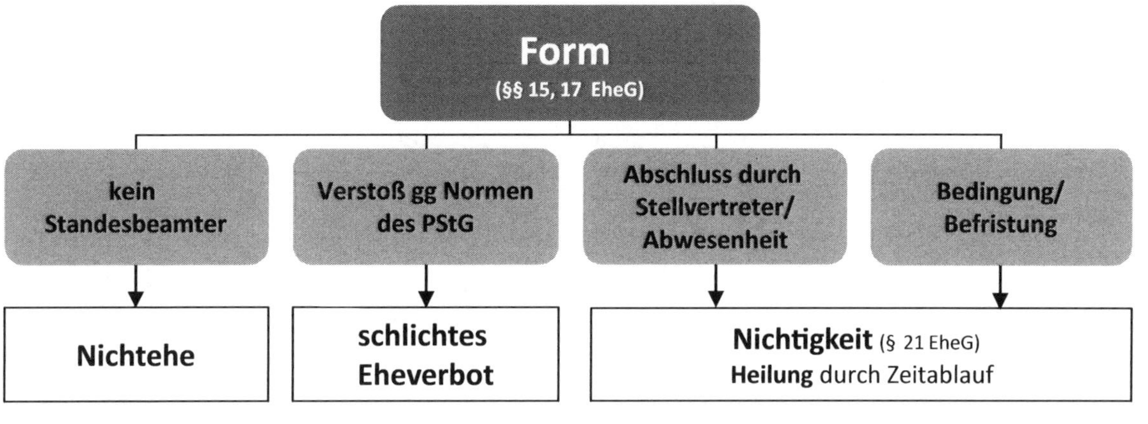

Da in Österreich das Prinzip der obligatorischen Zivilehe besteht, ist die Mitwirkung eines Standesbeamten unerlässliche Voraussetzung der Eheschließung. Der Verstoß gegen die öffentlich-rechtlichen Normen des Personenstandgesetzes (PStG), zB nur ein statt zwei anwesende Zeugen, ist hingegen ein schlichtes Eheverbot, das zivilrechtlich keine Folgen nach sich zieht. Eheschließungen durch Stellvertreter sowie die Beifügung von Bedingungen oder Befristungen sind ein Nichtigkeitsgrund, der durch Zeitablauf geheilt werden kann.

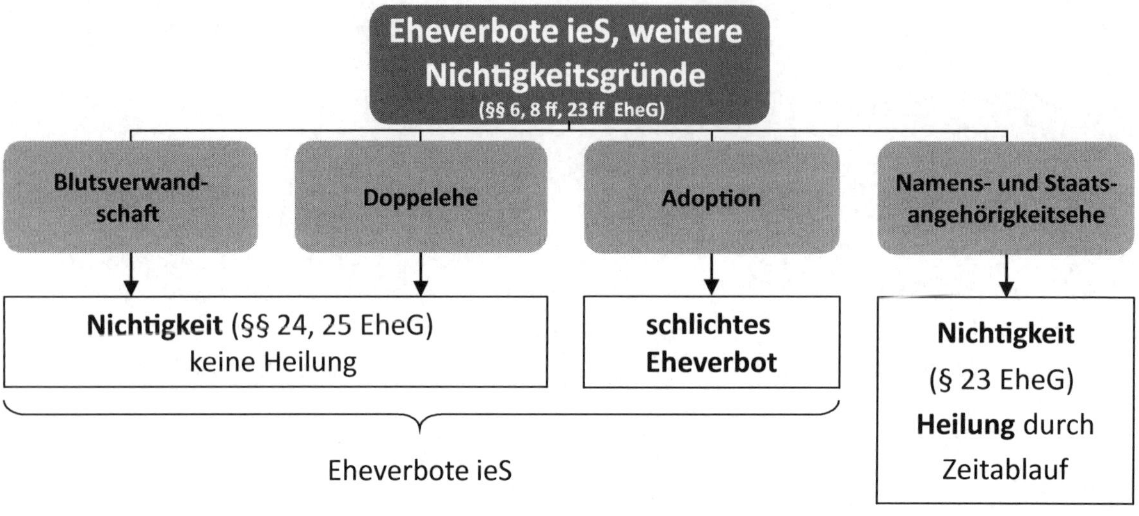

Ob ein Eheverbot vorliegt, ist nicht nur für die Frage, ob eine (zivilrechtlich) fehlerhafte Ehe vorliegt, relevant, sondern auch dafür, ob der Standesbeamte die Trauung vollziehen darf. Bei sogenannten Eheverboten im weiteren Sinn muss der Standesbeamte die Mitwirkung verweigern. Dazu gehören die Eheverbote im engeren Sinn (Blutsverwandtschaft, Doppelehe, Adoption), die Vorschriften über die Ehefähigkeit und die sonstigen aus den Nichtigkeitsgründen ableitbaren Umstände (Namens- und Staatsangehörigkeitsehe, Abschluss durch Stellvertretung, Befristungen/Bedingungen).

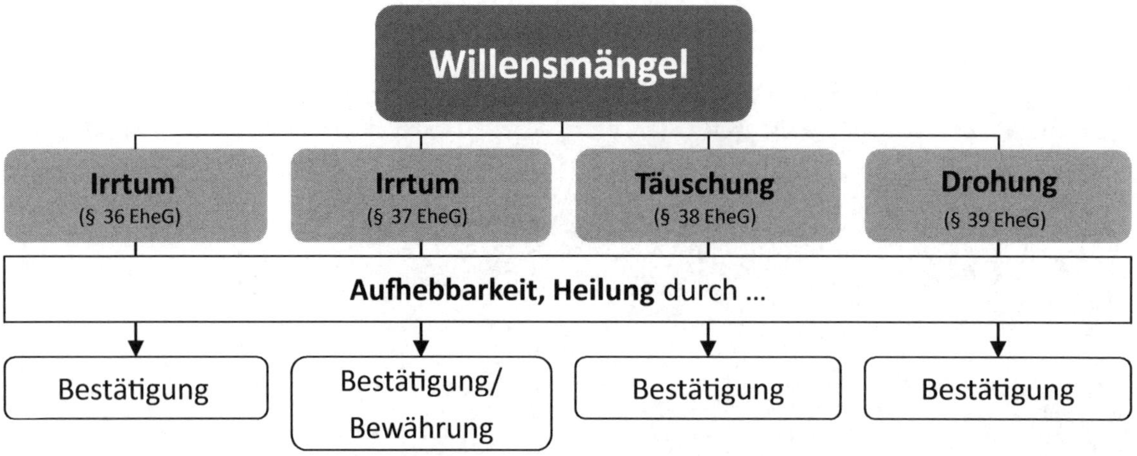

Auch die Ehegatten können bei Eheschließung Willensmängeln, vor allem einem Irrtum über wesentliche Eigenschaften der anderen Person (§ 37 EheG), unterliegen. Willensmängel berechtigen zur Aufhebung, können aber immer heilen.

2. Persönliche Ehewirkungen

Die Ehe hat umfassende persönliche Rechtswirkungen, die in den §§ 89–100 ABGB geregelt sind. Ein Verstoß gegen die persönlichen Pflichten hat meist nur mittelbare Wirkung im Scheidungsrecht. Im Folgenden wird auf das gemeinsame Wohnen und den ehelichen Unterhalt eingegangen.

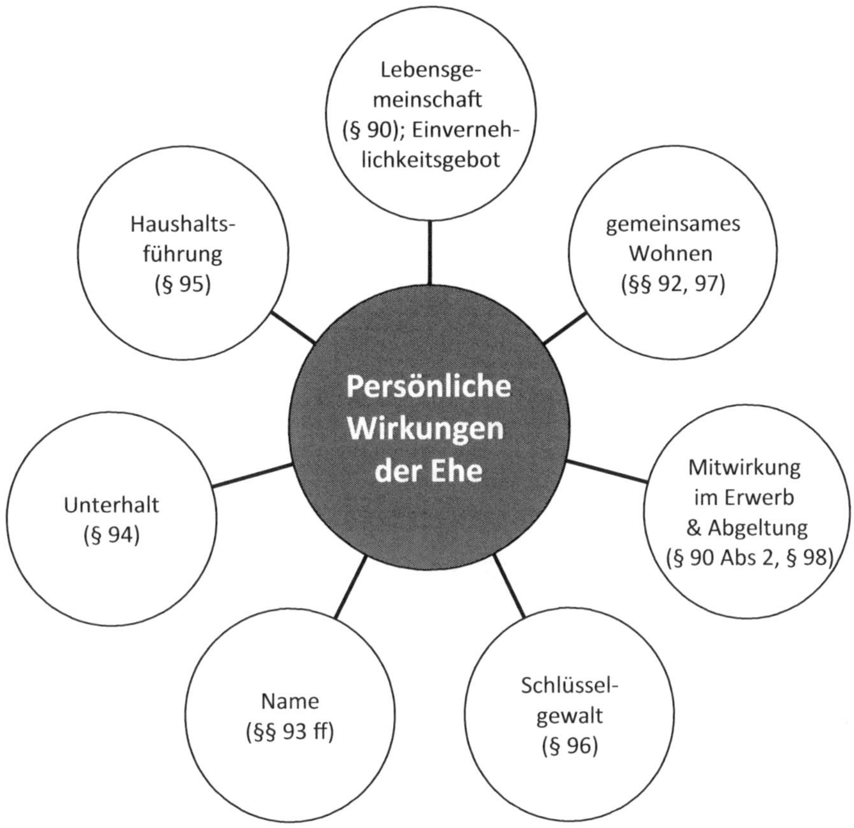

a) Gemeinsames Wohnen

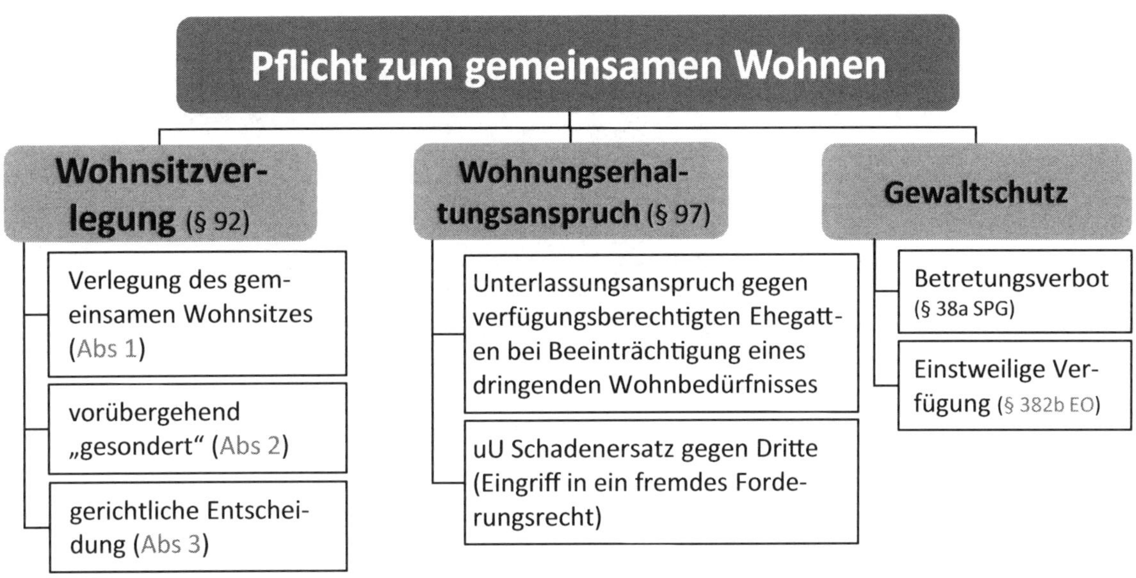

Ein in der Praxis wichtiger Bereich der Ehe ist die Pflicht zum gemeinsamen Wohnen, von der aber einvernehmlich abgegangen werden kann (§ 90). Drei Ausprägungen des gemeinsamen Wohnens sind die Wohnsitzverlegung, der Wohnungserhaltungsanspruch und der Gewaltschutz.

b) Unterhalt

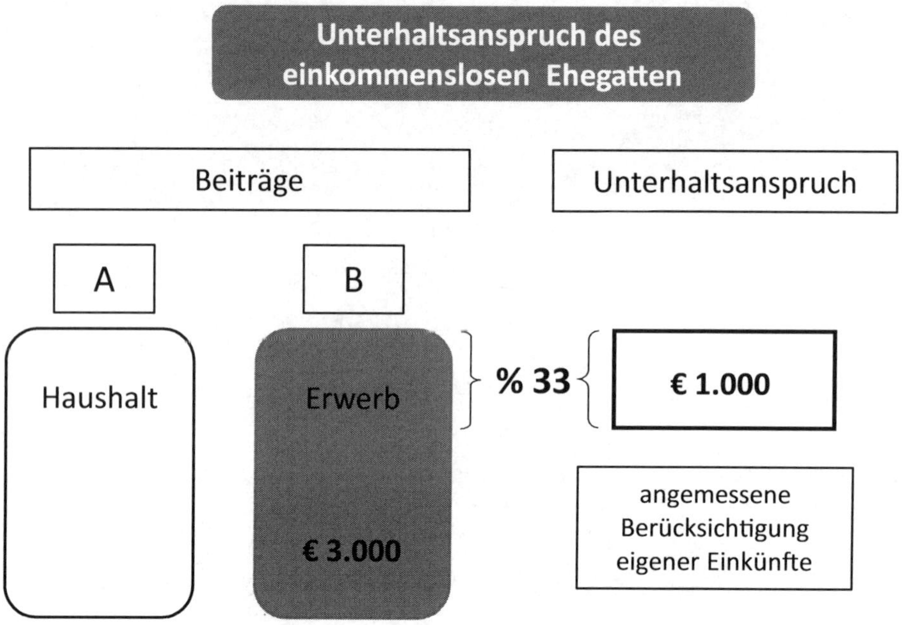

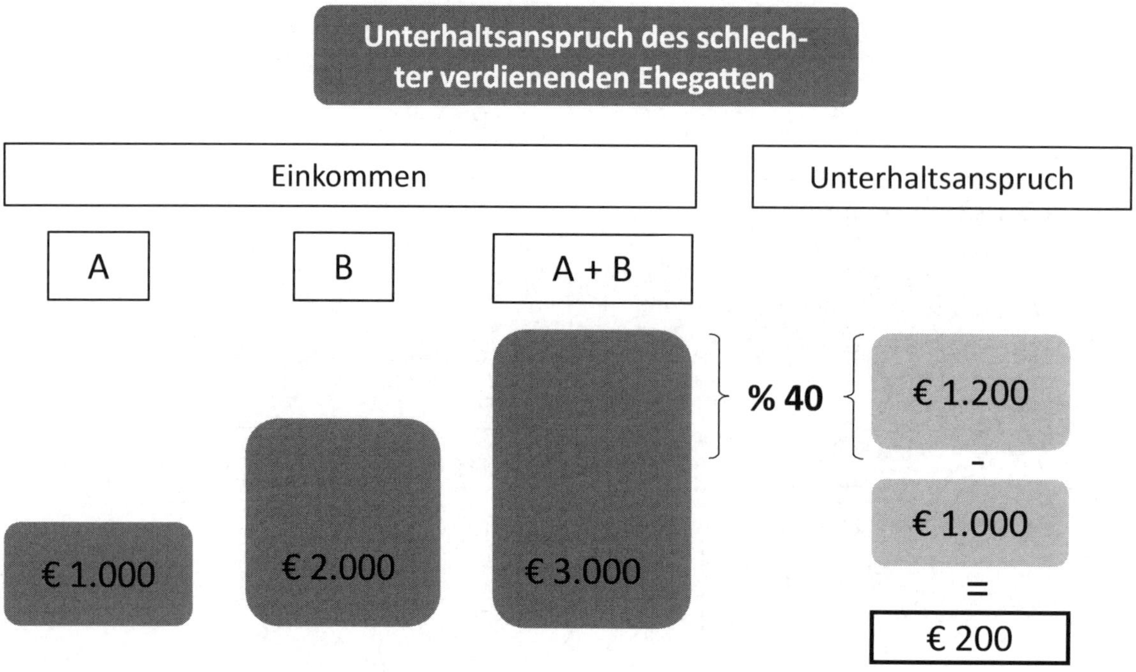

3. Ehegüterrecht

Die Ehe hat nicht nur persönliche, sondern auch vermögensrechtliche Auswirkungen, auch wenn in der Regel die Vermögenssphären der Ehegatten getrennt bleiben (= Gütertrennung). Nur bei Vereinbarung eines Ehepaktes kommt es zu einer Verschmelzung der Vermögen (= Gütergemeinschaft), die je nach Vereinbarung verschieden ausgestaltet sein kann. Die vermögensrechtlichen Wirkungen einer Ehe zeigen sich vor allem bei der vorzeitigen Auflösung der Ehe, wenn es zur Aufteilung der gemeinsamen Zugewinne kommt (siehe dazu im Detail Seite 126). Aber auch abseits eherechtlicher Bestimmungen hat die Ehe vermögensrechtliche Wirkungen, va im Erbrecht.

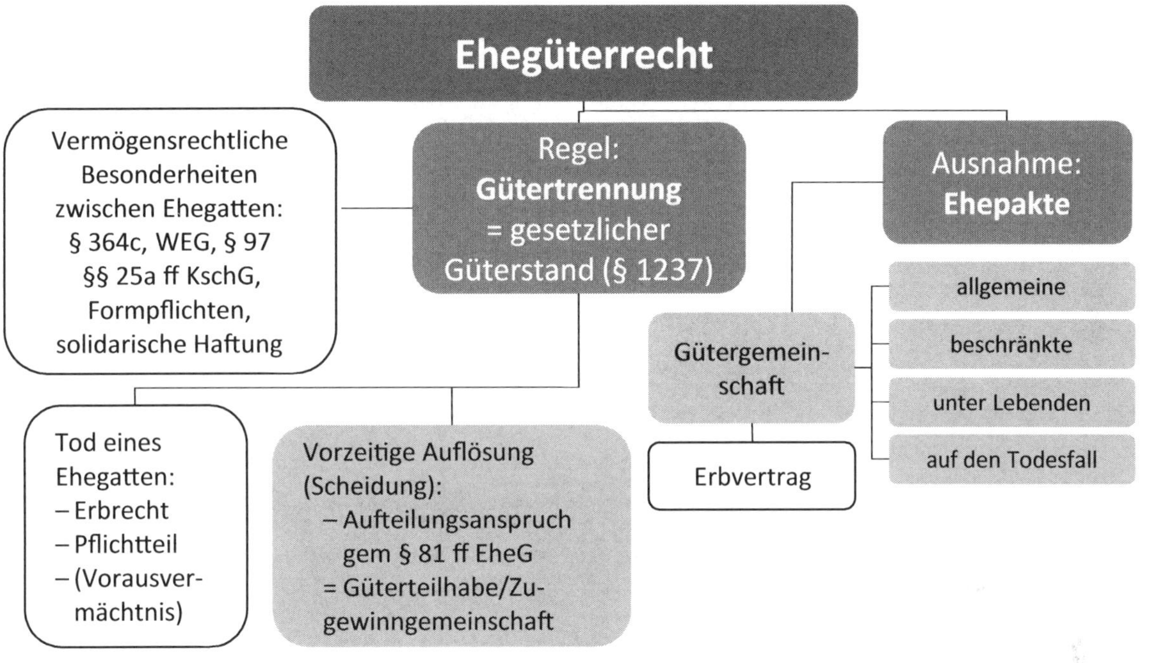

4. Scheidung

Insgesamt gibt es fünf Scheidungsgründe (vgl §§ 49–55a EheG). Im Folgenden werden die drei wichtigsten Scheidungstatbestände (§ 49, § 55, § 55a EheG) behandelt:

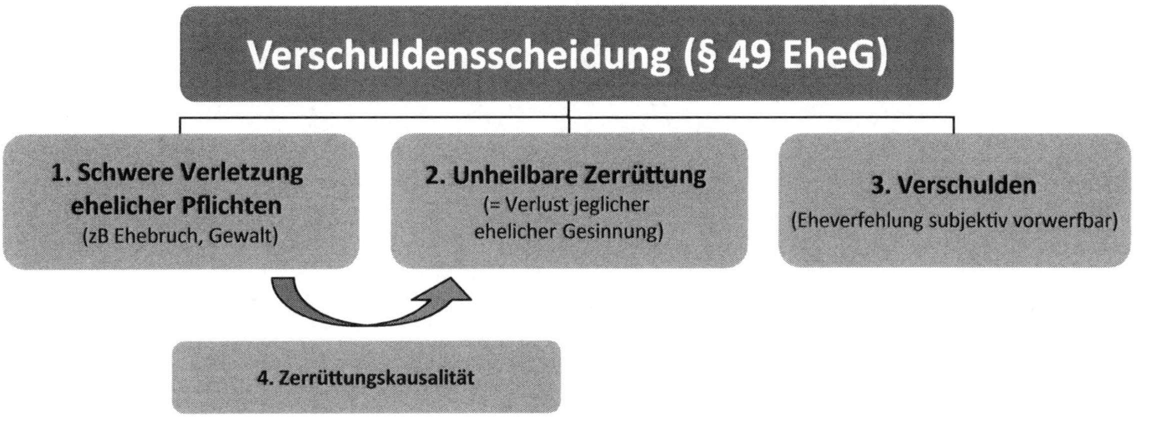

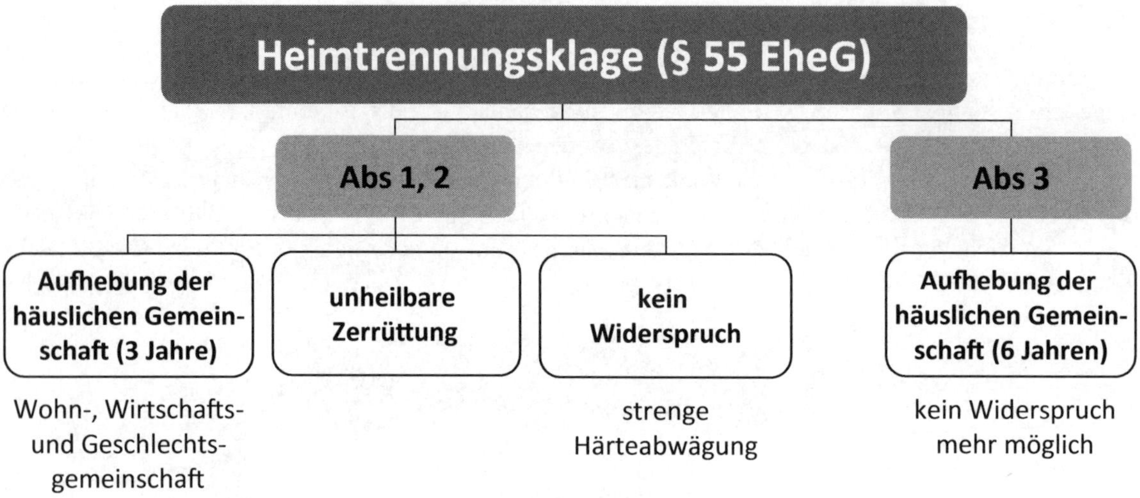

Die sog „Heimtrennungsklage" gem § 55 EheG unterteilt sich in zwei Tatbestände. In beiden Fällen muss die häusliche Gemeinschaft aufgehoben sein: Im Fall des Abs 1 und 2 seit mindestens drei Jahren; im seltenen Fall des Abs 3 seit mindestens sechs Jahren. Eine unheilbare Zerrüttung und eine Härteabwägung muss nur im ersten Fall vorliegen.

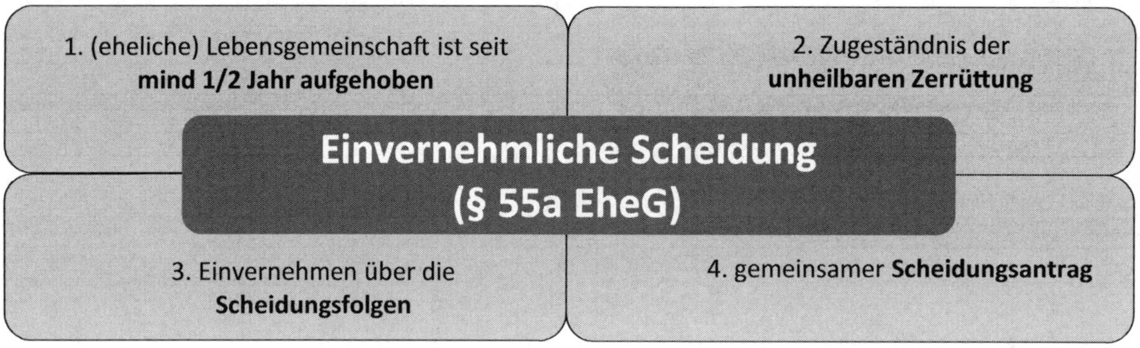

Die einvernehmliche Scheidung ist ein Vergleich zwischen den Ehegatten, der im Verfahren außer Streit geschlossen werden muss und vier Voraussetzungen hat. Sie kann nach allgemeinen zivilrechtlichen Regeln angefochten werden. Die einvernehmliche Scheidung ist die mit Abstand am häufigsten vorkommende Scheidungsart.

5. Scheidungsfolgen

Die Scheidung wirkt grundsätzlich ex nunc. Neben den typischen eherechtlichen Folgen (Unterhalt, Vermögensaufteilung, Ehepakte, Name) hat die Scheidung aber auch Auswirkungen im (allgemeinen) Zivilrecht. So entfällt das Erbrecht der Ehegatten oder Schenkungen an einen Ehegatten können unter Umständen widerrufen werden. Die Folgen für die gemeinsamen Kinder sind hingegen gering:

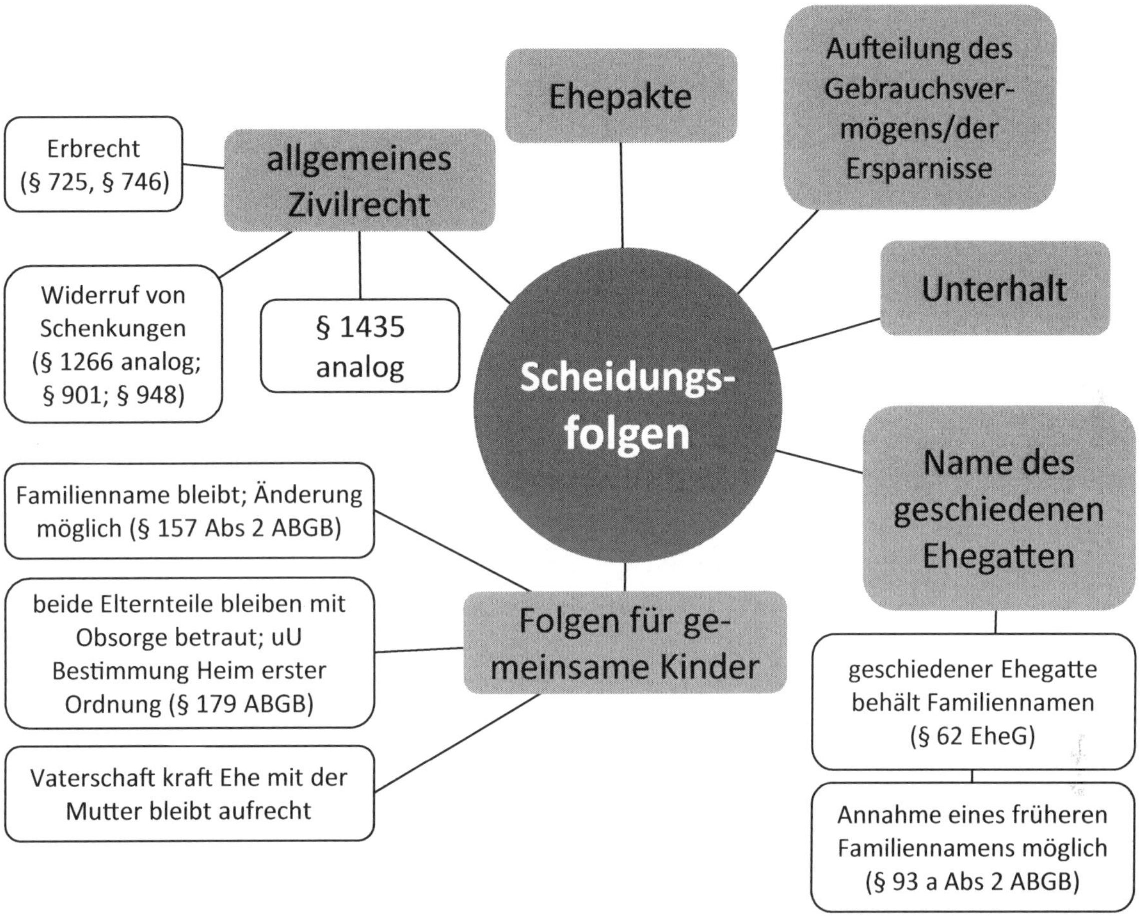

a) Unterhalt

Der nacheheliche Unterhalt hängt vom Scheidungsgrund und einem allfälligen Verschuldensausspruch ab. Folgende Grafik ordnet die verschiedenen Unterhaltsansprüche den Scheidungstatbeständen zu. Die Paragraphen beziehen sich auf das EheG:

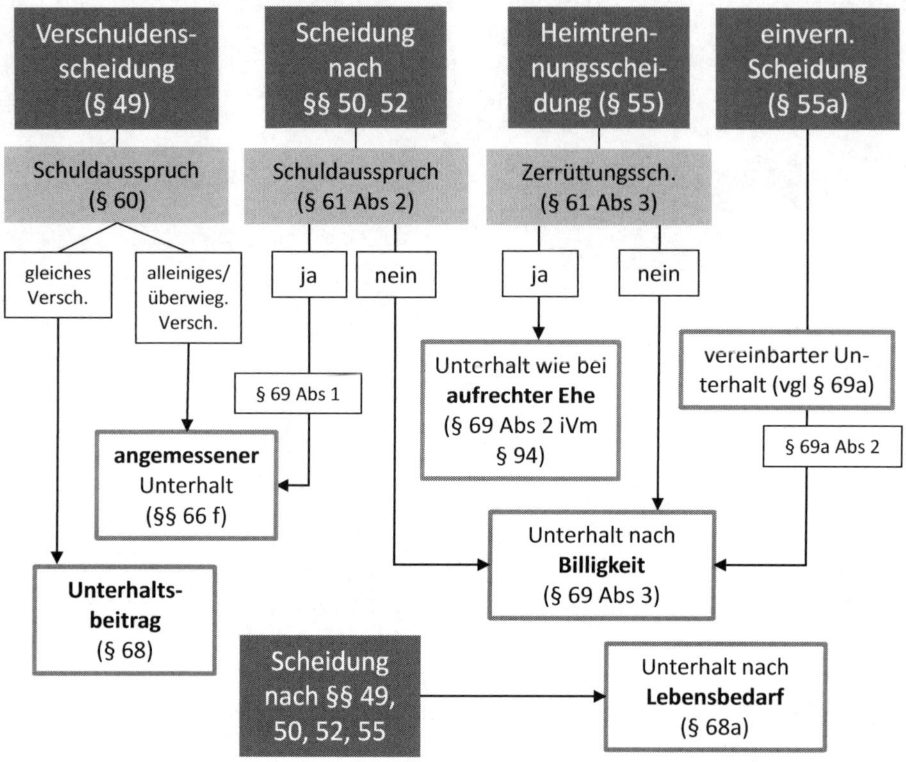

b) Vermögensaufteilung

Während bei aufrechter Ehe das Prinzip der Gütertrennung besteht, ist die Auflösung der Ehe durch Scheidung (oder vor dem Tod eines Ehegatten) vom Prinzip der Güterteilhabe getragen (siehe unten Seite 123). Aufgeteilt werden soll, was während aufrechter Ehe erwirtschaftet wurde.

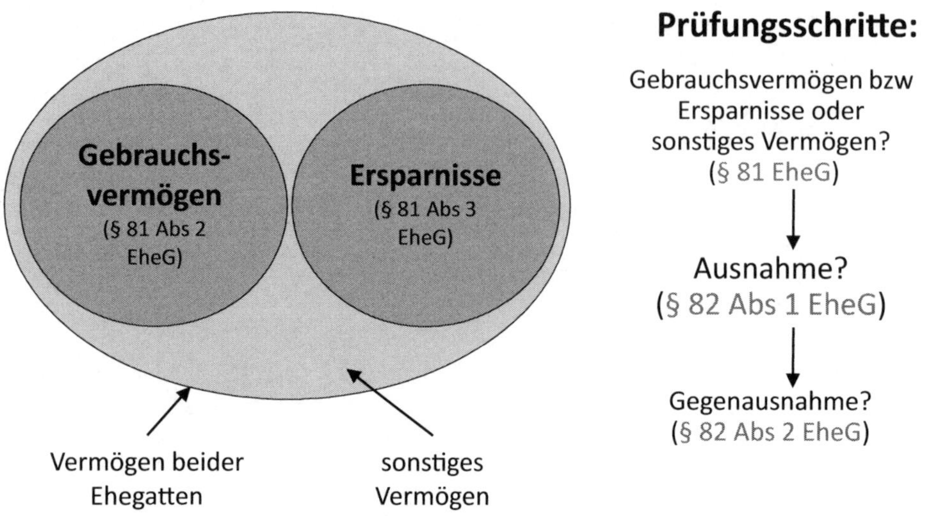

Zur Darstellung: Der äußere Kreis stellt das Vermögen beider Ehegatten dar. Eine Teilmenge dieses Vermögens sind das eheliche Gebrauchsvermögen und die ehelichen Ersparnisse, die das Vermögen darstellen, das aufzuteilen ist (Aufteilungsmasse; § 81 EheG). Ausgenommen davon sind unter anderem geschenkte, geerbte oder zu einem Unternehmen gehörende Sachen (§ 82 Abs 1 EheG). Selbst wenn eine Sache ausgenommen ist, kann sie unter Umständen (als Gegenausnahme) dennoch in die Aufteilungsmasse fallen (gemeinsame Ehewohnung, Hausrat; § 82 Abs 2 EheG).

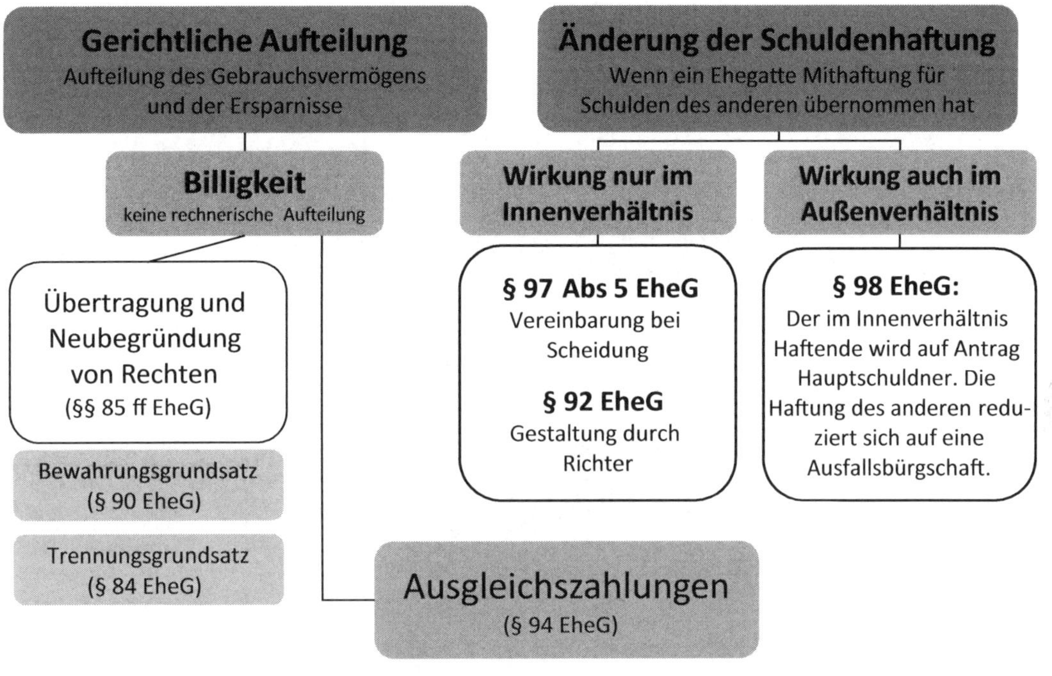

Nachdem die Aufteilungsmasse bestimmt wurde, hat das Gericht sie nach Billigkeit aufzuteilen. Dabei können losgelöst von der sachenrechtlichen Zuordnung Rechte übertragen oder neu begründet werden. Um eine ausgewogene Aufteilung zu erreichen, insbesondere wenn einem Ehegatten ein Großteil der Aufteilungsmasse zugesprochen wird, können Ausgleichszahlungen angeordnet werden.

Auch bei eingegangenen Schulden kann das Gericht gestalterisch tätig sein. Im Innenverhältnis kann angeordnet werden, wer die Schuld wirtschaftlich zu tragen hat, also den anderen Ehegatten schuld- und klaglos zu stellen hat. Unter Umständen kann eine Anordnung auch im Außenverhältnis wirksam werden.

II. Kindschaftsrecht

1. Abstammung

a) Begründung der Vaterschaft

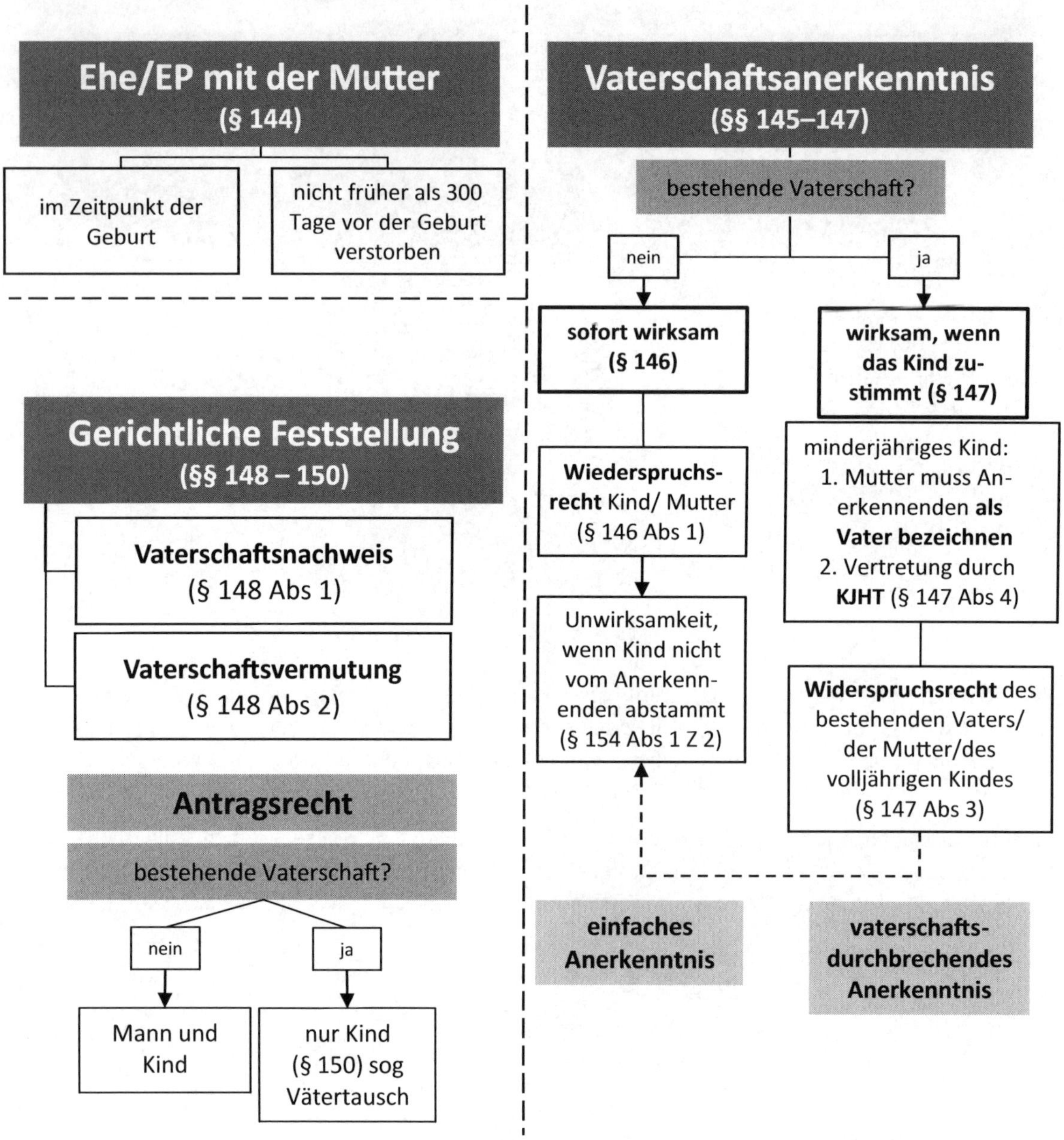

b) Beseitigung der Vaterschaft

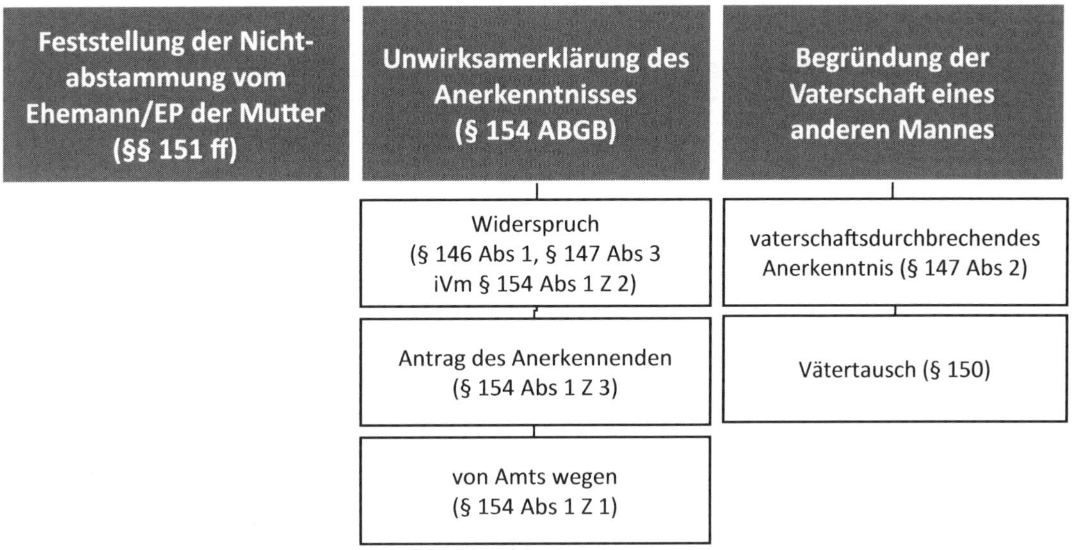

Steht die Vaterschaft wegen Ehe/EP mit der Mutter fest, kann sie durch eine gerichtliche Feststellung der Nichtabstammung beseitigt werden. Wurde ein Anerkenntnis abgegeben, kann dies durch Widerspruch, auf Antrag des Anerkennenden oder von Amts wegen für unwirksam erklärt werden. Da für ein Kind nur ein Vater besteht, kann auch die wirksame Begründung einer neuen Vaterschaft zu einer Beendigung der alten führen. Dies liegt bei einem vaterschaftsdurchbrechenden Anerkenntnis oder einem Vätertausch vor. Letztlich kann die Vaterschaft auch durch einen Abänderungsantrag nach § 73 AußStrG beseitigt werden.

2. Obsorge

a) Inhalt und Vertretung

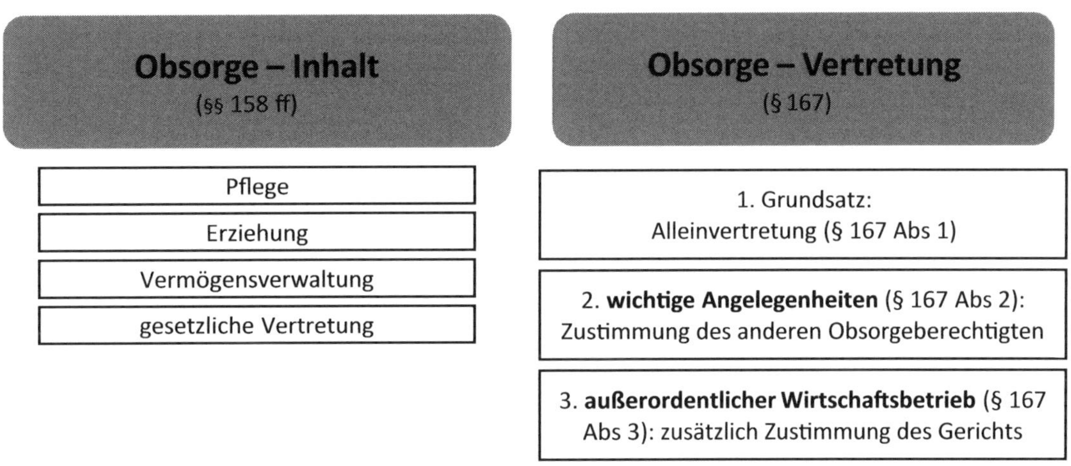

Die Obsorge besteht aus vier Teilbereichen (Pflege, Erziehung, Vermögensverwaltung, gesetzliche Vertretung). Grundsätzlich vertritt jeder Elternteil (Obsorgeberechtigte) das Kind alleine. In wichtigen Angelegenheiten muss der andere und bei Maßnahmen des außerordentlichen Wirtschaftsbetriebes darüber hinaus auch noch das Gericht zustimmen.

b) Träger

Wer die Obsorge innehat, kann nach einer Prüfungsleiter bestimmt werden:

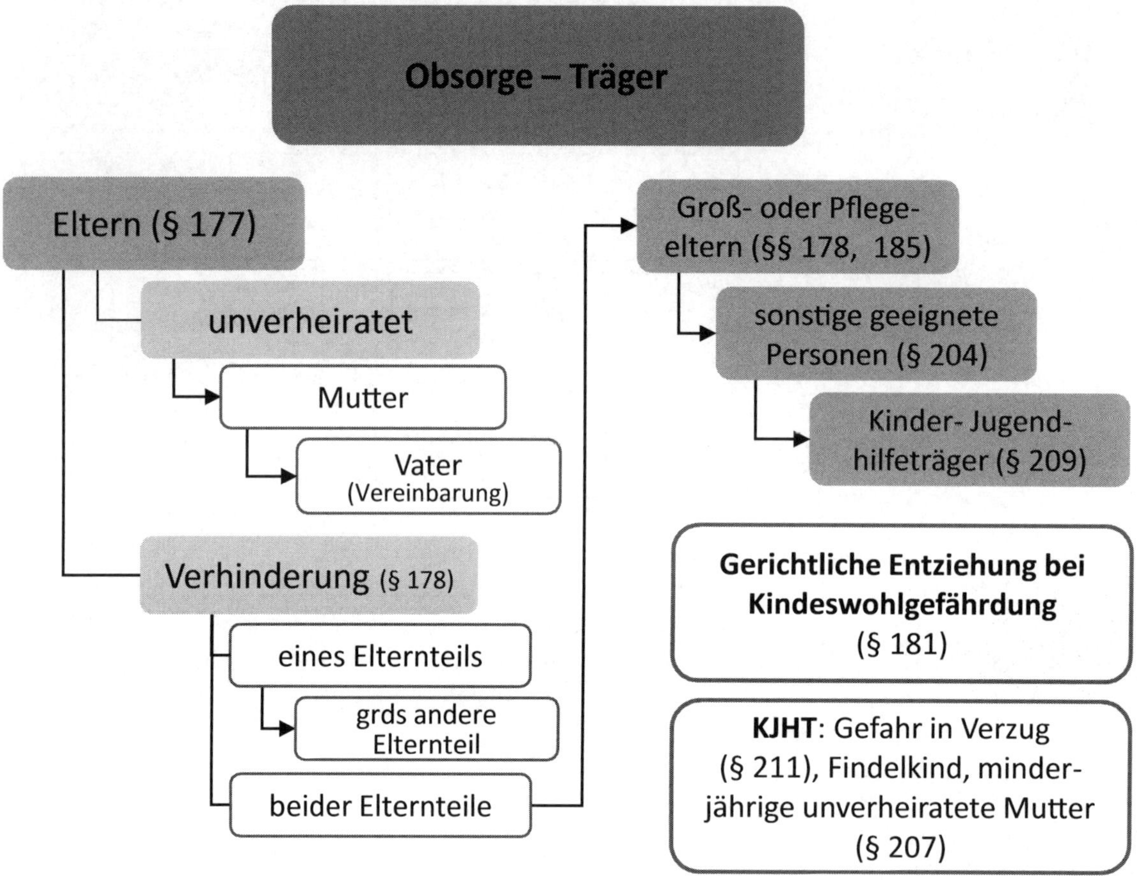

Zunächst sind die verheirateten Eltern gemeinsam mit der Obsorge betraut. Sind sie nicht verheiratet, ist die Mutter alleine mit der Obsorge betraut. Durch Vereinbarung kann die (Mit- bzw Allein-)Obsorge des Vaters bestimmt werden. Ist bei gemeinsamer Obsorge ein Elternteil verhindert (vgl § 178), kommt dem anderen Elternteil ex lege die alleinige Obsorge zu. Ist der alleine Obsorgeberechtigte verhindert, so hat das Gericht die Obsorge auf den anderen Elternteil, aber auch auf Groß- und Pflegeltern zu übertragen. Jedenfalls ist bei Verhinderung beider Elternteile die Obsorge auf die Groß- oder Pflegeeltern zu übertragen. Sind solche nicht vorhanden oder ungeeignet (§ 178), kann sie an sonstige geeignete Personen übertragen werden, zB andere Verwandte (§ 204). Ist auch dies nicht möglich, kommt dem Kinder- und Jugendhilfeträger die Obsorge zu (§ 209). Dem Kinder- und Jugendhilfeträger steht außerdem in bestimmten „Ausnahmesituationen" die Obsorge zu, wie bei Gefahr in Verzug oder bei einem Findelkind (das zB in eine Babyklappe abgelegt wurde). Bei Gefährdung des Kindeswohles kann das Gericht einschreiten und die notwendigen Verfügungen treffen.

3. Unterhalt

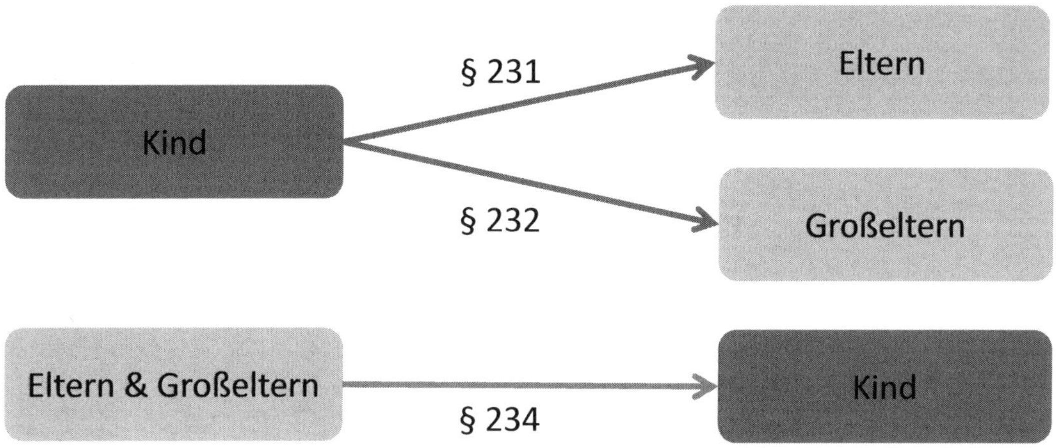

Unterhaltsansprüche hat das Kind primär gegen seine Eltern, subsidiär aber auch gegen die Großeltern. Da der Unterhalt Teil des Eltern-Kind-Verhältnisses ist, haben auch Eltern und Großeltern einen umgekehrten Unterhaltsanspruch gegen das Kind.

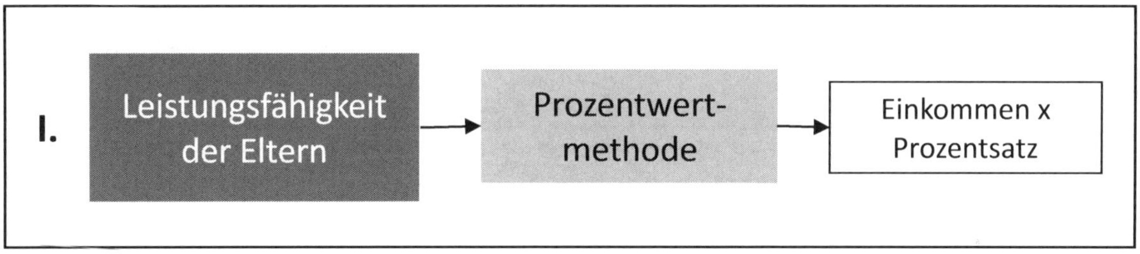

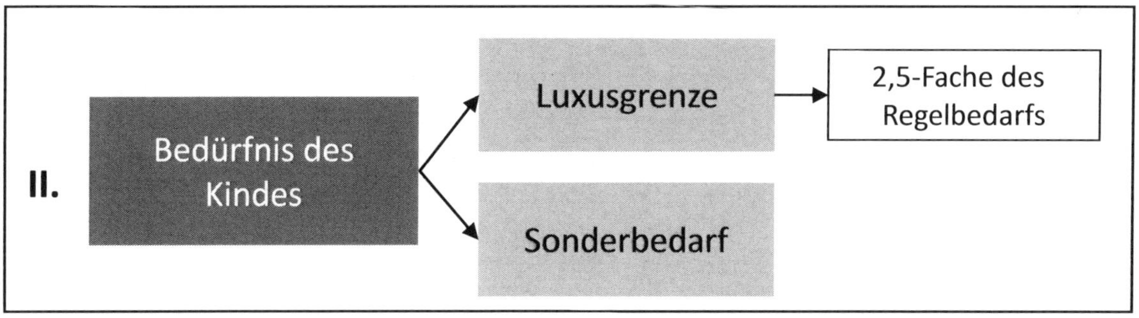

Der Kindesunterhalt bemisst sich nach zwei Größen. Ausgangspunkt ist die Leistungsfähigkeit des Eltern, von deren Nettoeinkommen ein Prozentsatz berechnet wird, der nach dem Alter des Kindes abgestuft ist. Für 0–6-Jährige beträgt dieser zB 16%; für über 15-Jährige 22%. In einem zweiten Schritt ist der ermittelte Betrag an die Bedürfnisse des Kindes anzupassen. Nach oben ist der Unterhalt mit dem 2,5-fachen Regelbedarf gedeckelt (Luxusgrenze, Playboygrenze). Der Regelbedarf soll die durchschnittlichen Bedürfnisse eines Kind decken und ist nach Alter gestaffelt. Für 19- bis 28-Jährige beträgt dieser für die Jahre 2020/2021 € 594. Hat das Kind erhöhte Bedürfnisse (Sonderbedarf), zB Pflegekosten wegen einer Krankheit, ist der mit der Prozentwertmethode ermittelte Betrag um den Betrag zu erhöhen, der den Sonderbedarf abdeckt.

III. Eingetragene Partnerschaft und Lebensgemeinschaft

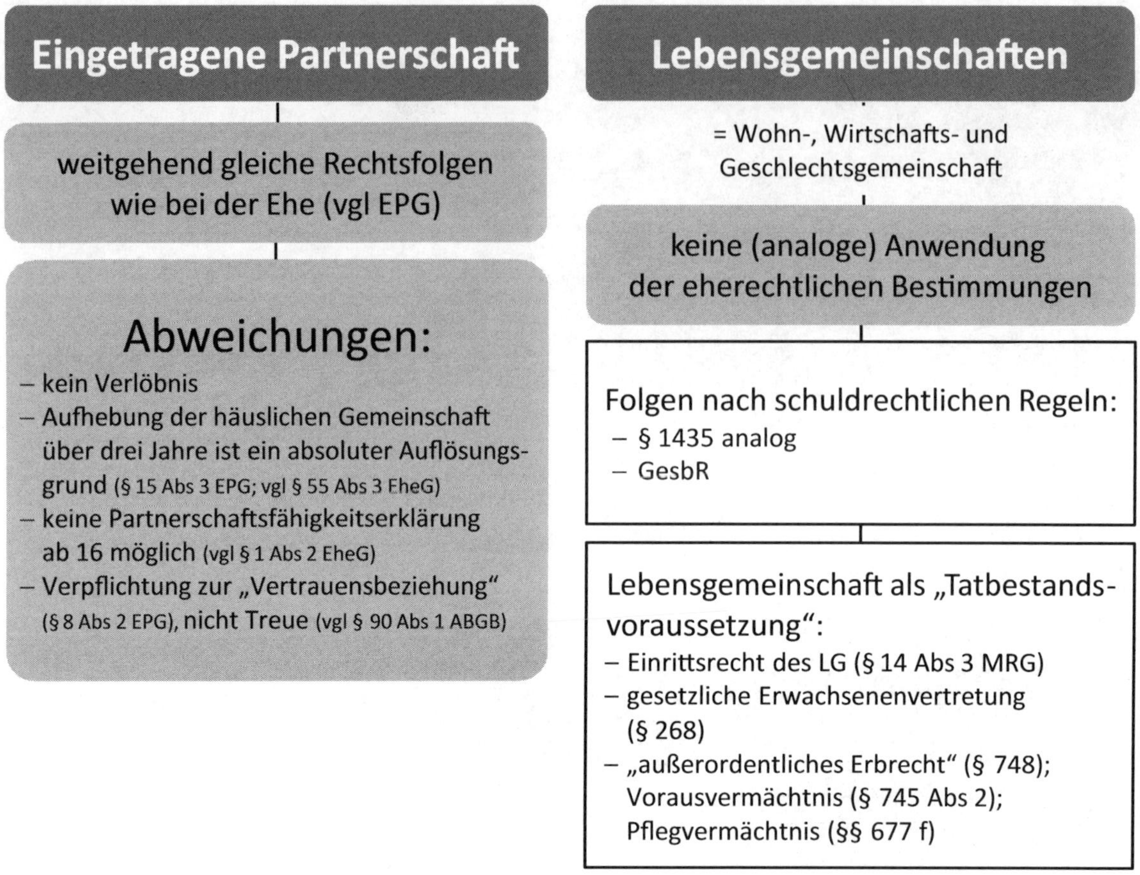

Neben der Ehe ist die eingetragene Partnerschaft die zweite Form der institutionalisierten Partnerschaft. Seit 2019 steht die EP auch verschiedengeschlechtlichen, die Ehe auch gleichgeschlechtlichen Paaren offen. Da die EP weitgehend der Ehe nachgebildet ist, bestehen nur mehr marginale Unterschiede.

Die Lebensgemeinschaft ist hingegen gesetzlich nicht geregelt. Nur punktuell beziehen sich gesetzliche Vorschriften auf eine Lebensgemeinschaft. Ansonsten sind Rechtsfolgen nach allgemeinen schuldrechtlichen Regelungen zu beurteilen.